उर्दू शायरी का सौन्दर्य
और सम्मोहन

उर्दू शायरी का सौन्दर्य और सम्मोहन

ज्ञानप्रकाश विवेक

वाणी प्रकाशन

प्रकाशन के उत्कृष्टतम 63 वर्ष

vaniprakashan.com

सजिल्द पहला संस्करण : 2026

वाणी प्रकाशन

4695, 21-ए, दरियागंज, नयी दिल्ली-110 002

फ़ोन : + 91 11 23273167, 23275710

शाखाएँ

अशोक राजपथ, पटना-800 004, बिहार

कॉफ़ी हाउस कैम्पस, महात्मा गांधी मार्ग, प्रयागराज-211 001, उत्तर प्रदेश

महात्मा गांधी अन्तरराष्ट्रीय हिन्दी विश्वविद्यालय, वर्धा-442 001, महाराष्ट्र

sales@vaniprakashan.in
vaniprakashan@gmail.com

Urdu Shayari Ka Saundarya Aur Sammohan
by Gyan Prakash Vivek

ISBN : 978-93-7348-853-0
Criticism

मूल्य : ₹ 595

आर. टेक ऑफ़सेट, दिल्ली-110 032 में मुद्रित

वाणी प्रकाशन का लोगो मक़बूल फ़िदा हुसैन की कूची से

भूमिका

यह ग़ज़ल विधा का वैभव है कि क़रीब चार सौ साल पुरानी सिन्फ़ (विधा) कभी पुरानी नहीं हुई। हर युग की ग़ज़ल, अपने समय को अभिव्यक्त करने में सफल हुई है। और हर युग की ग़ज़ल, मनुष्य के, सुख-दुख, संघर्ष, प्रेम और जीवन राग से एकमेक होती रही है। वर्तमानता, स्मृतियाँ और उदासी के अतिरिक्त, करुणा का भाव भी ग़ज़ल में शामिल रहा है।

संसार की सबसे अधिक विस्मित कर देने वाली विधा का नाम ग़ज़ल है। ग़ज़ल की दुनिया, तसव्वुर की ऐसी दुनिया है, जिस पर ख़ूब लिखा गया है। डॉ. वज़ीर आग़ा से लेकर डॉ. शम्सुर्रहमान फ़ारूख़ी और डॉ. गापीचन्द नारंग जैसे बड़े उर्दू शायरी के आलोचकों ने, ग़ज़ल सम्बन्धी अपने विचार व्यक्त किये हैं। इसके बावजूद, ग़ज़ल जैसी संश्लिष्ट विधा में कोई-न-कोई नयी बात निकल ही आती है।

यह पुस्तक 'उर्दू शायरी का सौन्दर्य और सम्मोहन' बहुत सारी नयी जानकारियों का पाठ रचती है।

इस पुस्तक के सभी खण्ड, नयी खोज और नयी संचेतना की सृजनात्मक यात्रा हैं। उर्दू ग़ज़ल की प्रकृति, ग़ज़ल के प्रकार, नयी जदीद ग़ज़ल शैली, नया मिज़ाज, नये मुहावरे और भाषा पर भी ज़रूरी विमर्श है।

इस पुस्तक में महाकवि मीर से लेकर निदा फ़ाज़ली तक, चौदह अतिविशिष्ट शायरों की शायरी पर संवेदना से भरपूर मूल्यांकन है।

ग़ज़ल गायकों वाला खण्ड बहुत रोचक और बहुत पठनीय है। इसी बहाने, फ़िल्मी और ग़ैर-फ़िल्मी उत्कृष्ट ग़ज़लों को भी इस पुस्तक में शामिल किया है।

तरन्नुम (गाकर पढ़ने वाले शायर) और तहत (पढ़कर ग़ज़ल पाठ करने वाले शायरों) का भी उल्लेख है।

मुशायरे और नशिस्त को भी बड़े सरल और दिलकश अन्दाज़ में अभिव्यक्त किया गया है।

भजन और प्रार्थना पर तो विमर्श है ही, पुराने समय के बहुत ज़रूरी वाद्ययन्त्र हारमोनियम पर टिप्पणी है जो गायकों के लिए किसी 'साथी' की तरह होता था।

'उर्दू शायरी का सौन्दर्य और सम्मोहन' पुस्तक, उर्दू शायरी (ग़ज़ल) की मानीख़ेज़ और वसीह दुनिया है।

—ज्ञानप्रकाश विवेक

अनुक्रम

ग़ज़ल की उत्पत्ति और विकास

ग़ज़ल की उत्पत्ति और विकास 11

ग़ज़ल की प्रकृति 22

ग़ज़ल के प्रकार 26

ग़ज़ल की भाषा 30

ग़ज़ल की शैली 33

प्रमुख शायर (रिवायती शायर)

महाकवि मीर की मीरियत 39

होता है शबोरोज़ तमाशा मेरे आगे—ग़ालिब 47

मानवतावादी अनुभूतियों का नाद—फ़ैज़ अहमद फ़ैज़ 55

आओ की कोई ख़्वाब बुनें—साहिर 60

वो बज़्मे-ज़िन्दगी बदली, वो रंगे-शायरी बदला—फ़िराक़ 69

प्रमुख शायर जदीद (आधुनिक शायर)

शायरी में सादगी का भव्य रूप—नासिर काज़मी 81

क्या मैं तुमको याद नहीं हूँ गंगाजी और जमुनाजी—जॉन एलिया 91

इंशा जी उठो अब कूच करो—इब्ने इंशा 100

वो ख़ाक उड़ाने पे आये तो सारे दश्त उसके–बानी 108

शह्रयार की शायरी 116

निदा फ़ाज़ली 123

दुश्मनी का सफ़र इक क़दम-दो क़दम—बशीर बद्र 132
अहमद कमाल परवाज़ी 139
सुदर्शन फ़ाकिर 143
अब्बास ताबिश 147
गुलज़ार—हमारे समय के जीवित युग 152

सुप्रसिद्ध गायक/ग़ज़ल गायक

मोहम्मद रफ़ी 163
लता मंगेशकर 166
जगजीत सिंह 169

प्रसिद्ध भजन और ग़ज़ल गायक

अनूप जलोटा 175
पंकज उधास 177
भूपेन्द्र सिंह 178
हरिहरन 179
बेगम अख़्तर 180
ग़ुलाम अली 182
नूरजहाँ 184

दूसरा खण्ड

ग़ज़ल और मुशायरा 187
कवि सम्मेलन 191
उपसंहार 228

ग़ज़ल की उत्पत्ति और विकास

ग़ज़ल की उत्पत्ति और विकास

ग़ज़ल मूलत: अरबी शब्द है जिसका अर्थ है—औरतों से बातचीत। फ़ारसी में भी इस ग़ज़ल शब्द को, 'बाज़नान, गुफ़्तगू करदन।' स्त्रियों से बातें, जैसी उक्ति से व्याख्यायित किया गया।

ग़ज़ल शब्द गज़ाल से बना है। ग़ज़ाला हिरन के बच्चे को कहा जाता है। हिरन का बच्चा जितना सुकोमल और आकर्षक होता है, ग़ज़ल विधा भी उतनी सुकोमल होती है।

ग़ज़ल जो ग़ज़ाला से बनी है, इसका एक अन्य अर्थ भी है। शिकारी जब हिरन के बच्चे का शिकार करते थे। तीर लगने के बाद, हिरण के बच्चे का क्रन्दन अथवा आर्तनाद! ग़ज़ल में वही क्रन्दन, आर्तनाद या वेदना का महसूस करना होता है।

ग़ज़ल के ये शाब्दिक अर्थ हैं।

ऐतिहासिक परिप्रेक्ष्य में, ग़ज़ल विधा की व्युतपत्ति पर ग़ौर करें तो वह अरबी के कसीदे से आई है। कसीदा, एक ऐसी विधा थी, जिसकी शुरुआत की कुछ पंक्तियों को तशबीब कहा जाता था। तशबीब वस्तुत: श्रृंगारिक अथवा प्रेम कविता का एक रूप था।

तशबीब यानी कसीदे की पूर्व पंक्तियाँ!

और बाद में, यही तशबीब, एक स्वतन्त्र विधा-ग़ज़ल के रूप में सामने आयी।

डॉ. माज़दा असद के अनुसार, "तकरीबन चौदह सौ वर्ष पहले, अरब के सामन्ती समाज में तत्कालीन बादशाहों और अमीरों की विरुदावली बखान के लिए अवतरित काव्य रूप, तशबीब या कसीदा से प्रेम और श्रृंगार सम्बन्धी शेरों को निकालकर, एक जगह इकट्ठा कर देने के परिणामस्वरूप ही ग़ज़ल का प्रादुर्भाव हुआ।"

ज़ाहिर है कि अरबी में ग़ज़ल का कोई स्वतन्त्र स्थान नहीं था। लेकिन फ़ारसी साहित्य में आने के बाद ग़ज़ल विधा ने अपना स्वतन्त्र रूप और चरित्र गढ़ लिया था।

डॉ. वज़ीर आगा के अनुसार, "ग़ज़ल के प्रारम्भ के बारे में आम धारणा यह हैं कि उसने अरबी कसीदे के उस प्रारम्भिक भाग से जन्म लिया जिसे, तशबीब नसीब या कौल (कसीदे में शुरू के शेर जिनमें किसी घटना का वर्णन होता है) ग़ज़ल नाम मिला। वे आगे लिखते हैं, "सातवीं सदी हिजरी के शम्सुददीन मुहम्मद बिन कैसउर्राज़ी ने पहली बार, तशबीब, नसीब और ग़ज़ल, ऐसे शब्दों के अर्थों को स्पष्ट करते हुए लिखा कि तशबीब में शायर आपबीती की शैली अपनाता है, जबकि नसीब में वह जगबीती की शैली अपनाते हुए, काल्पनिक और परम्परागत प्रेम को अपना विषय बनाता है। ग़ज़ल के बारे में उसने लिखा है कि यह नारियों की कथा और प्रेम-प्रणय का वर्णन है।"

यहाँ, ग़ज़ल और नज़्म का अन्तर समझ लेना भी ज़रूरी है।

स्वभाव की दृष्टि से नज़्म, ग़ज़ल से सर्वथा भिन्न है। नज़्म में विवरण होते हैं। एक केन्द्रीय विषय, पूरी नज़्म में निहित रहता है। शायर विषय को विस्तार देते हुए कहीं भी चला जाये, वह अपने मूल आन्तरिक विषय और आन्तरिक लय की ओर लौट आता है।

ग़ज़ल में विचारों का बिखराव होता है। यहाँ विवरण नहीं होते। दो पंक्तियों में एक अदद सोचे गये विषय को व्यक्त करने की कठिन यात्रा होती है। यह दो पंक्तियों का एक शेर, अपने आप में एक कविता जैसा अर्थ और भाव पैदा करने में सफल होता है।

डॉ. रामदास नादार भी ग़ज़ल की उत्पत्ति, तशबीब से मानते हैं। उनके अनुसार, "उर्दू शायरी, फ़ारसी शायरी का अनुसरण है और फ़ारसी अरबी का। अरबी शायरी में कसीदों (प्रशंसा गीत) की तशबीब (आरम्भ) में, ग़ज़ल भी शामिल थी। कसीदों के आरम्भ में, आशिकाना (प्रेम परक) विषय भी लिखे जाते थे। इसको ग़ज़ल अथवा तगज़्ज़ुल कहा जाता था। फ़ारसी कवियों ने इस अंश को, ग़ज़ल के नाम से, एक स्थायी काव्य रूप बना दिया।"

ग़ज़ल का विकास

वली दकनी (1648-1744) से पूर्व अमीर ख़ुसरो (1252-1325) में कुछ ग़ज़लें लिखीं। लेकिन उनकी दो ग़ज़लें, ऐतिहासिक दर्जा रखती हैं। अमीर ख़ुसरो एक अज्ञात-सी विधा को ज्ञात-सी विधा बना देते हैं। उन्होंने ग़ज़ल में प्रयोग किये। वो प्रतिभावान और प्रयोगधर्मी, शायर संगीतकार थे। तबला, सितार के अतिरिक्त, कव्वाली जैसी विधा का भी उन्होंने सृजन किया। हिन्दवी (अथवा खड़ी बोली) में उन्होंने कुछ रचनाएँ लिखीं। उन अमर रचनाओं के अतिरिक्त, उनका शेष दीवान,

'गुरुतुल कमाल' फ़ारसी में है। उनकी ग़ज़ल के कुछ शेर जिसमें उन्होंने ग़ज़ल के शेर में पहला मिसरा, ब्रज भाषा का, तथा दूसरा फ़ारसी ज़बान का समाहित किया। यह एक कठिन रचना प्रक्रिया थी। दो भाषाओं के मेल-मिलाप से शेर कहना, (और पूरी, सफल ग़ज़ल कहना) फ़नकारी से कम नहीं है

ग़ौरतलब बात यह भी है कि यहाँ ग़ज़ल का मिज़ाज, भाषागत लोच और शब्द चयन अनुपम है–

जब यार देखा नैन भर दिल की गयी चिन्ता उतर
ऐसे नहीं कोई अजब, राखे उसे समझाए कर
जब आँख से ओझल भया तड़पन लगा मेरा जिया
हक्का इलाही क्या किया, आँसू चले भर लाये कर

अमीर ख़ुसरो की दूसरी ग़ज़ल जो हमेशा चर्चा में रही है और ग़ज़ल के विद्वानों को चकित करती है। ग़ज़ल क्या है, दो भाषाओं का दोआबा है। ग़ज़ल के कुछ शेर–

जे हाले-मिस्कीं मकुन तग़ाफ़ुल दुराए नैना बनाए बतियाँ
के ताबे-हिज्राँ, न दारमे-जाँ, न लेहू काहे लगाये छतियाँ
यकायक अज़दिल, दो चश्म जादू, बसद फ़रेबम बबुर्द तस्कीं
किसे पड़ी है के जा सुनावे, पियारे पी को हमारी बतियाँ
ब-हक्के रोज़े-विसाल दिलबर के दाद मारो फ़रेब ख़ुसरो
समीप मन के दराये राखूँ जो जान पाऊँ पिया की खतियाँ

अमीर ख़ुसरो की इन प्रयोगधर्मी ग़ज़ल के बाद, वली दकनी (1648-1744) उर्दू शायरी में आते हैं और अपना मक़ाम क़ायम करते हैं।

ग़ज़ल विधा का शुरुआती दौर, जिसमें स्त्री, मुख्य पात्र के रूप में व्यक्त हुई। प्राय: प्रत्येक शेर, स्त्री पात्र के सौन्दर्य तथा प्रेम तक सीमित रहा। लेकिन धीरे-धीरे ग़ज़ल में विषयगत विकास और सरोकारगत विस्तार होता चला गया।

उर्दू ग़ज़ल की सुदीर्घ परम्परा है जो वली दकनी (1648-1744) से होते हुए, कुली कुतुब शाह, मीर तक़ी मीर (1723-1810) ग़ालिब (1797-1849) मोमिन (1809-1852) इक़बाल (1873-1938) हसरत मोहानी (1880-1951) जिगर मुरादाबादी (1890-1960) फ़िराक गोरखपुरी (1896-1982) तथा फ़ैज़ अहमद फ़ैज़ (1911-1984) तक निरन्तर विकसित होती चली गयी है।

ग़ौरतलब है कि पहला दीवान, जो उर्दू में प्रकाशित हुआ, वह फ़ोर्ट विलियम कॉलेज (कोलकाता) से मीर तक़ी मीर का था–वर्ष (1750 में)

ग़ज़ल का सम्बन्ध चूँकि मौखिक परम्परा से रहा है इसलिए लय, नाद, शब्द चयन, ध्वनि और संगीतात्मकता का विशेष ध्यान रखा जाता था। वे तमाम तत्त्व ग़ज़लों में अब भी मौजूद हैं।

डॉ. वज़ीर आगा अपनी ग़ज़ल आलोचना पुस्तक उर्दू शायरी का मिज़ाज में लिखते हैं, "वली से ग़ालिब तक का काल, उर्दू ग़ज़ल के विकास और उत्थान का काल है।

वली दकनी ने तसव्वुफ़ के चिन्तन को, काव्य रूप में बड़ी ख़ूबसूरती से ढाला है तो उतनी ख़ूबसूरती से मीर तक़ी मीर ने मन की व्याकुलता, करुणा और सूफ़ियाना सादगी के ज़रिये, अपनी भिन्न क़िस्म की शैली ईजाद की।

मीर का उस्लूब (शैली) और ग़ालिब का अन्दाज़-ए-बयाँ, उर्दू शायरी के केन्द्र में रहे हैं।

मीर जब कहते हैं–'ये धुआँ-सा कहाँ से उठता है, तो 'धुआँ', अन्तर्मन का कथन बन जाता है।

प्रकृति/सृष्टि के प्रति उनकी चिन्ताएँ कितनी मानवीय हैं, इस शेर से ज्ञात होता है–

ले साँस भी आहिस्ता के नाज़ुक है बहुत काम
आफ़ाक की इस कारगहे शीशागरी का

यानी, सृष्टि की संरचना इतनी नाज़ुक है, कि वो तेज़ साँस लेने से भी टूट सकती है। यहाँ सृष्टि का सम्मान तो हो ही रहा है, शायरी के कथनगत विकास पर ध्यान दें। यहाँ सीधे-सीधे शायर, पूरे मानव समाज से वार्तालप कर रहा है। यह जो जुड़ाव अवाम से है, यह बहुमूल्य है। मीर कहते भी हैं–'पर मुझे गुफ़्तगू अवाम से हैं। अवाम से गुफ़्तगू करनेवाले शायर मीर की, इस शेर में संवेदन लय को महसूस करें...

उसके फ़रोगे-हुस्न से झमके हैं सब चिराग़
शम्मे हरम हो या कि दीया सोमनाथ का

यह जो नूर, यह जो रोशनी दिखाई देती है वो सब परम सत्ता के फ़रोगे-हुस्न का कमाल है।

ग़ालिब उर्दू शायरी के महान शायर हैं। वो आत्मसम्मान के शायर हैं। "रोयेंगे हम हज़ार बार, कोई हमें मनाये क्यों, जैसी वेदना ये भरपूर अनुभूति व्यक्त करनेवाला कवि, बड़े तममराक़ से जब कहता है, "घिसता है जबीं ख़ाक में दरिया मेरे आगे।" तो एक उल्लास और वलवला-सा पैदा होता है।

जानकी प्रसाद शर्मा ग़ालिब के विषय में कहते है, "ग़ालिब के भावबोध में तर्क का ज़बरदस्त हस्तक्षेप है।"

दरहक़ीक़त ग़ालिब के यहाँ अनन्त जिज्ञासाएँ हैं और वो हरदम, प्रश्नवाचक की मुद्रा में रहते हैं। वो, तमाम बातों के बावजूद जीवन की अभिलाशाओं के कवि है। उनका ये शेर–

कोई दिन गर ज़िन्दगानी और है
हमने अपने जी में ठानी और है

फ़िराक़ गोरखपुरी, मीर और ग़ालिब के अतिरिक्त, सौदा की शायरी को भी एहमियत देते हैं। मोमिन के बाद हसरत मोहानी ऐसे शायर हैं जिन्होनें प्रेम केन्द्रित ग़ज़लें लिखीं उच्च स्तरीय मुक़ाम हासिल किया। उनकी ग़ज़ल का यह अमर शेर–

दोपहर की धूप में, मेरे बुलाने के लिए
वो तेरा कोठे पे नंगे पाँव आना याद है

इसमें पुराने समय की यादें हैं जो बिम्बों में उभरती हैं।

डॉ. इक़बाल ने शायरी में अलग स्थान प्राप्त किया है। चिन्तन-मनन और दर्शन उनकी ग़ज़लों के शेरों में अनुभवों की गहराई के साथ व्यक्त होते हैं वो परम सत्ता यानी ख़ुदा से प्रतिवाद रचते हैं, यथा–

मुझको पैदा करके अपना नुक्ताचीं पैदा किया
नक्श हूँ अपने मुसव्विर का, गिला रखता हूँ मैं

तथा

उर्दू शायरी के विकसित होते परिदृश्य में डॉ. इक़बाल एक दार्शनिक शायर के रूप में नज़र आते हैं। वो क़हते हैं–'सितारों से आगे जहाँ और भी हैं।' वो कहते है–'ख़ुदी न बेच, फ़कीरी में नाम पैदा कर।'

इक़बाल अदृश्य शक्ति से मुख़ातिब होकर कहते हैं–

तू है मुहीते-बेकराँ, मैं ज़रा-सी आबे-जू
या मुझको हम किनार कर या मुझको दर किनार कर

तू अनन्त विशाल सागर है और मैं एक कतरा, अब ये तुझ पर है कि तू मुझे अपनी सत्ता में विलीन कर दे या फिर दर किनार कर दे।

फ़ैज़, साहिर, मख़्दूम, प्रगतिशील शायर थे। इनकी रचनाओं में, अवाम के प्रति साथीपन और वंचितों के लिए करुणा का भाव जागृत होता है–

मक़ाम फ़ैज़ कोई राह में जँचा ही नहीं
जो कूए-यार से निकले तो सू-ए-दार चले

फ़ैज़

हयात लेके चलो क़ायनात लेके चलो
चलो तो सारे ज़माने को साथ लेके चलो

मख़्दूम मोइउद्दीन

फ़िराक़ गोरखपुरी उर्दू शायरी की एक ऐसी अज़ीम-तरीन शख़्सियत हैं जिन्होंने ग़ज़ल को भारतीयता प्रदान की तथा ग़ज़ल को अजनबीयत और परायेपन के एहसास से मुक्त कराया।

फ़िराक़ की शायरी में, भावनाओं की पवित्रता, नरमी, मासूमियत और निकटता के रूझान देखे जा सकते हैं।

इन बातों के अतिरिक्त, सबसे बड़ी बात यह है कि प्राकृतिक चित्रण और सृष्टि की छवियाँ, महीन बुनत के साथ मौजूद हैं

शाम भी थी धुआँ-धुआँ, हुस्न भी था उदास-उदास
दिल को कई कहानियाँ याद-सी आके रह गयीं

फ़िराक़ गोरखपुरी अपनी शायरी के विषय में कहते हैं, "इस शायरी में वह निदानात्मक शक्ति (Healing Power) वह नरमी, और ऊर्जा वह मासूमियत और ख़ुलूस आ जाये जो हिन्दुस्तान के अदब की जान है। उनकी ग़ज़ल का यह शेर–

हज़ार बार इधर से ज़माना गुज़रा है
नयी-नयी-सी है कुछ तेरी रहगुज़र फिर भी

ग़ज़ल का विकासक्रम स्पष्ट है और वो निरन्तर रहा है। मीर, ग़ालिब, इक़बाल, फ़ैज़ अहमद फ़ैज़, फ़िराक़ गोरखपुरी, दाग़ देहलवी, सिराज औरंगाबादी, अमीर मीनाई, शाद अज़ीमाबादी, हाली पानीपती जैसे अनेक उच्चकोटि के ग़ज़ल-कवियों ने, ग़ज़ल के विकास में महत्त्वपूर्ण योगदान दिया।

रिवायत से जदीदियत का सफ़र एक अनथक, साहित्यिक प्रयास है। शायरों ने अपना निजी मुहावरा (डिक्शन) क्रिएट किया और ग़ज़लें लिखीं।

रिवायत (परम्परागत) शायरी में ऐसे शायर थे जो आधुनिकताबोध की ग़ज़लें लिख रहे थे। लेकिन नासिर काज़मी ने उर्दू ग़ज़ल में ऐसी आधुनिकताबोध की ग़ज़लें लिखीं कि ग़ज़ल का स्वरूप ही बदल गया। उन्होंने ऐसे नूतन, नवीन और हैरान करनेवाले बिम्बों की शायरी की है कि सब विस्मित रह गये। उन्होंने आसानतरीन ग़ज़लें लिखकर यह अहसास कराया कि सादगी के साथ भी भावपूर्ण और तसव्वुर पैदा करती ग़ज़लें लिखी जा सकती हैं–

बारिश की तिरछी गलियों में
कोई चिराग़ लिये फिरता था

–

हमारे घर की दीवारों पे 'नासिर
उदासी बाल खोले सो रही है

–

तेरे घर के दरवाज़े पर
सूरज नंगे पाँव खड़ा था

नासिर से उर्दू ग़ज़ल में एक नया बदलाव आता है। उसमें फ़ारसीयत लगभग समाप्त हो जाती है और ग़ज़ल आसान, व्यापक तथा जीवन के अनछुए विषयों तक पहुँचने का प्रयास करती है।

ग़ज़ल कुल मिलाकर ध्यान है और नासिर काज़मी की रचनावली का नाम ही ध्यान यात्रा है जो कभी सारांश प्रकाशन से प्रकाशित हुई थी।

नासिर काज़मी ने जो आधुनिकता का नया मिज़ाज ग़ज़ल में पैदा किया उससे ग़ज़ल जैसे काव्य रूप को नयी दिशा, नयी चेतना और नयी ज़मीन मिली।

इसी सिलसिले में कुछ और महत्त्वपूर्ण शायरों के कुछ शेर प्रस्तुत हैं–

अबके रूत बदली तो ख़ुशबू का सफ़र देखेगा कौन
ज़ख़्म, फूलों की तरह महकेंगे पर देखेगा कौन

अहमद फ़राज़

तूने कहा न था कि मैं कश्ती पे बोझ हूँ
आँखों को अब न ढाँप, मुझे डूबता भी देख!

शकेब जलाली

शदीद प्यास थी फिर भी छुआ न पानी को
मैं देखता रहा दरिया तेरी रवानी को

शह्रयार

सच अच्छा पर सच की ज़िलों में ज़हर का है इक प्याला भी
पागल हो, क्यों नाहक को सुकरात बनो, ख़ामोश रहो

इब्ने इंशा

(सच की ज़िलों-सच का साथ)

वो टूटते हुए रिश्तों का हुस्ने-आख़िर था
कि चुप-सी लग गयी दोनों में बात करते हुए

बानी (मनचन्दा)

रिवायत और जदीदियत (परम्परा और आधुनिकता) के बीच एक घनिष्ठ रिश्ता बनाते हुए उर्दू शायरों ने ग़ज़ल के नाद और सौन्दर्य को हर सूरत बचाये रखा।

जिगर मुरादाबादी के दो शेर इसी सिलसिले में प्रस्तुत हैं–

हमको मिटा सके ये ज़माने में दम नहीं
हमसे ज़माना ख़ुद है, ज़माने से हम नहीं

तथा

गुलशन परस्त हूँ मुझे गुल ही नहीं अज़ीज़
काँटों से भी निबाह किए जा रहा हूँ मैं

मजरूह सुलतानपुरी के दो शेर

मैं अकेला ही चला था जानिब-ए-मन्ज़िल मगर
लोग साथ आते गये और कारवाँ बनता गया

तथा

देख ज़िन्दाँ से परे, रंग-ए-चमन, जोशे-बहार
रक़्स करना है तो फिर पाँव की ज़ंजीर न देख

मजरूह सुलतान पुरी के अतिरिक्त, कैफी आज़मी और अली सरदार जाफ़री ऐसे इंकलाबी शायर हैं जिनकी नज़्में ही उतनी लोकप्रिय हैं जितनी कि ग़ज़लें। कैफी आज़मी और मजरूह सुलातनपुरी ने फिल्मों में भी अपनी शायरी का योगदान दिया और भरपूर सफलता पाई।

अली सरदार जाफ़री प्रगतिशील शायर थे। उनकी नज़्मों में प्रतिवाद के स्वर गूँजते हैं।

उनकी ग़ज़ल का एक शेर बच्चे की मासूमियत पर है। इंकलाबी शायर ने किस अन्दाज़ और बिम्ब के ज़रिये शेर कहा है, वह अनुपम है–

मन एक नन्हा-सा बालक है ठुमक ठुमक रह जाये है
दूर से मुख का चाँद दिखा कर कौन उसे ललचाये है।

शेर में ठुमक-ठुमक शब्द प्रयोग लाजवाब है। शेर में बालक है तो शेर में बालक जैसा मन भी है।

अली सरदार जाफ़री की ग़ज़ल का एक और शेर–

इश्क़ का नग़मा जुनूं के साज़ पर गाते हैं हम
अपने ग़म की आँच से पत्थर को पिघलाते हैं हम

कैफ़ी आज़मी अपने आपमें एक युग थे। वो प्रगतिशील आन्दोलनों से जुड़े रहे। हमेशा सक्रिय रहे। उन्होंने नज़्में उत्कृष्ट लिखीं। फिल्मी गीत बहुत शानदार लिखे।

उनकी अनेक ग़ज़लों को अपनी रेशमी आवाज़ में जगजीत सिंह ने गाया–तुम इतना जो मुस्करा रही हो। क्या ग़म है जिसको छुपा रही हो।

उनकी ग़ज़लों के ये शेर–
ख़ारो-ख़स तो उठें रास्ता तो चले
मैं अगर थक गया काफ़िला तो चले
तथा
शोर यूँ ही न परिन्दों ने मचाया होगा
कोई जंगल की तरफ़ शहर से आया होगा

कृष्ण बिहारी नूर का एक शेर–

मैं एक क़तरा हूँ मेरा अलग वुजूद तो है
हुआ करे जो समन्दर मेरी तलाश में है

मिलाप चन्द राही का एक शेर–

खुदा करे कि तू बामे-उरूज़ पे जाके
किसी को देख सके सीढ़ियाँ उतरते हुए

(बामे-उरूज़-उत्कर्ष)

निस्सन्देह, ग़ज़ल विधा ने हर क़दम, विकास का नया रास्ता तामीर किया है। बानी जब कहते हैं–वो टूटते हुए रिश्तों का हुस्ने-आख़िर था, तो वो प्रेम के विखण्डन में भी सौन्दर्य की अनुभूति तलाश करते हुए, अर्थ की गूँज पैदा करता शेर कहते हैं। उतना सघन, गाड़ा और प्रबल भावबोध का शेर शह्रयार का है जिसमें पात्र, अपनी प्यास भूलकर दरिया की रवानी देखता रहता है।

मेयारी और बड़े शायरों के कुछ शेर, इस दृष्टि से कि उन्होंने अपने मुहावरे, अपने नज़रिये और अपने ग़ज़ल कथन से, ग़ज़ल को कितना विकसित किया तथा सोच और शऊर के स्तर पर ग़ज़ल को ऊँचाई प्रदान की।

दो और दो का जोड़ हमेशा चार कहाँ- होता है
सोच-समझ वालों को थोड़ी नादानी दे मौला

निदा फ़ाज़ली

दुख में नीर बहा देते थे सुख में हँसने लगते थे
सीधे सादे लोग थे लेकिन कितने सच्चे लगते थे

निदा फ़ाज़ली

निदा यथार्थबोध की शायरी रचते हैं तो वहीं, बशीर बद्र, कल्पनाशीलता और बिम्बात्मकता से अपनी ग़ज़लों में अभिनव प्रयोग करते हैं। ये शेर–

तुम्हारे शहर के सारे दिये तो सो गये लेकिन
हवा से पूछना, दहलीज़ पे ये कौन जलता है

बशीर बद्र

शाम तक कितने हाथों पे गुज़रूँगा मैं
चायख़ानों में, उर्दू के अख़बार-सा

बशीर बद्र

ग़ज़ल के विकासक्रम में यह भी जानना ज़रूरी है कि यह विधा, आम जन के कितना करीब आई है तथा अभिव्यक्ति की दृष्टि से शायरों ने कितना संवर्धन किया है। कुछ शेर प्रस्तुत है–

जो प्यासे हो तो अपने पास रक्खो अपने बादल भी
ये दुनिया है, विरासत में कोई कुआँ नहीं देगा

ज़फ़र गोरखपुरी

मैं सच कहूँगी मगर फिर भी हार जाऊँगी
वो झूठ बोलेगा और लाजवाब कर देगा

परवानी शाकिर

किसी को घर मिला हिस्से में या कोई दुकाँ आई
मैं घर में सबसे छोटा था मेरे हिस्से में माँ आई

मुनव्वर राना

एक मुददत से मेरी माँ नहीं सोई ताबिश
मैंने इक बार कहा था मुझे डर लगता है

अब्बास ताबिश

मेरे ये दिन रात किसानों जैसे हैं
और सफ़र भारत की रेलों जैसा है

शाहिद भारती

मैं इस ख़्याल से डूबा कि वो बचा लेगा
अब इसके बाद मेरा इम्तेहान क्या लेगा

वसीम बरेलवी

घर में तू भी तो नहीं जो कोई बरतन टूटे
ये जो कमरे में अभी शोर हुआ था, क्या था

क़ैसर उल-जाफ़री

ग़ज़ल के विकास और व्यापकता का एहसास उपरोक्त, कुछ शेरों से ही हो जाता है। ग़ज़ल, जो स्त्री पात्र के आसपास की काव्य रचना थी वो आज के नये समय में, प्राय: हर तरह के सामाजिक राजनैतिक और आर्थिक हस्तक्षेप पैदा करने का हुनर रखती है। यहाँ प्रश्नाकुलता है तो वेदना का और करुणा का तत्त्व भी मौजूद है। एक विशेष बात यह भी है कि शेर कहने का सिर्फ लबो-लहजा ही नहीं बदला बल्कि, समय, समाज को देखने का दृष्टिकोण भी बदला है। विविधता और व्यापकता के साथ-साथ, समाज के सूक्ष्म अवयवों को समझने की कोशिशें, शायरी में स्पष्ट होती दिखाई देती हैं।

ग़ज़ल की प्रकृति

ग़ज़ल एक पेचीदा बल्कि विचित्र विधा है। कुछ ऐसी विचित्र कि इसका शिल्प, कथ्य को ठोसपन और लोच, दोनों प्रदान करता है। यह विरोधाभास ही, दरहक़ीक़त, ग़ज़ल की शक्ति है।

मानवातावाद ग़ज़ल की प्रकृति में ही निहित है। ग़ज़ल जैसी सिन्फ़ (विधा) मानव समाज के बीच, एक सूत्र का कार्य करती प्रतीत होती है। ग़ज़ल में वैमनस्य का कोई स्थान नहीं। मुँहफट लहजा और व्यर्थ की आक्रमकता भी ग़ज़ल की प्रकृति से मेल नहीं खाती।

ग़ज़ल वो सिन्फ़ है जिसमें शायर बड़े यक़ीन से कहता है–"मेरा पैगाम-ए-मुहब्बत है जहाँ तक तक पहुँचे। (जिगर मुरादाबादी) ग़ज़ल वो सिन्फ़ है जिसमें उपदेश नहीं दिये जाते। लेकिन दोस्ताना लबो-लहजे में सलाह तो दी जाती है।" ख़ुदी न बेच फ़क़ीरी में नाम पैदा कर। (इक़बाल)

ग़ज़ल के शेरों में, प्रेम, करुणा, समर्पण, वेदना, तन्हाई, बिछोह के भाव, बड़ी मार्मिकता से व्यक्त किये जाते रहे हैं। ग़ज़ल में किसी की आलोचना भी की जाती है तो संकेतों में और तहदारी के साथ। तभी तो दुष्यन्त कहते हैं, "मत कहो आकाश में कोहरा घना है। यह किसी की व्यक्तिगत आलोचना है।"

ग़ज़ल उर्दू शायरी का महत्त्वपूर्ण काव्य रूप है। शायरी का दूसरा अर्थ एक तरह से ग़ज़ल ही समझ लिया गया है। उर्दू शायरी के प्रसिद्ध आलोचक डॉ. आले अहमद सरूर, ग़ज़ल को उर्दू का सबसे अधिक लोकप्रिय काव्य रूप स्वीकार करते हैं।

ग़ज़ल की प्रकृति क्या है, इसके उत्तर में कहा जाता रहा है कि गूढ़ तथा सूक्ष्म विषय को, कम से कम शब्दों में, काव्यात्मकता तथा प्रतीकात्मकता से, विषय को व्यक्त करने का सामर्थ्य रखती है।

ग़ज़ल हमेशा सह अस्तित्व जैसे उच्चतर जीवन मूल्यों की पक्षधर रही है। इतना ही नहीं, ग़ज़ल की ऐसी प्रकृति है जिसमें, विषयगत विविधता और व्यापकता की

सम्भावना सदा बनी रहती है। तत्त्वज्ञान, मनोवैज्ञानिक सूक्ष्मताएँ, तसव्वुफ़ तथा आध्यात्मिकता जैसे तत्त्व भी ग़ज़ल को वैभव प्रदान करने में सफल रहे हैं।

यथार्थ और कल्पनाशीलता के मेल से शायरों/कवियों ने जीवन के विभिन्न पहलुओं को ग़ज़ल में व्यक्त किया है।

डॉ. वज़ीर आगा ने अपनी आलोचना पुस्तक, उर्दू ग़ज़ल का मिज़ाज में, इस ग़ज़ल विधा को गीत पर आधारित बताया है। उनके अनुसार, "अपने स्वभाव की दृष्टि से ग़ज़ल, गीत पर ही आधारित है, इसलिए इसमें, गीत का विशुद्ध, भावनात्मक पर्यावरण निश्चित रूप से विद्यमान रहता है।"

ग़ज़ल की प्रकृति पर बात करते हुए हम यह भी कह सकते हैं कि ग़ज़ल में, भावना और कल्पना के मिश्रण का बड़ा सम्बन्ध है।

ग़ज़ल लिरिकल काव्य विधा है। ग़ज़ल का प्रत्येक शेर, एक ऐसा अंश है जो ग़ज़ल का भाग होने के बावजूद, इससे भिन्न भी है। हर शेर अपना अलग विचार अलग विषय और अलग अस्तित्व रखता है। लेकिन ग़ज़ल के सूत्र में बँधा भी रहता है।

ग़ज़ल में इस विषयगत भिन्नता पर फ़िराक़ गोरखपुरी बहुत सुन्दर बात कहते हैं–"ग्लेक्सी ऑफ़ थाट्स यानी ग़ज़ल में विचारों की आकाश गंगा होती है।"

ग़ज़ल में विषयगत विस्तार होता है और विषय भी भिन्न-भिन्न जीवन क्षेत्रों के हो सकते हैं, लेकिन संक्षिप्ता और तासीर पैदा करते शेरों की अभिव्यक्ति अनिवार्य होती है।

ग़ज़ल में नज़्म की तरह विषयगत विस्तार और विवरण नहीं होते। ग़ज़ल में चुटीलापन तो हो सकता है लेकिन सपाटबयानी से शायर परहेज़ बरतते हैं। ग़ज़ल में सादाबयानी तो हो सकती है और होती भी है, लेकिन शेर एकरेखीय, नहीं होते। ग़ज़ल में इसलिये, हद दर्जे का अन्तर्वेक्षण मिलता है।

ग़ज़ल की प्रकृति ऐसी है कि यहाँ ख़्याल की बुलन्दी, फ़िक्र की बारीकी और अभिव्यक्ति की तहदारी को ज़रूरी समझा जाता है।

ग़ज़ल की प्रकृति ऐसी है कि यहाँ फ़क्कड़पन तो चल सकता है, फूहड़ता बिल्कुल नहीं।

ग़ज़ल का हर शेर अपनी दुनिया तामीर करता है और वो दुनिया, जिसमें ऐसा जादू होता है कि एक शेर की दुनिया, विभिन्न अवसरों पर गूँज पैदा करती है।

ग़ज़ल की प्रकृति में एक बात यह भी अनिवार्य है कि इस में जितने भी शेर हों, वो अर्थवान हों यानी शेर में कोई न कोई बात हो और वह असरकारक भी हो।

जिन शेरों में कुछ घटित हुआ-सा महसूस होता है और कोई घटना-सी घटती है और घटना रूपक या बिम्ब में बदल जाती है, वो न सिर्फ तासीर पैदा करते हैं बल्कि 'याद' भी रह जाते हैं। दुष्यन्त के इस शेर में कुछ घटित होता सा लगता है

तू किसी रेल-सी गुज़रती है
मैं किसी पुल-सा थरथराता हूँ

कम शब्दों में कवि ने एक बिम्ब-सा रच दिया है। पाठक-श्रोता के मन में, पुल का थरथराना और रेल का गुज़रना याद रह जाता है

इसी तरह नासिर काज़मी का यह शेर–

बारिश की तिरछी गलियों में
कोई चिराग़ लिए फिरता था

बारिश की तिरछी गलियाँ-यह नया प्रयोग है। बिम्ब किस अन्दाज़ में उभरता है-चिराग़ लेके, बारिश की तिरछी गलियों में, कोई पात्र, किसी को ढूँढने निकलता है। शायर ने जैसे दो छोटी-सी पंक्तियों में, एक कहानी-सी रच दी हो।

एक शेर आज़ाद गुलाटी का है। विचार को शेर में किस अनूठे रूप से उन्होंने व्यक्त किया है, वह बेमिसाल है–

तुम फ़सीले-शब को छू-छूकर यूँ ही चलते रहो
हाथ जब दीवार पर होंगे तो दर भी आयेगा

शायर आवाम से मुख़ातिब है। उम्मीद और ढाढस पैदा कर रहा है। अवाम अँधेरे में है। शायर कह रहा है कि तुम रात रूपी दीवार को छूकर आगे बढ़ते रहो। अभी अँधेरे की दीवार है बेशक! लेकिन कहीं न कहीं दर भी ज़रूर आयेगा।

यही ग़ज़ल की प्रकृति है जो कहा जाता है वो अपनी अर्थ की गूँज के साथ समाप्त होता है।

हर विधा का अपना चरित्र होता है। अपनी प्रकृति होती है। गीत, दोहे, नज़्म का अपना चरित्र है और ग़ज़ल का अपना।

ग़ज़ल की प्रकृति अथवा चरित्र भंग हो जाये तो शेर बेशक हो जाये लेकिन वो तासीर पैदा नहीं करता।

ग़ज़ल की प्रकृति एक तरह से ग़ज़ल का स्वभाव भी है और ग़ज़ल का मिज़ाज भी।

ग़ज़ल की प्रकृति अथवा स्वभाव अथवा चरित्र अथवा मिज़ाज–एक अदृश्य और न दिखाई देनेवाली शक्ति और संचेतना का नाम है। ग़ज़ल की प्रकृति अथवा चरित्र आहत तो ग़ज़ल आहत!

वरिष्ठ शायर और ग़ज़ल लेखक इन बातों को ख़ूब समझते हैं और उन्होंने अपनी ग़ज़लों में तासीर पैदा करते शेर कहे हैं।

ग़ज़ल की प्रकृति जैसे तत्त्व तक पहुँचने के लिए यह बात जरूरी होती है कि वो ग़ज़लें लिखी जायें जिनमें तगज़्ज़ुल हो और तासीर पैदा करें। शेर इतने महीन हों कि वो चेतना को स्पर्श करें।

ग़ज़ल कहना कठिन नहीं है लेकिन ग़ज़ल की प्रकृति के अनुसार शेर कहना चुनौतीपूर्ण यात्रा है।

शब्दों की लय, भाषा की लोच, विचार की एकाग्रता, अनुभवों की गहराई और सबसे बढ़कर ग़ज़ल जैसी जटिल सिन्फ़ का अध्ययन बहुत आवश्यक होता है

शेर कहते हुए यान्त्रिकता, स्थूलता और एक जैसा पन, तथा सपाटबयानी से मुक्ति भी ज़रूरी होती है।

ग़ज़ल की बहर और शब्द चयन और विषय की समझ जैसे तत्व भी लाज़मी होते हैं ग़ज़ल की प्रकृति के लिए।

ग़ज़ल के प्रकार

ग़ज़ल जैसी विधा की अनेक विशेषताएँ और जटिलताएँ हैं। शायरों ने ग़ज़ल की जटिलताओं को भी उसके आवश्यक तत्त्व और सौन्दर्य में बदल दिया। ग़ज़ल की तमाम बारीकियों से भिज्ञ होने के बाद शायरों/कवियों ने ग़ज़लें लिखीं।

ग़ज़ल एक गतिशील विधा है। चार सौ वर्षों के इस काव्य रूप में कभी शिथिलता नहीं आई। वह इसलिए भी सम्भव हो पाया कि इस विधा में हद दर्जे का अन्तर्वेक्षण, आत्मनिरीक्षण और प्रयोग करने की छूट रही है।

इसी प्रयोगधर्मिता की सम्भावना के रहते शायरों ने कई, रंग, कई रूप और कई प्रकार से ग़ज़लें लिखीं।

ग़ज़ल के प्रकार का अर्थ किसी नयी विधा की खोज नहीं है, बल्कि, ग़ज़ल विधा के शिल्प में रहकर कुछ नया रचने की कोशिश रही है।

एक ज़रूरी जानकारी यह भी है कि ग़ज़ल का शिल्प जो चार सौ वर्षों से था। वही शिल्प अब भी है। उसमें अतिक्रमण करने का अर्थ है ग़ज़ल के मूल ढाँचे से छेड़छाड़। ग़ज़ल के शिल्प में अतिक्रमण से ग़ज़ल में अराजकता का माहौल पैदा हो जायेगा।

ज़रूरी जानकारी यह भी है कि सारे प्रयोग, शैलीगत हुए हैं। शिल्पगत नहीं।

ग़ज़ल के प्रकार, यानी ग़ज़ल को किस-किस ढँग से लिखा जा सकता है।

ग़ज़ल के प्रकार जानने से पूर्व यह बात भी जान लेना ज़रूरी है कि प्रत्येक ग़ज़ल एक निश्चित बहर में होती है। इसे आप मीटर भी कह सकते हैं। जिस बहर में शेर कहते हैं, उसी बहर का पालन करना अनिवार्य होता है।

ग़ज़ल में बहर के अतिरिक्त, क़ाफ़िया (तुक का मिलना) रदीफ़ होता है। लय, स्पन्दन, विषय की अभिव्यक्ति, शेर में थॉट प्रोसेसिंग, वह सब होते हैं। इस तरह ग़ज़ल होती है।

ग़ज़ल   में
मतला   होता   है
शेर   होते   हैं
फिर मक़्ता होता है

ग़ज़ल का पहला शेर जहाँ दोनों मिसरों की तुक (काफ़िया) एक जैसा होता है, उसे मतला कहते हैं।

मतला   यानी   उदय!
यानी, ग़ज़ल का उदय।

ग़ालिब के एक शेर से बात स्पष्ट करते हैं–

दिले-नादाँ तुझे हुआ क्या है
आख़िर इस दर्द की दवा क्या है

ग़ालिब की ग़ज़ल का यह शेर मतला के रूप में जाना जायेगा। यहाँ दोनों काफ़िये हुआ और दवा-तुकाँत हैं।

इसके बाद ग़ज़ल के शेर होते हैं।

'रदीफ़', काफ़िये के बाद आता है। रदीफ़ की उपयोगिता काफ़िये जैसी नहीं होती। इसके बावजूद, ग़ज़ल का अंश होता है।

रदीफ़-यानी पीछे चलने वाला।

रदीफ़ भी कई बार इतने शक्तिशाली होते है कि पूरी ग़ज़ल, उनके गिर्द घूमती है और रदीफ़ ही ग़ज़ल का केन्द्रीय विषय बन जाते हैं।

सूर्यभानु गुप्त की ग़ज़ल के ये शेर–

आँखों में पड़े छाले, छालों से बहा पानी
इस दौर के सहरा में, ढूँढे न मिला पानी
हर लफ़्ज़ का मानी से रिश्ता है बहुत गहरा
हमने तो लिखा बादल पर उसने पढ़ा पानी
हर एक सिकन्दर का अन्जाम यही देखा
मिट्टी से मिली मिट्टी, पानी में मिला पानी

सूर्यभानु की इस ग़ज़ल का रदीफ़ 'पानी' है और पूरी ग़ज़ल, पानी की प्रबल भावना को व्यक्त करने में सफल होती है।

ग़ज़ल, बहर, काफ़िया, रदीफ़ की जानकारी के बाद ग़ज़ल के प्रकार पर चर्चा आपेक्षित है।

ग़ज़ल के प्रकार

सरसरी तौर से देखें तो सभी ग़ज़लें एक जैसी प्रतीत होती हैं। लेकिन ऐसा है नहीं। ग़ज़ल के कई प्रकार होते हैं।

सम्पूर्ण ग़ज़ल

मतले के साथ आरम्भ होकर मक़्ते पर समाप्त होने वाली ग़ज़ल को सम्पूर्ण ग़ज़ल कहते हैं। मतला और मक़्ता के बीच ग़ज़ल के शेर होते हैं।

मतले से लेकर मक़्ते तक पाँच, सात, नौ या ग्यारह शेर हो सकते हैं। इससे ज़्यादा भी हो सकते हैं। लेकिन कुल तीन शेर की ग़ज़ल को सम्पूर्ण ग़ज़ल नहीं कहा जाता।

बे-मतला ग़ज़ल

वो ग़ज़ल जिसमें ग़ज़ल की तमाम बातें हों और वो तमाम शर्तों का निर्वाह करती हो, उस ग़ज़ल में मतला न हो, उस ग़ज़ल को बे-मतला (मतलाहीन या बेमतला) ग़ज़ल कहते हैं। यह कोई ग़ज़ल दोष नहीं है।

क़त्आयुक्त ग़ज़ल

कवि सम्मेलनों में शायर इस तरह की ग़ज़लें पढ़कर सुनाते हैं तो वे एक तरह 'पद्' बन जाता है। चार पंक्तियों का मुक्तक बन जाता है।

ग़ज़ल में इस तरह की अभिव्यक्ति कई बार सहज रूप से हो जाती है तो कई बार शायर/कवि, प्रयास के साथ ऐसे शेर कहते हैं कि वो मुक्तक (चार पंक्तियाँ) बन जाए।

शृंखलित ग़ज़ल (मुसलसल ग़ज़ल)

मतले से मक़्ते तक, एक ही विषय केन्द्रित शेर होते रहें तो उसे मुसलसल ग़ज़ल कहते हैं। चूँकि ग़ज़ल के शेर, विभिन्न विषयों केन्द्रित होते हैं और इसे ग्लैक्सी ऑफ़ थाट्स कहा जाता है। लेकिन कई बार ग़ज़लें एक ही विषय केन्द्रित होती हैं और सभी शेरों में उसी विषय का भाव व्यक्त होता रहता है।

उर्दू के प्रसिद्ध शायर हाली पानीनती ने मुसलसल ग़ज़लें लिखीं, लेकिन उनका यह प्रयोग सफल न हो सका। क्योंकि ग़ज़ल होने के बावजूद वो नज़्म ही होती थी।

आज़ाद ग़ज़लें

एक वो दोर था जब अकविता, अकहानी लिखी जाने लगी थीं। कृष्णबलदेव वैद्य ने काला कोलाज़ उपन्यास लिखकर कहा कि यह-अन-उपन्यास है।

विधागत जो बन्दिशें होती हैं उससे अधिक छूट लेने की कोशिशें की गयीं।

पाकिस्तान तथा हिन्दुस्तान के कुछ शायरों ने मिलकर, आज़ाद ग़ज़लों का आन्दोलन चलाया। इसमें न बहर की परवाह थी न काफ़िए की। एक मिसरा किसी बहर का तो दूसरा अन्य बहर का। ऐसी आज़ाद ग़ज़लों में विचार और कथन पर फ़ोकस किया जाता था। लेकिन आज़ाद ग़ज़ल का प्रयोग असफल सिद्ध हुआ।

आधुनिक उर्दू के प्रसिद्ध शायर 'बानी' मनचन्दा की ग़ज़ल के ज़रिये मतला, मक़्ता और शेर क्या है–इसे स्पष्ट करते है–

सरसब्ज़ मौसमों का नशा भी मेरे लिए — *मतला*
तलवार की तरह है हवा भी मेरे लिए

शामिल हूँ काफ़िलों में मगर सर में धुन्ध है — *शेर*
शायद है कोई राह जुदा भी मेरे लिए

मैं ख़ुश हुआ हूँ मुज़्दा सफ़र का मिला मुझे — *शेर*
फैला हुआ है दश्ते-सज़ा भी मेरे लिए

देखूँ मैं आईना तो धुआँ फैल-फैल जाए — *शेर*
बोलूँ तो अजनबी है सदा भी मेरे लिए

'बानी' अजब तरह से खिली ख़ुशमुकद्दरी — *मक़्ता*
बर्गे-शफ़क है बर्गे-हिना भी मेरे लिए

मुज़्दा- शुभ सूचना
ख़ुशमुकददरी—भाग्यशीलता

उपरोक्त ग़ज़ल में जो पहला शेर है–वह मतला है। तीन अन्य शेर हैं। वो साधारण शेर हैं। और अन्त में जिस शेर में शायर ने अपना तख़ल्लुस 'बानी' का प्रयोग किया है– वो मक़्ता है।

शीर्षक

ध्यान देने योग्य बात यह भी है कि नज़्मों/कविताओं के शीर्षक होते हैं। ग़ज़ल का शीर्षक नहीं होता। ग़ज़ल में, बहुत सारे विषय, बहुत सारे विचार निहित होते हैं। इसलिए ग़ज़ल में, ग़ज़ल का शीर्षक नहीं होता।

ग़ज़ल की भाषा

ग़ज़ल की कौन-सी भाषा हो, यह प्रश्न अक्सर उठता रहा है और इस प्रश्न का माकूल उत्तर भी शायर और विद्वान देते रहे हैं।

निदा फ़ाज़ली के अनुसार "आज की ग़ज़ल में वही भाषा उपयोग में लायी जा रही है, जो कहानी की भाषा है यानी आम बोलचाल की भाषा। साहित्य वही ज़िन्दा रहता है, जो जनभाषा में हो।"

हिन्दी भाषा में ग़ज़ल का अवतरण उर्दू ग़ज़ल से हुआ है। हिन्दी ग़ज़ल ने शिल्प बहरें, काफ़िया, रदीफ़ उर्दू से ग्रहण किए हैं। ग़ज़ल का मिज़ाज, तगज़्ज़ुल और उर्दू ज़बान भी, किसी न किसी रूप में हिन्दी ग़ज़ल में शामिल हो चुकी है। इस बात का सबसे श्रेष्ठ उदाहरण, दुष्यन्त की ग़ज़लें हैं। दुष्यन्त के लिए भाषा का कोई मसला था ही नहीं। उन्होंने ग़ज़लों में स्वाभाविक रूप से हिन्दी उर्दू शब्दों का प्रयोग किया। मिज़ाज और तगज़्ज़ुल उर्दू का। मुहावरा हिन्दी का। यह नया प्रयोग था। यह नया मुहावरा था। यह नयी ग़ज़ल शैली थी जो बेहद सफ़ल हुई।

अपनी पुस्तक साये में धूप की भूमिका लिखते हुए उन्होंने कहा भी था–'उर्दू और हिन्दी', अपने-अपने सिंहासनों से उतरकर जब आम आदमी के पास आती हैं तो उनमें फ़र्क़ कर पाना बड़ा मुश्किल होता है। मेरी नीयत और कोशिश यह रही है कि इन दोनों भाषाओं को ज़्यादा करीब ला सकूँ। इसलिये ये ग़ज़लें उस भाषा में कही गयी हैं, जिसे मैं बोलता हूँ।'

उनकी ग़ज़ल का एक शेर—

मसलेहत आमेज़ होते हैं सियासत के क़दम
तू नहीं समझेगा इसके तू अभी नादान है

मसलेहत आमेज़ जैसे शब्द की आमद हिन्दी में पहली बार हुई और इस लफ़्ज़ ने ख़ूब हरारत पैदा की। अजनबी-सा प्रतीत होने वाला शब्द, शेर के भीतर अपनी

लय के साथ जज़्ब होता है, और इतनी ताक़त से होता है कि शब्द ठेठ उर्दू का होते हुए भी अवाम का शब्द हो जाता है।

हिन्दी ग़ज़ल की भाषा, अन्ततः शुद्ध हिन्दी नहीं, हिन्दुस्तानी ज़बान होगी, यह तय है।

भाषा की बाबत बशीर बद्र के विचार भी गौरतलब है, "ग़ज़ल की ज़बान के लिए ये समझना चाहिए कि आज जिस लफ़्ज़ को पढ़े-लिखे लोग, अपनी गुफ़्तगू में रखते हैं, उसके ग़ज़लियत हुस्न से, ग़ज़ल का शेर कहा जा सकता है। इस चार सौ साल के तजुर्बे से ये साबित हो जाता है कि वही शब्द ज़िन्दा रहते हैं जो पूरे मुल्क़ में चलते फिरते हैं। और जो लफ़्ज़ सिर्फ़ मज़हबी (धार्मिक) हल्कों में ज़िन्दा रहते हैं, वो ग़ज़ल की दुनिया में ज़िन्दा नहीं माने जा सकते। इसलिए सैकड़ों बरस पुराने लफ़्ज़, जो बच्चों की तरह चल फ़िर रहे हैं, वो भी ग़ज़ल में शामिल हैं। ग़ज़ल ज़िन्दगी का नग्मा है और ग़ज़ल में शामिल है। ग़ज़ल में, संस्कृत, फ़ारसी और अरबी के भारी-भरकम शब्दों का आदर तो किया जा सकता है, लेकिन उनसे गुफ़्तगू नहीं की जा सकती। ग़ज़ल की ज़बान सिर्फ़ बोलचाल की ज़बान है।" (साहित्य सागर ग़ज़ल अंक-अप्रैल-2002)

यहाँ भी ग़ज़ल की भाषा आम बोल चाल की भाषा है। यहाँ भी न फ़ारसीनिष्ठ शब्दों की पैरवी है न संस्कृत निष्ठ शब्दों की। बशीर बद्र ने बड़ी पत्ते की बात कही है कि वही शब्द ज़िन्दा रहते हैं जो पूरे मुल्क़ में चलते-फिरते रहते हैं। यानी वो भाषा जिनसे हम रोज़मर्रा की बातें करते हैं और आपस में संवाद करते हैं। उनकी ग़ज़ल के दो शेर इस बात के उदाहरण स्वरूप कि उनकी कैसी ग़ज़ल भाषा रही है और उन्होंने ग़ज़ल कथन को कितनी सरलता से व्यक्त किया है–

दुश्मनी जमकर करो लेकिन ये गुंजाइश रहे
जब कभी हम दोस्त बन जाएँ तो शर्मिन्दा न हों

तथा

लोग टूट जाते हैं एक घर बनाने में
तुम तरस नहीं खाते बस्तियाँ जलाने में

निदा फ़ाज़ली तो भाषा के प्रति और भी अधिक स्पष्ट विचार रखते हैं। वे कहते हैं–'मेरी नज़र में उर्दू और हिन्दी ग़ज़ल में कोई अन्तर नहीं है। यहाँ तक कि पाकिस्तान और हिन्दुस्तान, दोनों मुल्क़ों में, एक ही भाषा में ग़ज़ल लिखी जा रही है। अन्तर सिर्फ़ लिपि का है। पण्डिताऊ भाषा का अब कोई स्थान नहीं है। एक विशेष वर्ग की भाषा होती है, एक जन की भाषा। 'साहित्य वही ज़िन्दा रहता हैं जो जनभाषा में हो।' (आधारशिला ग़ज़ल विशेषाँक अंक-44)

वास्तविकता यह है कि ग़ज़ल को फ़ारसीयत से मुक्त कराने में नासिर काज़मी का बड़ा योगदान रहा है। उन्होंने जो लिखा सरलतम लिखा। लेकिन गहराई के साथ प्रतीकात्मक लिखा। उन्होंने बड़ी बहरों में ग़ज़लें लिखीं लेकिन छोटी बहर की ग़ज़लों में उनकी बिम्ब रचने की शैली ने अपना युग निर्मित किया। कुछ शेर -

दाता की नगरी में 'नासिर'
मैं जागूँ या दाता जागे

तथा

तेरे ध्यान की कश्ती लेकर
मैंने दरिया पार किया था

इसी जनमानस की भाषा की ताईद, प्रसिद्ध उपन्यासकार, कहानीकार, कमलेश्वर भी करते हैं, "मेरा निवेदन सिर्फ़ इतना है कि हिन्दी ग़ज़ल को, इसे विराट और व्यापक परम्परा से अलग मत कीजिए। हिन्दी ग़ज़ल है। यह दुष्यन्त के कारण है। पर दुष्यन्त ने उसे मात्र, हिन्दी भाषा के काव्य रूप में नहीं अपनाया था। बल्कि जो भाषा उसे आती थी, उसे सदियों के दुख, संताप को समर्पित करके, उसने एक वैचारिक ज्वालामुखी के आँवे में पकाया था। राजनीतिक इकाइयाँ टूट सकती हैं, लेकिन सांस्कृतिक सच्चाइयाँ नहीं टूट सकतीं और ग़ज़ल ने इसी सांस्कृतिक सच्चाई को जीवित रखा है।" (हिन्दी ग़ज़ल की नयी दिशाएँ, सम्पादक सरदार मुजावर)

लेकिन कुछ ग़ज़लकारों की चिन्ताएँ दूसरी हैं। वे ग़ज़ल को शुद्ध 'हिन्दी ग़ज़ल' बना देने के पक्ष में हैं। इस तरह की, शुद्ध हिन्दी ग़ज़लें लिखी तो जा रही हैं लेकिन उनमें ग़ज़ल कम हिन्दी ज़्यादा है।

सुप्रसिद्ध कवि त्रिलोचन ने भी भाषा को लेकर बेबाक और मारक बात कही है, "उर्दू ग़ज़ल में जो भाषा आती है वह बोलचाल का वही लहजा पकड़ती है, जिसमें कविता का जीवन तत्त्व आता है। हिन्दी में लिखने वाले, बोलचाल का सौन्दर्य देख ही नहीं पाते। हिन्दी का वातावरण अलग है उसकी रूपायित करने के लिए, वाक्यों में लोच की ज़रूरत होती है और इस लोच को लाने में बड़ी मशक्कत है।"

लोच! यानी सहज सरल भाषा का प्रयोग।

ग़ज़ल ऐसी कोमल और विस्मित करती विधा है जो 'अति' को किसी रूप में बर्दाश्त नहीं करती। इस विधा को फ़ारसी जब बोझ की तरह प्रतीत हुई तो फ़ारसी ज़बान त्यागकर आसान उर्दू का पक्ष लिया। इसी तरह, शुद्ध हिन्दी ग़ज़ल को दरकिनार करते हुए, दुष्यन्त की तर्ज़ पर ग़ज़ल लेखकों ने हिन्दुस्तानी ज़बान में ग़ज़लें लिखी हैं और सफल भी हुए हैं।

ग़ज़ल की शैली

चार सौ वर्षों के लम्बे सफ़र में सिर्फ़ ग़ज़ल ही लोकप्रिय नहीं हुई, उसकी शैली भी लोकप्रिय हुई है। शायर ने विषय को किस अन्दाज़ से उठाया और किस मुहावरे तथा शैली में शेर को व्यक्त किया। शायरी में यह महत्त्वपूर्ण होता है। वह इसलिए होता है कि सैकड़ों शायरों ने एक ही विषय पर अनेक शेर कहे होते हैं। स्त्री पात्र और प्रेम पर तो इतने शेर हैं कि गिनना मुश्किल। ऐसे परिदृश्य में मौलिकता सिद्ध करने के लिए शायर अपना मुहावरा, शैली और ग़ज़ल कथन, बिल्कुल भिन्न रूप से ईजाद करता रहा है।

महाकवि मीर की ग़ज़ल शैली प्रसिद्ध है।
ग़ालिब का अन्दाज़े-बयाँ प्रसिद्ध है।

नासिर काज़मी का शब्द चयन, सादगी और बिम्बात्मकता प्रसिद्ध है।
इब्ने इंशा का सूफ़ियाना ठाठ प्रसिद्ध है।
महाकवि मीर की शैली को व्यक्त करते दो शेर प्रस्तुत हैं–

मत सहल हमें जानो फिरता है फ़लक बरसों
तब ख़ाक़ के पर्दे से इंसान निकलते हैं

तथा

नाज़ुकी उसके लब की क्या कहिए
पंख़ुडी इक गुलाब की-सी है

ये जो की-सी का प्रयोग है। यह मीर की शैली है। एक और शेर है—

सरहाने मीर के कोई न बोले
अभी टुक रोते-रोते सो गया है

यह जो टुक का प्रयोग है। यह प्रयोग सिर्फ़ मीर ही कर सके।

मीर ने अवाम के लिए लिखा। जो दुख कष्ट निराशा अभाव का ताना-बाना है, वही, करुणा के रूप में, मीर की शायरी में उभरता है।

ग़ालिब का अन्दाज़ है—अन्दाज़े-बयाँ! उनके कठिन-से-कठिन शेर के चाहने वाले लाखों हैं। ग़ालिब का यह अन्दाज़-ए-बयाँ है कि उनके शेरों की अब तक तशरीह (व्याख्या) होती रही है और होती रहेगी।

उनकी ग़ज़ल के ये शेर—

कोई दिन गर ज़िन्दगानी और है
अपने जी में हमने ठानी और है
हो चुकी ग़ालिब बलाएँ सब तमाम
एक मर्गेनागहानी और है

नासिर काज़मी ने जो ग़ज़लें लिखीं उस पर शैली की छाप, नासिर काज़मी की छाप है।

अगर मीर ने आम बोलचाल की भाषा में, शायरी को उच्च कोटि का, उच्च संस्कारित बनाने का कौशल पैदा किया तो नासिर ने, आधुनिक समय में, यही काम किया। नासिर चूँकि विस्थापित होकर पाकिस्तान जा बसे। उनकी शायरी में विस्थापन की वेदना के अतिरिक्त 'ध्यान' भी किसी गूढ़ विषय की तरह है।

उनकी ग़ज़ल से शेर प्रस्तुत है जिनमें उसका अपना अन्दाज़, अपना ढब और अपनी शैली है—

अपनी धुन में रहता हूँ
मैं भी तेरे जैसा हूँ

तथा

दिल में इक लहर-सी-उठी अभी
कोई ताज़ा हवा चली है अभी

शैली एक अदृश्य तत्त्व है। लेकिन है।

शायरी के अनुभव ग्रहण करते हुए शायर/कवि जब अपनी ग़ज़ल कहन, ग़ज़ल भाषा, कथन, शब्द और मुहावरा तय करते हुए शेर कहते हैं तो वह शायर/कवि की शैली हो जाती है।

हिन्दी में, शमशेर बहादुर सिंह, दुष्यन्त, अदम गोंडवी, सूर्यभानु गुप्त और हरजीत सिंह की अपनी ग़ज़ल शैली है।

सूर्यभानु गुप्त

सूरज के उजाले में, कन्दील की तन्हाई
रस्ते में बम्बई के इस मील की तन्हाई

अदम गोंडवी

जो उलझकर रह गयी है फ़ाइलों के जाल में
गाँव तक वो रोशनी जायेगी कितने साल में

दुष्यन्त

कल नुमाइश में मिला था चीथड़े कपड़ों में वो
मैने पूछा नाम तो बोला कि हिन्दुस्तान है

ग़ज़ल के विषय

आरम्भ में ग़ज़ल के सीमित विषय थे। शायर प्रेम केन्द्रित शेर कहते या फिर स्त्री पात्र केन्द्रित!

लेकिन मीर तकी मीर, ग़ालिब, इक़बाल, फ़ैज़ अहमद फ़ैज़, फ़िराक़ गोरखपुरी के बाद नासिर काज़मी, जोन एलिया, इब्ने इंशा, शह्‌रयार, निदा फ़ाज़ली ने ग़ज़ल के विषय में जो व्यापक ज़मीन तैयार की और उसके बाद दुष्यन्त ने जो मानवतावादी करुणा और आक्रोश की जो भाव अभिव्यक्ति दी, ग़ज़ल का परिसर विकसित होता चला गया। विषय की व्यापकता को व्यक्त करते कुछ शेर–

क्या मैं तुमको याद नहीं हूँ गंगा जी और जमुना जी
मैं ही तुम्हारा सोगनशीं हूँ गंगा जी और जमुना जी

जोन एलिया

यहाँ मज़बूत से मज़बूत लोहा टूट जाता है
कई झूठे इकट्टे हों तो सच्चा टूट जाता है

हसीब सोज़

घर की तामीर चाहे जैसी हो
इसमें रोने की कुछ जगह रखना

निदा फ़ाज़ली

दुकानदार तो मेले में लूट गये यारो।
तमाशबीन दुकानें लगा के बैठ गये

दुष्यन्त

उपरोक्त शेरों की विषयगत व्यापकता से सहज अनुमान लगाया जा सकता है कि ग़ज़ल में कितनी गतिशीलता है और नये विषय की खोज निरन्तर जारी है।

प्रमुख शायर

रिवायती शायर

महाकवि मीर की मीरियत

महाकवि मीर की ग़ज़ल का एक शेर है–

ले सांस भी आहिस्ता के नाज़ुक है बहुत काम
आफ़ाक की इस कारागहे-शीशागरी का

यानी, सृष्टि की रचना इतनी नाज़ुक और इतनी महीन है कि वो तेज़ सांस लेने से भी टूट सकती है। वैज्ञानिकों ने इस सृष्टि के विषय में कुछ भी कहा हो, लेकिन एक शायर ने अपनी बात जब इस उत्कृष्ट शेर में व्यक्त की है तो प्रतीत होता है जैसे उन्होंने सृष्टि की संरचना पर आख्यान रच दिया हो।

मीर के बाद ग़ालिब ने भी यही बात थोड़ी भिन्न दृष्टि से (और अपने अन्दाज़े-बयाँ में) व्यक्त की है–

बाज़ीचाए-इतफ़ाल है दुनिया मेरे आगे
होता है शबो-रोज़ तमाशा मेरे आगे

ग़ालिब दुनिया को बच्चों के खेल-तमाशे का बाज़ीचा मानते हैं। लेकिन मीर तो ब्रह्मांड की सूक्ष्मता और जटिलता का एहसास कराते हुए, इस बात पर भी सावधान करते हैं कि ये दृष्टि का सारा खेल, तेज़ सांस लेने से भी टूट सकता है। इस शेर के पस:मंज़र, सृष्टि निर्माता की भी उपस्थिति है। बेशक, वो अनुपस्थित प्रतीत होता है। इस शेर को गहराई से महसूस करें तो ये शेर सूफ़ियाना मिज़ाज की छवि भी उपस्थित करता है। बहुत सारी बातों के साथ-साथ, यह शेर पर्यावरण के प्रति भी अपनी फ़िक्र जाहिर करता है–"ले साँस भी आहिस्ता।" यानी, इस संसार में आपका प्रवेश हुआ है तो थोड़ा सलीके से रहिए। वरना यह (सृष्टि) इतनी नाज़ुक, मासूम और महीन है कि नष्ट भी हो सकती है।

मीर की ग़ज़ल का यह शेर, उनकी सम्पूर्ण शायरी पर भी लागू होता है। मीर की शायरी के कारूणिक और दुखभरे संसार की रचना (सादगी के बावजूद) इतनी व्यापक, महीन, सघन और विराट है कि उसे पढ़ते-समझते हुए , विशिष्ट दृष्टि और संचेतना की ज़रूरत होती है।

मीर अपनी शायरी में एक ऐसी 'मीरियत' की रचना करते हैं, जिसमें जीवन के कई सारे राग गूंजते प्रतीत होते हैं। दरअस्ल, जिस सादगी से मीर अपनी बात शेर में कहते हैं, वो अन्दाज़ और वो सलीका, चेतना को स्पर्श करता है। इसी सिलसिले में यह शेर–

बुलबुल ग़ज़लसराई आगे हमारे मत कर
सब हमसे सीखते हैं अन्दाज़ गुफ़्तगू का

शेर में एक पात्र बुलबुल है जिसका स्वर मधुर है। वो मीठे सुर में गाती है। इस शेर में दूसरा पात्र स्वयं मीर है। शेर सम्बोधन शैली में है। मीर की ग़ज़लगोई की ख़ासियत यह भी है कि उनके सैकड़ों शेर सम्बोधन या वार्तालाप शैली में हैं।

मीर, मधुर गानेवाली बुलबुल से कह रहे हैं–ऐ बुलबुल! तू हमारे सामने ग़ज़लसराई मत कर। यानी, हमारे सामने अपनी मधुर आवाज़ में जो तू ग़ज़ल गा रही है। उसका प्रभाव हम पर नहीं पड़नेवाला।–सब हमसे सीखते हैं, अन्दाज़ गुफ़्तगू का यह 'अन्दाज-गुफ़्तगू' क्या है? यही तो शेरगोई का अन्दाज़ है। शेर में, सादगी से, अपनी बात कहने का सौन्दर्य।

मीर बुलबुल के ज़रिये, अपने समकालीन शायरों को न सिर्फ़ एहसास करा रहे हैं बल्कि बड़े आत्मविश्वास के साथ आगाह भी कर रहे हैं कि उनके जैसी ग़ज़लगोई अभी किसी के पास नहीं।

अपने जीवनकाल में मीर की शोहरत पूरे मुल्क़ में फैल चुकी थी। बाद वक़्तों में ग़ालिब ने भी तो कहा था–कहते हैं कि अगले ज़माने में कोई 'मीर' भी था।

जदीद शायर नासिर काज़मी ने तो बड़े गर्व से कहा कि वो मीर से बहुत प्रभावित हैं। इब्ने इंशा के शेर का एक मिसरा है–'मीर, कबीर, दबीर और इंशा, सबका एक घराना हो।'

मीर ने अपनी शायरी के विषय में फिर किसी ग़ज़ल में बड़े यक़ीन से कहा है–

जो देखे मिरे-शेरे-तर की तरफ़
तो माइल न हो फिर गुहर की तरफ़

माइल – आकर्षित
गुहर – मोती

डॉ. गोपीचन्द नारंग मीर के विषय में बहुत संजीदगी से कहते हैं–"मीर का सबसे बड़ा चमत्कार यही है कि तुरन्त यही आभास होता है कि वो लहजा-ए-आम के शायर हैं। वस्तुत: मीर का आर्ट नज़र का भ्रम पैदा करता है। उसका कमाल यही है कि उसकी कला पर, कला का सन्देह नहीं होता। अर्थात सादगी के साथ मीर की पुरकारी इस तरह, तह-दर-तह है या गहराई हुई है कि वो सादा ही सादा मालूम होती है।"

मीर की सादगीपूर्ण ग़ज़लों में जो सादगी का तत्व है, वही तो है, जिसे मीर की शैली कहा जाता है। इस सादगी में ही उच्च स्तरीय भावाभिव्यक्ति हुई है जिससे अनूठी और अपूर्व शायरी का जन्म हुआ है। मीर के अशआर की यह सादगी अकेली या इकहरी नहीं, यह बहुकोणीय और बहुआयामी है। मीर की सादगी से पूर्ण शायरी सरलार्थ की नहीं, भावार्थ की मांग करती है। मीर कहते हैं–

शेर मेरे हैं गो ख़्वासपसन्द
पर मुझे गुफ़्तगू अवाम से है

अवाम से गुफ़्तगू की सद्इच्छा रखनेवाला शायर, अवाम की ज़बान को ही चुनता है, अपनी शायरी के लिए और इतना सफल होता है कि उसकी शायरी, अपने युग की शायरी हो जाती है।...कि उसकी शायरी का आनेवाले युग, न सिर्फ़ इस्तेकबाल करते हैं, बल्कि प्रभावित भी होते हैं। लेकिन मीर जैसा अन्दाज़ हासिल नहीं कर पाते। इसलिए अदीब अक्सर कहते रहे हैं–

"न हुआ पर न हुआ 'मीर'-सा अन्दाज़ नसीब।"

मीर कहते हैं–"फ़कीराना आए सदा कर चले।" मिसरे में 'फ़कीराना' लफ़्ज़ यूँ ही नहीं आया। इसका अन्तर्पाठ भी है। मीर सूफ़ी ख़ानदान से तअल्लुक रखते थे। उनकी शायरी में सूफ़ियाना मिज़ाज निरन्तर महसूस होता है।

मीर का एक प्रसिद्ध शेर है–

'मीर' के दीनो-मज़हब को तुम क्या जानो हो उनने तो
कश्का खैंचा, दैर में बैठा, कबका तर्क इस्लाम किया

आपको मीर के दीन-धर्म के बारे में क्या पता? यानी आपको कुछ पता नहीं। मीर तो तिलक लगाकर, मन्दिर में जा बैठा है और इस्लाम धर्म को त्याग दिया है।

इस शेर में मीर के फ़कीराना ठाठ और कबीराना मस्ती की गूंज है। मीर ने इस्लाम तर्क नहीं किया था। लेकिन उनके मन में सभी धर्मों के प्रति जो आदरभाव था, शेर में उसको महसूस किया जा सकता है। उनके सूफ़ियाना मिज़ाज के कारण भी ऐसे शेर सम्भव हो पाए।

अजमल अजमाली, मीर के विषय में कहते हैं–वो एक मुसलमान घराने में पैदा हुए, लेकिन तसव्वुफ़ के माहौल ने इन्हें ऐसा कट्टर मुसलमान न होने दिया कि वो दूसरे मज़हबवालों से भेदभाव रखें। इन्सानियत उनका ईमान है और ख़ुदा तक पहुँचना उनकी ज़िन्दगी का मक़सद।"

इसी सिलसिले में मीर के इस शेर तक पहुँचना बहुत लाज़मी हो जाता है–

उसके फ़रोगे-हुस्न से झमकें हैं सब चराग़
शम्अ हरम हो या कि दिया सोमनाथ का।

उस परमसत्ता से ही सम्भव है शम्अ का रौशन होना और मन्दिर के दीये का जलना। चूंकि उसकी सम्भावना की शक्ति से ही सबमें नूर समाया है।

मीर की शैली

फ़िराक़ गोरखपुरी ने मीर की–शायरी पर अपनी पुस्तक "उर्दू भाषा और साहित्य" में लिखा है–"मीर में हर मामूली बात जितनी मामूली होती है उतनी ही ग़ैरमामूली बन जाती है।"

शिवपूजन सहाय ने मीर को करूणा का शायर कहा है "मीर में शोख़ी नहीं, सुषमा नहीं, चुलबुलाहट और मुस्कराहट नहीं, अविश्रान्त रूदन है।"

दरहक़ीकत, मीर, अपनी शायरी में मामूली बातों को ग़ैरमामूली बना देनेवाले, दुख और करूणा के महाकवि हैं। कुछ शेर इसी सिलसिले में–

शाम से कुछ बुझा-सा रहता है
दिल हुआ है चराग़ मुफ़लिस का

–

सिरहाने 'मीर' के आहिस्ता बोलो
अभी टुक रोते-रोते सो गया है

–

रात तो सारी गई सुनते परेशाँगोई
'मीर जी' कोई घड़ी तुम भी तो आराम करो

इन अशआर में एक बात मुशतरक़ा है। साधारण रूप से व्यक्त किए गए 'कथन' का असाधारण रूप से अर्थ की यात्रा करना। दूसरी बात। इन अशआर में दुख भी किसी अदृश्य पात्र की तरह उपस्थित है।

बिल्कुल आख़िरी शेर से बात करते हैं। शेर के दूसरे मिसरे में मीर ख़ुद से सम्बोधित हैं। यह उनकी ग़ज़लगोई की अनोखी और नायाब शैली है। इस 'वार्तालाप शैली' से वो पात्र से मन की बात करते हैं। कई बार यह अन्दाज़े-गुफ़्तगू 'बतकही' का रूप भी धारण कर लेता है। यहाँ मीर का यह वार्तालाप अपने आपसे है। जैसे मीर अपने मित्र हों, अपने सखा। जैसे एक मीर, दूसरे मीर से बड़े आत्मीय स्वर में कह रहा हो–'मीर जी', कोई घड़ी तुम भी तो आराम करो।'

शेर में एक और बात भी है जिससे इस शेर के सौन्दर्य में इज़ाफ़ा हुआ है। यहाँ मीर ख़ुद को 'मीर जी' कह रहे हैं। 'मीर जी' में जो आत्मीयता ध्वनित होती है, उसे सुना जा सकता है। शेर के कथन में गहरे दुख की छाया है। मीर ख़ुद को इस वेदना से बाहर निकलने के लिए कह रहे हैं।

एक अन्य शेर में मीर जब कहते है–'दिल हुआ है चराग़ मुफ़लिस का' तो वो इस मुहावरे में अपने दिल की शिकस्तगी को संकेतों में व्यक्त कर देते हैं।

मीर की शायरी में दुख की उपस्थिति किसी मुफ़लिस के अधबुझे चराग़ की-सी है। इससे भी आगे जाएँ तो यह दुख किसी हाँफते हुए आतिशदान जैसा प्रतीत होता है। मीर जिस दुख को कभी व्यक्त करते हैं तो कभी उसे अकथ ही छोड़ देते हैं। जैसे कि ये शेर–

हाले बद गुफ़्तनी नहीं मेरा
तुमने पूछा तो मेहरबानी की

मेरी अवस्था इतनी बुरी है कि मैं बता ही नहीं सकता। इसके बावजूद, तुम्हारा शुक्रिया कि तुमने मेरा हालचाल पूछा।

यह बात ठीक है कि यह दुख मीर की शायरी में उस गुम्बद की तरह है जहाँ मीर का राजनैतिक, आर्थिक और सामाजिक परिदृश्य अपनी थरथराहट के साथ मौजूद है।

मीर का दुख जितना निजी है उतना सामाजिक भी है। सामाजिक अव्यवस्था, लूटपाट, रक्तपात और निरन्तर अस्थिरता को मीर ने देखा, भोगा और महसूस किया। मीर की शायरी में जो कारूणिकता का तत्व है वो शायर का मोहभंग भी है।–'उसके फ़रोग़-हुस्न से झलके है सबमें नूर' की बात करनेवाला शायर, जब अपने जीवन के निर्धनता रूपी अंधेरे में रहने को अभिशाप होता है तो मार्मिकता से कहता है–सिरहाने मीर के आहिस्ता बोलो/अभी टुक रोते-रोते सो गया है।

और 'चराग़ मुफ़लिस का'–जो हमेशा अपनी दुर्बल अवस्था में रहता है। संघर्ष करता हुआ। एक कमज़ोर-सी लड़ाई लड़ता हुआ। पराजित होता हुआ, पराजित न होता हुआ।

मीर में जो करूणा का भाव है और दुख की आँच है, उसे वो गंवाते नहीं, शायरी में उतारते हैं। और दुख, शेरगोई का अविस्मरणीय 'कथन' बन जाता है।

डॉ. गोपीचन्द नारंग मीर की इसी मनोदशा के विषय में कहते हैं, "एक प्रतिरोधात्मक मनोदशा और लहजे की घुलावट और दर्दो-सोज़ के बावजूद, एक

दबी-दबी-सी तल्ख़ी मीर के लहजे में है। इसका गहरा सम्बन्ध उनकी मनोदशा और सृजनात्मक उपज से है।"

मीर कहते है–

दिल वो नगर नहीं कि फिर आबाद हो सके
पछताओगे सुनो हो, ये बस्ती उजाड़ के

शेर का अर्थ स्पष्ट है। दिल के नगर की बात है। वो उजड़ गया तो उसका दोबारा बसना सम्भव नहीं। लेकिन दूसरे मिसरे–'सुनो हो' का प्रयोग है। वो ध्यानार्थ है। जो अनसुनी करके जा रहा है, उसके लिए है–सुनो हो! इस सुनो हो में बेकरारी-सी है। बेकरारी से बड़कर एक हुंकार-सी है। जैसे कोई आगाह कर रहा हो–पछताओगे सुनो हो, ये बस्ती उजाड़ के।

शेर में वार्तालाप-सा है। लेकिन एक पक्षीय। 'सुनो हो' जैसे पद्बन्ध का प्रयोग कितनी ख़ूबसूरती से हुआ है। एक हलचल-सी पैदा हुई है इस 'सुनो हो'–से। यह मीर की शैली है। सादा ज़बानी में आत्मीय कथन की अभिव्यक्ति।

और यह शेर जिसमें सादगी किसी मासूमियत की तरह है–

गली में उसकी गया, सो गया, न बोला फिर
मैं मीर मीर कर उसको बहुत पुकार रहा

कितनी अबोधता है। आत्मिक। दिल को तहों तक छूती हुई। शेर में एक कथा-सी है। प्रेमी (शायर, या कहें कि मीर) प्रेमिका की गली में क्या गया कि उसे वहाँ नींद ही आ गई। मैं उसे यानी मीर को, मीर मीर कह कर उसे पुकारता रहा।... मिसरे का आख़िरी सिरा तो लोक भाषा में रचा गया हो जैसे–'उसको बहुत पुकार रहा।'

मीर की भाषा

मीर की–(शायरी की) विशेषता यह है कि वो सीधे-सादे शब्दों से बड़ा काम लेते हैं। साधारण शब्द, मीर की जब ग़ज़ल भाषा बनते हैं तो वो उच्च संस्कार हासिल करते हैं। यह, शायर मीर का अपना रूतबा, विवेक और सलाहियत है कि वो आम शब्दों का भी आदर करते हैं और लोक में प्रचलित शब्दों को अपनी शायरी में ऐसे इस्तेमाल करते हैं कि वो शायरी का वैभव बन जाते हैं। शेर है–

सरनविश्ते-ज़बूँ से ज़र हो ख़ाक
राह खोटी न कर तू जा कासिद

संदेशवाहक से मीर कहते हैं (यहाँ लोक से हासिल किया गया मुहावरा है)–"राह खोटी न कर तू जा कासिद।" मीर ने इस मुहावरे को अपनी ग़ज़ल भाषा बनाते हुए शोर में जो लोक तत्व की रचना की है उसका अपना सौन्दर्य है। यह न सिर्फ़ ग़ज़ल में भाषा का विस्तार है बल्कि 'कथन' का भी विस्तार है।

यहाँ, इस शेर में भी संवाद की सूरत है। संवाद कासिद के साथ है और वो 'बतकही' के अन्दाज़ में। पहले मिसरे का अर्थ है–भाग्य रेखा से सोना भी मिट्टी बन जाता है।

शेर है–

वो तो मिटा गया था तुर्बत भी 'मीर जी' की
दो चार ईंट रखकर फिर मैं निशाँ बनाया

दुख यहाँ भी है लेकिन वो उच्च संस्कारित है। उसका अपना सौंदर्य है और आकर्षण। दोनों मिसरों की संरचना तो अद्‌भुत है ही, शब्दों को जिस सहजता से, माधुर्य के साथ प्रयोग किया गया है, वो मीर की शैली से छनकर आया है–"दो चार ईंट रखकर फिर मैं निशाँ बनाया"–शेर का कथन अर्थवान है और शब्द प्रयोग माधुर्यपूर्ण–'फिर मैं निशाँ बनाया' इस पद्‌बन्ध में 'मैं' को जिस सलीके से प्रयुक्त किया गया है वो ग़ौरतलब है। अगर किसी तरह होता–दो चार ईंट रखकर मैंने निशाँ बनाया–तो मिसरे में वो बात न होती जो अब है–'फिर मैं निशाँ बनाया में है।

शेर, जितना कथन में है उतना अकथ में भी है। वो पात्र 'मीर जी' की कब्र के सारे निशान तक मिटा कर चला गया। ये तो मैं था जिसने कुछ ईंटें रखकर उन निशानों को फिर से बनाया। यह शेर जीवन की नश्वरता के अतिरिक्त, जीवन के बाद, स्मृतियों के बचे रहने की भी अभिव्यक्ति है। इसमें 'वो' पात्र कौन है? क्या वो पात्र 'समय' तो नहीं? शायद, वो पात्र समय ही है, लेकिन शेर में वो अकथ है।

मीर की भाषा, शैली, शब्दावली, मुहावरे से सिरजित, सादगी से पूर्ण और अपने अर्थ में गूँज पैदा करते कुछ शेर–

अब तो जाते हैं बुतकदे से 'मीर'
फिर मिलेंगे अगर ख़ुदा लाया

–

'मीर साहब' ज़माना नाज़ुक है
दोनों हाथों से थामिए दस्तार!

–

यूँ उठे आह, उस गली से हम
जैसे कोई जहाँ से उठता है

इन शेरों में निजता का भाव है। एक व्याकुल कर देनेवाली अनुभूति है, यथा–'फिर मिलेंगे अगर ख़ुदा लाया', और..."जैसे कोई जहाँ से उठता है।" लेकिन एक शेर ऐसा भी है जिसमें निस्संग, बेमुरव्वत और कठिन वक़्त की आहट है–'मीर साहब'! ज़माना मुश्किल है–ख़ुद से मुख़ातिब होते हुए और ख़ुद को ख़बरदार करते हुए 'मीर' आगे कहते हैं–'दोनों हाथों से थामिए दस्तार।' यह मुहावरे बन्दी ही मीर की शैली है। वो ज़्यादा लफ़्ज़ ख़र्च नहीं करते और बात बहुत गहरी हो जाती है।

'मीर' की ग़ज़लगोई में शब्द रचना का अपना वैभव है। अतिसाधारण, जन सामान्य और लोक से जुड़े शब्दों की ग़ज़लों में उपस्थिति, दरहक़ीकत, वो प्रतीकात्मक उपस्थिति है, जिसके ज़रिये 'मीर' उन सबकी आवाज़ को शायरी में ध्वनित करते हैं और बेहद सफल होते हैं। वो कहते भी हैं–

गोश को होश के टुक खोल के सुन शेरे-जहाँ
सबकी आवाज़ के पर्दे में सुखनसाज़ है एक

इस भूमण्डल में हज़ारों-लाखों आवाज़ें हैं। लेकिन इन तमाम अवाज़ों को, जो जीवन राग में बदलने का सामर्थ्य रखता है, वो रचियता, वो सुख़नसाज़, वो परमसत्ता एक है। इस शोर में, कोलाहल में, तू उस सुख़नसाज़ को सुन, जो इन तमाम आवाज़ों के पर्दे के पीछे मौजूद है।

मीर के जीवनकाल में उनका दीवान नहीं छप सका था। बेशक, उनकी आयु के आख़िरी सालों में, छापेखाने की शुरूआत हो गई थी। मीर की मृत्यु 1810 ई. में हुई और उनकी कुलियात (रचनावली समग्र काव्य-संग्रह) फोर्ट विलियम कॉलेज से 1811 ई. में प्रकाशित हुआ।

मीर जीते जी अपना कुलियात नहीं देख पाये थे। इस तरह देखें तो मीर, मौखिक परम्परा के आख़िरी कवि हैं। यह भी कि उनकी मृत्यु के बाद छह दीवान प्रकाशित हुए। (रचनावली के रूप में)

उन्होंने अपना आत्म-चरित्र–'ज़िक्रे-मीर' फ़ारसी में लिखा।

होता है शबोरोज़ तमाशा मेरे आगे—ग़ालिब
(1797-1869)

उर्दू शायरी में ग़ालिब सबसे अधिक आदरणीय शायर हैं। उनकी शायरी जीवन की तमाम हदें फलांगती प्रतीत होती है। हर बड़े शायर की शायरी का अपना रूतबा, लहजा, मुहावरा और परिसर होता है। ग़ालिब की शायरी का परिसर इतना विशाल, व्यापक और विराट है कि तमाम विचार, जीवन के सुख-दुख, मुठभेड़ें, जश्न, उदासियाँ, मिलन-बिछोह के क्षण और सबसे बढ़कर प्रेम की सघन अनुभूतियों को यहाँ शिद्दत से महसूस किया जा सकता है।

जब हम कष्ट में होते हैं–दुख के चरम की अवस्था से गुज़रते हुए···तो अनायास ग़ालिब याद आते हैं–

इब्ने-मरियम हुआ करे कोई
मेरे दुख की दवा करे कोई

(इब्ने मरियम-मरियम का पुत्र)

और जब हम आत्म संघर्ष और सामाजिक उलझनों से जूझ रहे होते हैं, तब भी हमें ग़ालिब ही याद आते हैं–

रगों में दौड़ने-फिरने के हम नहीं कायल
जो आँख ही से न टपका तो फिर लहू क्या है

और जब हम गहरे अवसाद में होते हैं तो ऐसे आत्म निर्वासन के समय में भी ग़ालिब की शायरी हमें तस्कीन देती प्रतीत होती है–

कोई दिन गर ज़िन्दगानी और है
अपने जी में हमने ठानी और है

ग़ालिब हर दौर में , हर एक अवस्था में, जीवन की प्रत्येक छोटी-बड़ी घटना में...हर क्षण में हमारे साथ होते हैं।

हमारे त्रस्त, शोकाकुल, संघर्षरत, टूटते-बिखरते, फिर उठकर सँवरते अवाम के जीवन में ग़ालिब की शायरी किसी 'स्पोकपर्सन' जैसा रूतबा रखती है। ग़ालिब की शायरी हमारी चेतना का ज़रूरी हिस्सा है। वो हमारे जीवनकाल में हमारे साथ, हमारी व्यक्त और अव्यक्त व्याख्याओं की तरह रहती है। चकित कर देने वाली बात यह है कि ग़ालिब एक 'कठिन' शायर हैं। फ़ारसी अल्फ़ाज़ और इज़ाफ़तों का बहुत अधिक प्रयोग, ग़ालिब की शायरी को मुश्किल बना देता है। इसके बावजूद, ग़ालिब की शायरी हमें 'अपनी-सी' प्रतीत होती है।

फ़िराक़ गोरखपुरी ने अपनी पुस्तक उर्दू ग़ज़लगोई में बड़ी महत्त्वपूर्ण बात कहीं है–'मीर निस्सन्देह महान शायर हैं, लेकिन ग़ालिब, 'आप' 'हम' हैं।'

ग़ालिब की शायरी का वैभव इस बात में भी है कि यहाँ कम शब्दों में बड़े विचार की अभिव्यक्ति होती है। ग़ालिब के अश्आर पढ़ने के बाद समाप्त नहीं होते। वो जिरह करते हैं। सवाल पैदा करते हैं। दिल पर दस्तक देते हैं। दिमाग़ में खलबली मचाते हैं और फिर, बड़ी एकाग्रता से, हमारी चेतना में भावना की बस्ती बनाने में सफल होते हैं।

ग़ालिब सर्वकालिक हैं। हमेशा रहनेवाले। ग़ालिब की शायरी का एक मिसरा है–'हुई मुद्दत कि ग़ालिब मर गया पर याद आता है'–यहाँ जो स्मृति है और उसकी गूँज है। वह गूँज, अमिट-सी गूँज, भारतीय जन मानस के दिल में गूँजती हुई। ग़ालिब की अनुपस्थिति में कितनी अधिक उपस्थित है। ग़ालिब अपने न होने से ज़्यादा अपने 'होने' में हैं।

डॉ. गोपीचन्द नारंग, उर्दू के प्रसिद्ध आलोचक, ग़ालिब की शायरी के विषय में लिखते हैं–

"ग़ालिब का अन्दाज़े-बयाँ ही नहीं, अन्दाज़-ए-फ़िक्र (चिन्तन की पद्धति) भी भिन्न है। उनकी फ़िक्र में ताजमहल-सा हुस्न है। उनकी आज़ाद रवी (स्वेच्छाचार) कुशाद नज़री (व्यापक दृष्टिकोण) का गहरा तअल्लुक़ हिन्दुस्तानी कल्चर और मिज़ाज से है।"

ग़ालिब अपने जीवन में कष्ठ उठाते रहे। माली हालत (आर्थिक तंगी) से जूझते रहे। इसके बावजूद, वे ज़िन्दगी से निवेदन नहीं करते, ज़िन्दगी से 'जंग ठानते' हैं–

घिसता है जबीं ख़ाक में दरिया मेरे आगे,

डॉ. रामविलास शर्मा लिखते हैं–"उनकी सबसे बड़ी विशेषता यह है कि भवभूति, दांते और शेक्सपियर की तरह वे करुणा और दुख के अन्यतम कवि हैं। हेमलेट और मैकबेथ की तरह वे रात को न सो सकने की व्यथा पहचानते हैं।"

1827 से 1847 का समय ग़ालिब की शायरी के आत्मविवेचन, अन्तर्वेक्षण और ज़बान के बदलाव का भी समय है। यह वो समय है जब उन्होंने अपनी शायरी का पुनर्निरीक्षण किया और फ़ारसी के बदले उर्दू का ज़्यादा प्रयोग किया।

दिले-नादाँ तुझे हुआ क्या है
आख़िर इस दर्द की दवा क्या है

जैसे शेर इस दौर में हुए। 'दीवाने ग़ालिब' भी इस दौर में तैयार हुआ।

उर्दू शायरी ही नहीं बल्कि भारतीय संस्कृति और अदब में भी यह एक ऐतिहासिक घटना सिद्ध हुई। 'दीवाने ग़ालिब' जब प्रकाशित हुआ। यह वर्ष 1941 था। इस 'दीवाने ग़ालिब' में ग्यारह सौ शेर थे। बाद में सात सौ और शेर शामिल किए गए। कुल 1800 शेरों की यह किताब 'दीवाने ग़ालिब' जो कभी पुरानी नहीं हुई। वक़्त बेशक पुराना होता गया हो, ग़ालिब का दीवान हमेशा प्रासंगिक, हमेशा नवीन बना रहा।

ग़ालिब के जीवन काल में 'दीवाने ग़ालिब' के पाँच संस्करण प्रकाशित हो चुके थे।

ग़ालिब की शायरी में निडरता, मस्ती और शोख़ी है। ग़ालिब की शायरी में हास्यबोध भी है। ऐसी शायरी वो शायर कर सकता है जो ज़िन्दगी की आँखों में आँखें डालकर देखने का साहस रखता हो। वो साहस ग़ालिब के पास है। यह शेर–

इन आबलों से पाँव के घबरा गया था मैं
जी ख़ुश हुआ है राह में पुरख़ार देखकर

मैं अपने पाँव के छालों से घबरा रहा था कि इनका क्या होगा? लेकिन काँटों भरी राह देखकर तो मैं निहाल हो उठा हूँ। ये काँटे मेरे पैरों का इलाज करेंगे। यह है शेरगोई। शेर कहने का चमत्कारी अन्दाज़। ऐसा अन्दाज़ जो सीधे चेतना को स्पर्श करे। शेर का एक अन्य पाठ भी है। ग़ालिब मुश्किलों का हल भी मुश्किलों में ढूँढते हैं। ऐसा भी लगता है जैसे ग़ालिब मुश्किलों से खेल, खेल रहे हों।

ग़ालिब कहते हैं–

'एक गूना बेख़ुदी मुझे दिन-रात चाहिए।'

यह ख़्वाहिश भी क्या अजब ख़्वाहिश है। एक गूना...यानी थोड़ी-सी। थोड़ी-सी बेख़ुदी। थोड़ी-सी दीवानगी। पूरी कायनात से एक शायर क्या माँग रहा है थोड़ी-सी दीवानगी।

शायरी भी तो दीवानगी का दूसरा नाम है। यह है शेरगोई का करिशमाई अन्दाज़। नई बात। बात को व्यक्त करने का नया अन्दाज़।

ग़ालिब की शायरी के अन्दाज़े-बयाँ को रेखांकित करते हुए अनेक शेर दिए जा सकते हैं। फ़िलहाल ये शेर–

लरज़ाता है मेरा दिल ज़हमते-मेहरे दरख़्शाँ पर
मैं हूँ वो क़तरा-ए-शबनम जो हो ख़ारे-बयाबाँ पर

मैं शबनम का वो क़तरा हूँ जो जंगल में एक काँटे की नोक पर टिका है और जो चमकते हुए सूरज की धूप में लरज़ उठता है। शेर दृश्यात्मक है। दिखाई देता हुआ पूरा का पूरा दृश्य। जंगल। काँटा। शबनम का क़तरा एक किरदार है और उसकी सत्ता काँटे पर है। बुल्लेशाह ने भी कहा है–मैं ओ क़तरा हाँ शबनम दा, जेड़ा ख़ार दे उत्ते नच्चे (मैं शबनम का वो क़तरा हूँ जो काँटे पर भी नाच रहा है।)

ग़ालिब मुहावरे में ही बात नहीं करते, बल्कि उनके शेर स्वयं मुहावरा बन जाते हैं–

सरापा रहने-इश्क़ो नागुज़ीरे-उल्फ़ते हस्ती

इबारत बर्क़ की करता हूँ और अफ़सोस हासिल का। बर्क़ (बिजली) की कामना करने वाले को प्राप्त क्या होगा, ख़ाक।

ग़ालिब की शायरी का यह विशिष्ट पहलू है कि यहाँ उदासी का अपना रुतबा है। ग़ालिब की शायरी हमें उदास होना सिखाती है तो आत्मगौरव और सम्मान पैदा करने का शऊर भी देती है।

क्या यह हैरान करने वाली बात नहीं कि जब ऐन टूटने-बिखरने की नौबत आती है तो हम अपने प्रति भरोसेमन्द शायर को खड़ा पाते हैं।

फिर ग़ालिब का यह शेर और अनूठी अभिव्यक्ति। जिसे ग़म समझ रहे थे वो अगर शरार होता–शरार (अंगारे) होने का तसव्वुर ग़ैरमामूली है। ग़म को अंगारे के रूप में देखने का तसव्वुर। अगर ऐसा होना सम्भव होता तो पत्थर की नस से वो लहू बनकर टपकता।

ग़ालिब कहते हैं–

'सादगी-ओ-पुरकारी, बेख़ुदी और हुशियारी'

यानी शेरगोई में सादगी तो हो ही, विचित्रता, कलात्मकता, गूढ़ता, दीवानगी और एकाग्रता भी लाज़िम है।

इश्रते-क़तरा है दरिया में फ़ना हो जाना–यह तो क़तरे के लिए सौभाग्य की बात है कि वो दरिया में मिलकर फ़ना हो गया...और ख़ुद भी दरिया हो गया। इसी तरह, अपार कष्ट इतना शक्तिशाली बना देते हैं कि दुख का अनुभव भी सुख के अनुभव जैसा प्रतीत होता है।

आत्मसम्मान और साहस को व्यक्त करता ये शेर ग़ौरतलब है–

हैं और भी दुनिया में सुखनवर बहुत अच्छे
कहते हैं कि ग़ालिब का है अन्दाज़ बयाँ और

बेशक, ग़ालिब इस शेर में अपने अन्दाज़े-बयाँ की बात कर रहे हैं लेकिन इस अभिव्यक्ति की पृष्ठभूमि में उनका आत्मविश्वास ही तो है दुनियाभर के सुखनवरों, कवियों का सम्मान करते हुए भी, अपनी शायरी का रुतबा बुलन्द करते हैं। ग़ालिब अपनी शायरी को इतना मेयारी और विश्वसनीय बनाते हैं कि–"कहते हैं कि ग़ालिब का है अंन्दाज़े-बयाँ और" मुहावरा बन जाता है।

कुछ ऐसे शेर जिनमें ग़ालिब का चिन्तक रूप अपनी प्रबलता के साथ मौजूद है–

क़ैदे-हयात बन्दे-ग़म अस्ल में दोनों एक हैं
मौत से पहले आदमी ग़म से निजात पाए क्यों

हो चुकी ग़ालिब बलाएँ सब तमाम
एक मर्गे-नागहानी और है

बाज़ीचाए-इत्फ़ाल है दुनिया मेरे आगे
होता है शबो-रोज़ तमाशा मेरे आगे

ग़ालिब की शेरगोई में उनका चिन्तक रूप जीवन की कशमकश में व्यक्त होता है तो मृत्यु का बोध भी उनके अशआर में गहराई से बयान होता है। जीवन रूपी क़ैद और मनुष्य के कष्ट...ज़िन्दगी में इनसे मुक्ति, मृत्यु से पहले सम्भव नहीं। एक अन्य शेर में भी कमोबेश यही जीवन दर्शन है लेकिन बात मुख़्तलिफ़ अन्दाज़ में है–"एक मर्गे नागहानी और है।" सारे दुखों को पराजित कर दिया। अब तो सिर्फ़ मृत्यु की प्रतीक्षा है। इस शेर का दूसरा पाठ भी है। अगर जीवन में दुख, तकलीफ़ें, संघर्ष न

हों तो जीवन-मृत्यु समान है। एक शेर का मिसरा है–"मुश्किलें मुझ पर पड़ीं इतनी कि आसाँ हो गईं।" मुश्किलों के बीच जीने वाले लोगों का जीवन शिल्प ही ऐसा हो जाता है कि वो मुश्किलों की उँगली पकड़कर जीवन जीने लगते हैं।

ग़ालिब कहते हैं–न हो मरना तो जीने का मज़ा क्या?–सादगी से कही गई बात कितनी मानीख़ेज है। मृत्यु का होना ही जीवन का सौन्दर्य है।

ग़ालिब कहते हैं–"इशरते क़तरा है दरिया में फ़ना हो जाना।" यानी, पानी की बूँद का नदी में मिलकर फ़ना (समाप्त) हो जाना, यह उसका ऐश्वर्य है। यही तो भारतीय चिन्तन है।

ये ग़ालिब है जिन्होंने अपनी ग़ज़लगोई में प्रश्न पूछे। प्रश्न पैदा करने की सलाहियत हासिल की। ग़ालिब की शायरी में प्रश्नवाचकता किसी जटिलता की तरह नहीं, सौन्दर्य की तरह है। शायरी में यह प्रश्नवाचक, जीवन-मृत्यु, प्रेम, कष्ट, गतिरोध, दीन-दुनिया तथा अन्य जीवन के रहस्यों से जुड़े घटनाक्रम से है। यहाँ उनका कभी चिन्तक मुखर हो उठता है तो कभी प्रेमी। शेर है–

देके ख़त मुँह देखता है नामाबर
कुछ तो पैग़ामे-ज़बानी और है

पैग़ामे-ज़बानी और है–प्रश्न यहाँ है। शायरी भी यहाँ है। नामाबर (डाकिया) चिट्ठी देकर रुख़सत हो जाता तो बात समाप्त हो जाती। लेकिन नामाबर खड़ा है–मुँह देखता हुआ...मुँह देखता हुआ...यानी, सवाल लिए हुए।

यह जो पैग़ामे ज़बानी है। यह अकथ है। अकथ में ही शायरी का होना है। कहानी भी, बहुत कुछ, अपने अकथ में व्यक्त होती है। जीवन में शोरोशर है। वाचालता है लेकिन प्रेम अपने अकथ में व्यक्त होता है। शेर है–

मत पूछ कि क्या हाल है मेरा तेरे पीछे
तू देख के क्या रंग है तेरा मेरे आगे

प्रेमिका अपने प्रेमी से उसका हालचाल पूछ रही है जो बहुत दिनों बाद उससे मिली है।

वाचक (प्रेमी) अपनी प्रेमिका से कह रहा है कि तेरे बग़ैर मेरी कैसी अवस्था रही, ये बात तू तुझसे क्या पूछ रही है। ये बात तो तू खुद से पूछ। मुझे देखकर यह जो तेरे चेहरे का रंग उतरा हुआ है, वो रंग ही तो व्याख्या है, मेरे हाले-दिल की। यह शेर एक उत्कृष्ट प्रेम कविता है।

एक और अमर शेर है–प्रश्नवाचकता यहाँ व्याकुल कर देती है–

क़फ़स में मुझसे रूदादे-चमन कहते न डर हमदम
गिरी है जिसपे कल बिजली वो मेरा आशियाँ क्यों हो

शेर में इस्तआरा है, यानी रूपक की रचना। एक कथा है। पिछली रात को एक घटना घटित हुई थी। किसी के आशियाने पर बिजली गिरी थी। आशियाना जलकर राख हो गया। यह दुखद घटना एक हमदम, वाचक को बताने आया है और बताते हुए डर भी रहा है। वाचक, हमदम से कह रहा है घटना का वृत्तान्त कहते हुए तू डर क्यों रहा है? वो मेरा आशियाँ (घोंसला) थोड़ा ही था जिस पर बिजली गिरी लेकिन वाचक (परिंदा) जानता है कि बिजली उसके आशियाने पर ही गिरी है।...बिजली जब भी गिरती है, ग़रीब और दुर्बल के ठिकाने पर ही गिरती है।

ग़ालिब, जीवन से प्रेम करने वाले, महफ़िलें सजाने वाले, चौसर खेलने वाले, शराब पीने वाले, ज़िन्दादिल, उच्च कोटि के लोकप्रिय शायर थे लेकिन ग़ालिब के आख़िरी दस साल बहुत कष्टपूर्ण गुज़रे। आर्थिक संकट, बीमारियाँ और अकेलापन। उसी दौर में उन्होंने ये शेर कहा होगा–

ऐसा आसाँ नहीं लहू रोना
दिल में ताक़त जिगर में हाल कहाँ

ग़ालिब सत्तर साल के हो गए थे। बीमारी के बाद थोड़ा ठीक भी हुए थे लेकिन जिस्म बेहद कमज़ोर हो गया था। ऊँचा सुनते थे। बीनाई (दृष्टि) कमज़ोर हो गई थी। बार-बार अचेत हो जाते। खाना कम खाते। अन्ततः 15 फरवरी 1869 को लगभग तिहत्तर वर्ष जीवन जीने के बाद उनकी मृत्यु हो गई।

ग़ालिब इस दुनिया से बेशक विदा हो गए लेकिन ज़माना आज भी उन्हें याद करता है और जज़्बाती लहजे में कहता है–"हुई मुद्दत के ग़ालिब मर गया पर याद आता है।"

ग़ालिब का जीवन सफ़र

मिर्ज़ा ग़ालिब उच्च स्तरीय ख़ानदान से तअल्लुक़ रखते थे। मिर्ज़ा ग़ालिब का जन्म 27 सितम्बर 1797 को आगरा में हुआ। उनका पूरा नाम मिर्ज़ा असदउल्लाह खाँ था। शुरुआती दौर में उन्होंने ग़ज़लों में 'असद' तख़ल्लुस का प्रयोग किया। बाद में

'ग़ालिब' 'तख़ल्लुस' से शायरी करते रहे। उनका घरेलू नाम मिर्ज़ा नोशा था। पिता की मृत्यु के वक़्त मिर्ज़ा की उम्र पाँच साल थी।

मिर्ज़ा का पालन-पोषण उनके चचा नसीरूल्ला बेग ने किया। स्वयं नसीरूल्ला बेग, मराठों की तरफ़ से बेकबराबाद में सूबेदार थे। लेकिन चचा नसीरूल्ला बेग की भी मृत्यु हो गयी। इसके बाद उनकी परवरिश ननिहाल में हुई।

मिर्ज़ा जब तेरह साल के थे तो उनकी शादी हो गयी।

मानवतावादी अनुभूतियों का नाद—फ़ैज़ अहमद फ़ैज़

फ़ैज़ की रचनात्मकता के पस:मंज़र जो दु:ख, वेदना, बेचैनी और तड़प दिखाई देती है, वो फ़ैज़ की सच्ची, बल्कि कहें कि पवित्र अनुभूतियों का नाद है। वो विश्व के सच्चे मानवतावादी शायर हैं। वो दमित, शोषित और बेकस इन्सान के पक्ष में खड़े होते हैं और शायरी के ज़रिये तानाशाह हुकूमतों के रवैये का विरोध करते हैं। प्रताड़ित मनुष्य का दुख, उनकी रचनाओं में इतने आवेग के साथ अपनी जगह बनाता है कि फ़ैज़ बड़ी कातरता से कह उठते हैं–और भी दुख हैं ज़माने में मुहब्बत के सिवा।

फ़ैज़ बेशक मुहब्बत और ज़िन्दगी के शायर हैं, लेकिन मुहब्बत जैसा तत्व बेमानी हो उठता है, जब वो अवाम के कष्ट और यातनापूर्ण जीवन को देखते हैं। वो अत्याचार के ख़िलाफ़ आवाज़ उठाते हैं। सत्ताधीशों को यह नागवार गुज़रता है और साजिशें रचकर, फ़ैज़ को दो बार जेल की सज़ा होती है।

इसके बावजूद फ़ैज़ बड़ी तमकनत और बड़ी ज़ुर्रत के साथ कहते हैं–

हम परवरिशे लोहो-क़लम करते रहेंगे
जो हम पे गुज़रती है रक़म करते रहेंगे

फ़ैज़ की शायरी की बहुत बड़ी विशेषता यह भी है कि शायरी के भीतर जो दुख है, वो पस्ती और नाकामी की ओर नहीं ले जाता, बल्कि वो दु:ख किसी 'गर्व' की तरह अनुभव होता है।

ऐसा कहा जाता है, फ़ैज़ जब पहली दफ़ा जेल में रहे तो उनसे काग़ज़ और क़लम तक छीन लिए गए। फ़ैज़ ने कच्चा कोयला (लकड़ी का साफ्ट कोक) कहीं से हासिल किया और जेल की दीवारों पर नज़्में और ग़ज़लें लिखते रहे।

फ़ैज़ की शख़्सियत का यह ताबिंदा पहलू है कि उन्होंने जेल की दीवार को काग़ज़ बना लिया और कोयले को क़लम। ऐसे बेचैन और इंकलाबी शायर की क़लम से आख़िर ये शेर तो होना ही था–

मता-ए-लोहो-क़लम छिन गई तो क्या ग़म है
कि खूने-दिल में डूबो ली है उंगलियाँ मैंने

फ़ैज़ जेल में रहकर टूटते नहीं। उनकी नज़्मों का स्वर ज़्यादा प्रखर, ज़्यादा तीखा होकर उभरता है। फ़ैज़ की शायरी निरन्तर परिपक्व और मानीख़ेज़ होती चली जाती है। यही वजह है कि फ़ैज़ की शायरी का मिज़ाज और मेयार इतना बुलन्द, सशक्त, आत्मीय, वसीह और संवेगों से भरा है कि शोषित लोगों का गाड़ा दर्द इस शायरी में खड़ा दिखाई देता है। और फ़ैज़, मुहब्बत करनेवाला अज़ीम शख़्सियत का शायर, यह बात कहने को विवश होता है–अब भी दिलकश है तेरा हुस्न मगर क्या कीजे/...लौट जाती है उधर को भी नज़र क्या कीजे? प्रेम के क्षणों के बावजूद, फ़ैज़ मनुष्य के दुख को नहीं भूलते। यही मानवतावाद, उनकी शायरी की सिफ़्त है। दूसरी सिफ़्त यह भी है कि ललकार और प्रखर प्रीतिवाद के बावजूद, उनकी शायरी न सपाट होती है, न नारे में तबदील!

इस बात पर हैरान हुआ जा सकता है कि उनकी शायरी में वेदना और अवसाद की माकूल जगह है, लेकिन यही दुख और अवसाद, उम्मीद की कहकशाँ बिछाते चलते हैं।

फ़ैज़ अहमद फ़ैज़ के कलाम में शक्ति है, जो सच्चाई से छनकर आई है। यही शक्ति फ़ैज़ की रचनाओं को विशिष्टता प्रदान करती है। उस दौर के माहौल पर ज़रा नज़र डालें तो मालूम हो जाएगा कि त्रासद और दमनकारी वातावरण हर तरफ़ फैला हुआ था, लेकिन फ़ैज़ का कलाम उस मनहूसियत को ख़ारिज कर देता है। फ़ैज़ की कविता में भी दुख है, लेकिन वो दुख, शक्ति रखता है। फ़ैज़ सपने रचते हैं। वो अवाम से मुख़ातिब होते हैं–

ए ख़ाकनशीनो उठ बैठो वो वक़्त क़रीब आ पहुँचा है
जब तख़्त गिराए जाएँगे जब ताज उछाले जाएँगे

फ़ैज़ यक़ीनन सपनों के तामीर होने का 'सपना' देखते हैं, लेकिन सपनों के टूटने की आवाज़ें भी उनकी शायरी में सुनाई देती हैं। वो आवाज़ें इतनी संगीतात्मक हैं कि सपनों का टूटना भी अलग तरह की तौफ़ीक पैदा करता है–

यूँ ही हमेशा खिलाए हैं हमने आग के फूल
न उनकी हार नई है न अपनी जीत नई

ये जीत का जश्न दरहक़ीत सपनों के टूटने का जश्न है–

ये दाग़-दाग़ उजाला ये शबगज़ीदा सहर
वो इन्तज़ार था जिसका ये वो सहर तो नहीं

फ़ैज़ की शायरी में सहर (सुबह) का प्रयोग बार-बार होता है। सहर केवल शब्दभर नहीं। सहर, फ़ैज़ के लिए उम्मीद से लबरेज़ है। जो ज़ुल्मत (अंधेरे) के बाद यक़ीनन हासिल होगी। यही उम्मीद वो अवाम से बांटते भी हैं–दर्द थम जाएगा, ग़म न कर, ग़म न कर/ज़ख़्म भर जाएगा, ग़म न कर, ग़म न कर।

शुरुआती दौर में प्रेम और सौन्दर्य के नौजवान शायर कहते हैं–शायद मेरी उल्फत को बहुत याद करोगी–यही शायर जब जनसाधारण के दुख, वेदना, संघर्ष को अपना बनाता है तो मुहब्बत के न सिर्फ़ मानी बदलते हैं, शायरी भी अपने उत्कर्ष पर पहुँचती है। उनकी एक नज़्म हम देखेंगे (जनवरी, 1979) एक ललकार की तरह है, जो गूंजती है तो जागरण बन जाती है। यहाँ हुकूमतों के ज़ुल्मों का ज़िक्र है, लेकिन प्रतिवाद के स्वर इतने सशक्त, बुलन्द और मारक हैं कि पूरी नज़्म चेतना को स्पर्श ही नहीं करती, उसे झिंझोड़कर रख देती है। ऐसी नज़्में ने फ़ैज़ की शायरी में केन्द्रीय सत्ता के रूप में स्थापित होती हैं। नज़्म पढ़ते हुए धीरे-धीरे एक ज़ज़्बा पैदा होता है और संगीत इस नज़्म की आत्मा में बसा है–

हम देखेंगे
लाज़िम है कि हम भी देखेंगे
.....
सब ताज उछाले जाएंगे
सब तख़्त गिराए जाएंगे
.....
उट्ठेगा अनहलक का नारा
जो मैं भी हूँ और तुम भी हो
और राज करेगी ख़ल्क-ए-ख़ुदा
जो मै भी हूँ और तुम भी हो

ताज्जुब है, एक तरफ़ शायरी में गाढ़ा दुख तो दूसरी तरफ़ इतनी आक्रामकता। फ़ैज़ की शायरी का यह द्वन्द्व जब उभरता है तो शायरी कलात्मकता की ऊँचाइयों को स्पर्श करती है और वो अनलहक (मैं सच हूँ) की गूँज में तबदील होने लगती है। फ़ैज़ ने नक़्शे-फ़रियादी की भूमिका में लिखा है, "शेर लिखना जुर्म न सही, लेकिन बेवजह शेर लिखते रहना ऐसी दानिशमन्दी भी नहीं।"

फ़ैज़ की शायरी से गुज़रते वक़्त, फ़ैज़ की उपरोक्त पंक्तियाँ बरबस याद आती हैं। उनकी शायरी में एक भी मिसरा बेवजह नहीं कहा गया। उनकी शायरी के पस:मंज़र, वजूहात की एक दुनिया है। ये शायरी मानीख़ेज़ है। चूंकि हर शब्द की यहाँ एक सत्ता है, जो अर्थ तक पहुँचती है और अर्थ को विस्तार देती है। यहाँ, चकित कर देनेवाली बात यह भी है कि फ़ैज़ न क्राफ़्ट के साथ ज़्यादा रद्दोबदल करते हैं, न अल्फ़ाज़ के साथ, लेकिन फिर भी शायरी नई और जदीद! और इतनी जदीद कि जदीद शायर तक फ़ैज़ के डिक्शन से चकित रह जाते हैं। फ़ैज़ ने परम्परा को अपनी शायरी में नष्ट नहीं होने दिया, उसे नए संकल्प और मुहावरे और गहराई और अनुभव और संगीत के साथ नौईयत प्रदान की, लेकिन उनकी बाद की नज़्मों को देखें–ख़ासतौर से 'मेरे दिल मेरे मुसाफ़िर' संग्रह की नज़्मों को। वहाँ, नज़्मों में परिवर्तन भी दिखाई देता है। अन्य भाषाओं की कविता के शिल्प का असर भी इन नज़्मों में कुछ हद तक देखा जा सकता है, लेकिन बयान करने का सलीका और अल्फ़ाज़ में नए मुहावरे पैदा करने का फ़न, फ़ैज़ ने बरकरार रखा।

फ़ैज़ को दो बार जेल जाना पड़ा और बाद में निर्वासन! ख़ुद फ़ैज़ इस निर्वासन के विषय में स्पष्ट करते हैं कि यह नाज़िम हिक़मत जैसा ज़बरदस्ती का निर्वासन नहीं था। मुल्क के हालात कुछ ऐसे थे कि उन्हें मुल्क छोड़ना पड़ा। एक तरह से यह निर्वासन, आत्मनिर्वासन ज़्यादा था। यह दौर, 1977 से 1981 के आसपास का था। इस दौर की रचनाओं में वतन की स्मृतियाँ, दोस्तों की यादें और बेघरी–बड़ी शिद्दत के साथ उभरकर आई है। अपनी पहली नज़्म में वो दिल की वेदना को बड़ी थरथराहट के साथ व्यक्त करते हैं–

मिरे दिल, मिरे मुसाफ़िर
हुआ फिर से हुक़्म सादिर
कि वतन-बदर हों हम तुम

पूरी नज़्म में एक तड़प है, जो स्मृतियों की गूंज से छनकर आती है। यहाँ, छोटे-छोटे बिम्ब हैं, अक्स हैं, स्मृतियाँ हैं। नज़्म बेशक छोटी है, लेकिन नज़्म के भीतर, बेघरी का ऐसा नाद है, जो आत्मा को बेचैन करने का सामर्थ्य रखता है।

अपनी एक नज़्म में वो इस बेघरी की बड़े फ़कीराना अन्दाज़ में पेश करते हैं–

तेरे कूचे में बादशाही की
जब से निकले गदागरी की है
(गदागरी–भीख मांगना)

तेरा कूचा! यानी अपने मुल्क की गलियाँ! यहाँ फ़ैज़ बड़ी प्रतीकात्मकता से अपने देश को सम्बोधित करते हैं।

फ़ैज़ की शायरी के विषय में बार-बार कहा जाता रहा है कि उनकी शायरी की शब्दावली परम्परागत है। बेशक है, लेकिन इस परम्परागत मिज़ाज के अल्फ़ाज़ जब फ़ैज़ की शायरी में आते हैं तो वो अल्फ़ाज़ कितने रौशन-मिज़ाज प्रतीत होते हैं। दरअसल फ़ैज़, अल्फ़ाज़ को बरतने की सलाहियत जानते थे। वो शब्दों को रूढ़ नहीं होने देते। उन्हें मुहावरे में ढालकर चमक पैदा करते हैं—उखड़ गई सांस पत्तियों की, तथा राख चांद की तथा ओस का लहू तथा आख़री शब के हमसफ़र।—फ़ैज़, नायाब तरकीबों और तश्वीहों के शायर हैं।

'मेरे मिलने वाले' नज़्म में वो बिल्कुल नई, नई से नई भाषा का प्रयोग करते हैं कि पूरे का पूरा मंज़र सामने आ खड़ा होता है। पहला मिसरा भी जैसे दूसरे मिसरे पर मर मिटने की तैयारी में हो—

ख़याल सू-ए-वतन रवां है
समन्दरों की आयल थामे

'समन्दरों की अयाल'—जैसा प्रयोग इतना अनूठा है कि पूरी नज़्म और शायर का आत्मविश्वास जैसे यहीं टिका हो।

इस संग्रह में फ़ैज़ का आत्मसंघर्ष अधिक मुखर होकर सामने आता है। आत्मसंघर्ष तो फ़ैज़ की शायरी के मूल में है। प्रेम कविताओं में भी आत्मसंघर्ष है तो विश्व के दमित अवाम के लिए आवाज़ बलन्द करते हुए भी आत्मसंघर्ष की झलक दिखाई पड़ती है।

फ़ैज़ की शायरी तरक्कीपसन्द शायर की शायरी है और इन्सानी मुहब्बत, मानवतावादी जज़्बा, इस शायरी को हमेशा-हमेशा ताज़ादम रखेगा। फ़ैज़ की शायरी सर्वकालिक है। वो सरहदों को फलांगती हुई विश्व कविता बन चुकी है। फ़ैज़ की शायरी इकहरी नहीं। इसमें व्यापकता है। गहराई है। वेदना है। संगीतात्मकता है। सच्चापन और खरापन है।

यह (फ़ैज़ की) शायरी, विश्व कवि की उत्कृष्ट शायरी है, जिसे पढ़ना, बहुत कुछ हासिल करने जैसा है। जिसे पढ़ना समन्दरों की अयालों को थामने जैसा है।

आओ की कोई ख़्वाब बुनें—साहिर

साहिर यानी जादूगर। साहिर लुधियानवी की शायरी एक ऐसे जादू का नाम है जो अपनी प्रबल भावनाओं के साथ व्यक्त होती है और उसी शिद्दत के साथ अपने अन्दर तहलील हो जाने की ताक़त रखती है। साहिर जब कहते हैं–तसव्वुरात की परछाइयाँ उभरती हैं–तो वो तिलिस्म की ओर संकेत करते हैं जिसमें रूमान और क्रान्तिकारिता की दो ऐसे दुनियाएँ अपने भरपूर जज़्बे के साथ मौजूद हैं। साहिर की शायरी में ख़्वाब बुनने का जश्न है, वो कहते भी हैं–आओ कि कोई ख़्वाब बुनें कल के वास्ते, तो टूटने की बेकरार गूँज और व्याकुल करती सदाएँ भी हैं–सफ़र है शर्त, शरीक़े-सफ़र मिले न मिले।

साहिर लुधियानवी की शायरी की एक ख़ूबी यह भी है कि उदासियाँ यहाँ किसी ऐसे अज्ञात स्पर्श की तरह हैं जो चेतना को स्पर्श करता है। यहाँ अजनबी हो जाने की अपार वेदना है। इसके बावजूद, अजनबी हो जाने का आमन्त्रण भी है। जब वो कहते हैं–चलो, इक बार फिर से अजनबी बन जाएँ हम दोनों–तो इस एक मिसरे में अजनबीयत की वेदना है। इस मिसरे की कन्द्राओं में टूटने-बिखरने की ख़लिश है। इश्क़ यहाँ भी है। यह इश्क़ की इंतिहा है। इसके बावजूद-तअल्लुक रोग हो जाए तो उसको तोड़ना अच्छा। यह फ़लसफ़ा इश्क़ से छनकर आया है, नफ़रत से नहीं। नफ़रत का पैरोकार तो शायर है ही नहीं। वो हो भी नहीं सकता। इश्क़ में महबूब से बिछुड़ना भी, ज़िन्दगी में, किसी साअत की तरह, ग़ैरमामूली घटना की तरह होता है लेकिन साहिर इस गाढ़े दुख को भी शेरीयत में बदल देते हैं। जब वो कहते हैं–फिर से अजनबी बन जाएँ हम दोनों। शेरीयत यहाँ है यहाँ है। ये दो शब्द अर्थ से नहीं, मन की कैफ़ियत से तअल्लुक़ रखते हैं। बिछड़ने से पहले का यह हुस्ने आख़िर-इसका भी अपना सौंदर्य है। अजनबी बन जाने का निमन्त्रण। और इस निमन्त्रण के कक्ष में एक विराट बेकसी। यहाँ जो आवेग है–प्रेम के टूटने का आवेग, जैसे बेहद आत्मीय रिश्ते की चट्टान टूटकर बिखर रही हो।

यह जो आहिस्तगी, शाइस्तगी, लहजे में नर्मी, मुलामियत और तिलिस्म पैदा करने का शऊर है, साहिर की शायरी की पहचान के पुख़्ता तत्व हैं। उनकी शायरी में टूटते हुए लम्हों और बिखरते हुए सम्बन्धों की गूंज, अवचेतन को हिलाकर रख देती है। एक शेर में वे कहते हैं–

गर ज़िन्दगी में मिल गए फिर इत्तेफ़ाक़ से
पूछेंगे अपना हाल तेरी बेबसी से हम!

साहिर शायरी में कथा और उसके तनाव को बुनना जानते हैं। कथा तनाव– 'चलो इक बार फिर से अजनबी बन जाएँ हम दोनों' में है और 'गर ज़िन्दगी में मिल गए फिर इत्तेफ़ाक़ से' में भी वही कथा है, टूटने की कथा और उसका तनाव! यहाँ बात इत्तेफ़ाक़ से मिलने की है–संयोग से मिलने की। संयोग (इत्तेफ़ाक़) में अजब किस्म की अव्यक्त पीड़ा है। यहाँ इस्तिआरा (रूपक) है। दो बिछुड़े हुए प्रेमी-प्रेमिका अचानक, दफ़अतन और इत्तेफ़ाक़ से मिले हैं। मैं पात्र स्त्री पात्र के दुख से अपनी उदासी का हाल पूछ रहा है। यह प्रेम कथा है। टूटने की महीन आवाज़ें इस प्रेम कथा में हैं। यह शायरी है–आवेग भरी शायरी। अहसास जैसा तत्व इस शायरी के मर्कज़ (केन्द्र) में है।

अहसास की शिद्दत और भावनाओं का आवेग साहिर की शायरी के आरम्भ से आख़िर तक अपने मख़्सूस अन्दाज़ में नुमायां होता है। ग़ौरतलब है, युवा अवस्था में प्रेम का गाड़ा जज़्बा, क्रान्तिकारी और इंक़लाबी शायरी में तहलील होने लगता है। साम्राज्यवाद, पूंजीवाद, सामन्तवाद, जागीरदारों का विरोध बड़ी तल्ख़ी से साहिर अपनी शायरी में व्यक्त करते हैं। इसके बावजूद, इस तल्ख़ी और तीक्ष्ण प्रतिवाद के बावजूद, साहिर शायरी की हदें पार नहीं करते। उनकी सम्पूर्ण शायरी कलात्मकता का बोध कराती है। साहिर भूख, शोषण, सरमायादारी के ख़िलाफ़ नज़्में लिखते वक़्त भी, शायरी के मेयार को विचलित नहीं होने देते। साहिर जंग का विरोध करते हैं। बेबाक लहजे में जंग विरोधी शायरी करते हैं। यहाँ वो बेहद तीखे और प्रखर हो जाते हैं लेकिन लहजा मुँहफट नहीं होता। शायरी का कलात्मक रूप पूरी धज और वैभव के साथ बरकरार रहता है।

'परछाइयाँ' (प्रकाशन वर्ष 1955) जैसी तवील नज़्म, जहाँ जंग की पुरज़ोर मुख़ाल्फ़त है, साहिर की शायरी का उत्कृष्ट रूप है। इस लम्बी नज़्म में जब दृश्य बदलते हैं तो बहर (नज़्म में प्रयोग होने वाला छन्द) भी बदल जाती है। यह एक नया, संशिलष्ट प्रयोग है। इस नज़्म में कितने सारे रूप बदलते हैं। आरम्भ में कल्पना और गुमान। प्रेम और स्मृतियाँ–

यही फ़ज़ा थी यही रूत यही ज़माना था
यहीं से हमने मुहब्बत की इब्तिदा की थी

सूत्रधार मुहब्बत के उजाड़ में खड़ा सोच रहा है–वो लम्हे कितने दिलकश थे, वो घड़ियाँ कितनी प्यारी थीं। बेशक! लेकिन जंग ने सारा मंज़र बदल दिया है। यहाँ बहर बदलती है। नज़्म का परिदृश्य बदलता है–

बारूद की बोझल बू लेकर पश्चिम से हवाएँ आने लगीं। हर गाँव में वहशत नाच उठी, हर शहर में जंगल फैल गया।

साहिर, इस नज़्म में विश्व युद्ध की विभीषिका को अपनी तमाम कराहों और व्याकुलताओं के साथ बयान करते हुए यह अहसास कराना चाहते हैं कि युद्ध, जीवन के सौन्दर्य को नष्ट कर देता है।

जंग बदतरीन माहौल पैदा करती है। समाज डरा हुआ, आत्मकेन्द्रित और किस क़दर स्वार्थी हो जाता है–

न दोस्ती न तकल्लुफ़ न दिलबरी न ख़ुलूस
किसी का कोई नहीं आज सब अकेले हैं

इस तवील नज़्म का जब मंज़र (दृश्य) बदलता है तो बहर भी बदल जाती है। ऐसा प्रतीत होता है जैसे बहर किसी मंच की तरह हो। बहर का बदलना यानी मंच के दृश्य का बदलना। जंग के दौरान हर शख़्स अपनी मजबूरियों में क़ैद हो जाता है। साहिर की नज़्म का पात्र कहता है–

मजबूर हो तुम मजबूर हूँ मैं
मजबूर ये दुनिया सारी है
तन का दुख मन पर भारी है

साहिर की नज़्म का पात्र जो सूत्रधार भी है। रात के इस मंज़र में एक प्रेमी युगल को देखते हुए रोमांचित हो रहा है–

हमारा प्यारा हवादिस की ताब ला न सका
मगर इन्हें तो मुरादों की रात मिल जाए
बहुत दिनों से है ये मशगला सियामत का
कि जब जब जवान हों बच्चे तो क़त्ल हो जाएँ
चलो कि सारे सियासी मुकामिरों से कहें
कि हमको जंगो जो-जदल के चलन से नफ़रत है

इस तवील नज़्म में जंग का तीक्ष्ण प्रतिवाद है। जंग विनाश लीला रचती है। और इस नज़्म में उसी विनाश को लीला का रचा गया है। साहिर एक अन्य नज़्म में कहते हैं–ऐ रहबरे-मुल्को-क़ौम बता/ये किसका लहू है कौन मरा? साहिर, जंग आलूद हालात से तड़प उठते हैं। 'परछाइयाँ' नज़्म में जंग का विरोध है और तरक़्क़ीपसन्द शायराना अन्दाज़ में विरोध है। नज़्म के बिल्कुल आख़िर में हिन्दुस्तानी तहज़ीब का और संस्कृति का हवाला देते हुए, अम्न की तहरीक बयान करते हैं–

हमें किसी की ज़मीं छीनने का शौक़ नहीं
हमें तो अपनी ज़मीं पर हलों की हाजत है

'परछाइयाँ' नज़्म के विषय में साहिर ने अपने ख़्यालात यूँ उजागर किए हैं–" 'परछाइयाँ' मेरी तवील नज़्म है। इस वक़्त (1955) सारी दुनिया में अम्न और तहज़ीब के तहफ़्फ़ुज़ (बचाव) के लिए जो तहरीक चल रही है, यह नज़्म उसका हिस्सा है। मैं समझता हूँ, हर नौजवान आइदा नस्लों को इससे बेहतर और ख़ूबसूरत दुनिया देकर जाएँ। मेरी नज़्म इस कोशिश का अदबी रूप है।"

साहिर ने तहज़ीब के बचाव के लिए जो चिन्ताएँ व्यक्त की थीं, वो आज के दौर में भी उतनी लाज़मी है। जंग की स्थितियाँ अब भी उग्र है। जंग का उन्माद किसी उत्पाद की तरह पैदा किया जा रहा है और ऐसे रंजीदा-कशीदा हालात में साहिर की यह गुज़ारिश, बेशक़ीमती आत्मीयता की तरह है–

जंग तो ख़ुद ही एक मसअला है
जंग क्या मसअलों का हल देगी

आग और ख़ून आज बख़्शेगी
भूख और एहतयाज़ कल देगी
(एहतयाज़-ज़रूरतें)

समस्याओं का हल जंग के ज़रिये। इससे बड़ी और विडम्बना क्या हो सकती है कि जंग ख़ुद एक मसअला है।

इससे आगे जो बात है वो शरीफ़ इन्सानों से (या कहें कि तमाम मख़्लूक से) किसी गुज़ारिश की तरह किसी निवेदन की तरह है–

इसलिए, ऐ शरीफ़ इंसानों!
जंग टलती रहे तो बेहतर है

साधारण के भीतर जो असाधारण शक्ति है, साहिर की शायरी में वही शक्ति जगमगाती प्रतीत होती है। 'हम भी देखेंगे' नज़्म के दो शेर। ये शेर साहिर के वो शेर हैं जिनमें मुश्किलों से टकराने का हौसला है। यहाँ एक ललकार है जिसमें ज़िन्दगी का राग सुना जा सकता है–

मेरी सदा को दबाना तो ख़ैर मुमकिन है
मगर हयात की ललकार कौन रोकेगा?

हज़ार बर्क़ गिरें, लाख आँधियाँ उट्ठें
वो फूल खिल के रहेंगे जो खिलने वाले हैं
(बर्क़-बिजली, हयात-ज़िन्दगी)

तमाम निराशाओं के बावजूद उम्मीदवार होने का जुनून, साहिर के क्रान्तिकारी जज़्बे का परचम बन जाता है। साहिर इश्क़ करते हैं तो जुनून की हद तक। इश्क़ से टूटते हैं तो वो भी जुनून की हद तक। उस टूटने की ध्वनियाँ ज़िन्दगी के आसपास बिखरी महसूस होती हैं।

यानी, जद्दोजहद साहिर की शायरी में संकल्प के उस जलते हुए चराग़ की तरह है जिस साहिर ख़ुद अपनी गहन अनुभूति से सींचते हैं–

न मुँह छुपा के जिए हम न सर झुका के जिए
सितमनगरों की नज़र से नज़र मिला के जिए

अब एक रात अगर कम जिए तो कम ही सही
यही बहुत है कि हम मशअलें जला के जिए

ये है साहिर का नज़रिया। मशअलें जलाकर जीने का हौसला।–अब एक रात अगर कम जिए तो कम ही सही–ये मिसरा ग़ैरमामूली मिसरा है–ज़िन्दगी की उदासियों पर खिलंदड़ा-सा तबसरा। ऐन इस वक़्त वो अपनी सुख़न-सराए में दावत देते हैं–आओ कि कोई ख़्वाब बुनें कल के वास्ते।

साहिर कहते हैं–हम भी सुकरात हैं अहदे-नौ के। नए युग के सुकरात। वो तमाम प्रगतिशील विचार व्यक्त करने वाले अदीब। जो सच को सच करने का हौसला रखते हैं। तभी तो बड़ी जुर्रत के साथ साहिर कहते हैं–'कौन कहता है कि हालात पे तनक़ीद न कर...तुझको इज़हारे-ख़्यालात का हक़ हासिल है।'

साहिर की शायरी का दायरा इसलिए भी ज़्यादा व्यापक होता चला गया कि उन्होंने फ़िल्मों के लिए भी ख़ूब लिखा। बेशक, फ़िल्मी दुनिया में क़दम रखने के

बाद उनकी शायरी में क्रान्तिकारिता का जज़्बा मन्द पड़ गया। चिंगारियाँ उगलने वाले लफ़्ज़, विनम्र होकर, ज़िन्दगी को सूक्ष्म अनुभूतियों से व्यक्त करने लगे–इक पल की पलक पर है ठहरी हुई ये दुनिया/इक पल के झपकने तक ये खेल सुहाना है–जैसा फ़लसफ़ा!

साहिर की इस दौर की शायरी जितनी बाहरी दुनिया की है उतनी अन्तर्मन की और उससे जुड़ी कशमकश की। बेक़रारी और बेचैनी की।

एक और बात जो साहिर की शायरी में बड़ी अहम है, वो है हर लफ़्ज़ को उसकी हैसियत प्रदान करना। साहिर ने मिसरे ख़र्च नहीं किए। हर मिसरे को, नज़्म या गीत की हर पंक्ति को रागात्मकता के वैभव से सम्पन्न बनाया। इसी कारण, उनकी इंक़लाबी शायरी अगर तपिश का अहसास कराती है तो उनकी रूमानी शायरी विस्मित करती है। जब वो कहते हैं–ये भोग भी एक तपस्या है, तुम त्याग के मारे क्या जानो–तो वो बड़ी सहजता से, असंसारिकता पर टिप्पणी करते हैं। ऐसे फ़लसफ़े पर ज्ञानियों ने किताबें भर दीं। साहिर ने एक मिसरे में बात पूरी कर दी।

साहिर की शायरी के इतने 'मूड्स' और इतने 'शेड्स' हैं कि चकित रह जाना पड़ता है। दर्द की इंतिहा इतनी कि–लो आज हमने तोड़ दिया रिश्ता-ए-उम्मीद, जैसी बेकरारी और हताशा। फ़क्क्ड़पन इतना कि बरबादियों का जश्न मनाता चला गया/हर फ़िक्र को धुएँ में उड़ाता चला गया जैसी लापरवाही। नश्वरता का अहसास इतना कि–एक पल की पलक पर है, ठहरी हुई ये दुनिया। ज़िन्दगी के प्रति इतनी आस्था कि नज़्म में, एक मिसरे में जीवन-राग गूंजने लगे–सफ़र है शर्त, शरीक़े-सफ़र मिले न मिले। हौसला अफ़ज़ाई इतनी कि–टूटे हुए पतवार हैं कश्ती के तो क्या ग़म/हारी हुई बाहों को ही पतवार बना ले। जब ये पंक्तियाँ ज़ेहन में गूंजती हैं तो 'ओल्ड मैन एण्ड सी' का बूढ़ा मछेरा सेंटियागो बरबस याद आने लगता है।

ये साहिर हैं जो अपनी सूक्ष्म अनुभूतियों से अहसास का जादू पैदा करके हैरान करते हैं–अभी शाखों पे हैं उंगलियों के निशां...तुम अभी थे जवां। रात के बिम्ब उर्दू शायरी में निरन्तर व्यक्त होते रहे हैं। अक्सर रात उदासियों को अभिव्यक्त करती रही है लेकिन साहिर रात के ज़रिये, तन्हाई, ख़ामोशी, चांद, कश्ती, नदी और प्रेम। एक नायाब कल्पनालोक का सृजन करते हैं–ये रात, ये चांद, ये आसमां...सुन जा, दिल की दास्तां।

सुन जा दिल की दास्तां कहने वाला शायर, कृष्ण को जब अपनी नज़्म में मिथकीय रूप में व्यक्त करता है तो नज़्म भारतीय संस्कृति की अभिव्यक्ति बन जाती है–

कृष्ण इक ज़ात नहीं एक अमल होता है
आज होता है कोई उसका न कल होता है
कृष्ण हर दौर में आता है नया रूप लिए
कृष्ण हर दौर के अरमानों का फल होता है

यह है साहिर की शायरी का व्यापक संसार। इश्क़ की महीन अनुभूति करने वाला शायर साहिर यहाँ कृष्ण के औदात्य रूप को व्यक्त करते हुए कितना उच्च संस्कारित हो जाता है। इन पंक्तियों में कृष्ण का वैभव रूप सम्मोहन पैदा करता है।

कृष्ण एक अन्य रचना में भी आते हैं लेकिन लोकगीत में, कृष्ण बेहद अनूठे और अनोखे रूप में व्यक्त होते हैं। साहिर ने अपनी नज़्म में लोक छवियाँ प्रस्तुत की हैं। नज़्म उर्दू की। वैभव लोकगीत का–

जब-जब कृष्ण की बंसी बाजी निकली राधा सज के
जान-अजान का ध्यान भुला के लोक लाज को तज के
वन-वन डोली जनक दुलारी पहन के प्रेम की माला
रौशन जल की प्यासी मीरा पी गई विष का प्याला

साहिर सचमुच सूक्ष्म अनुभूतियों को व्यक्त करने में सिद्धहस्त हैं। उनकी शायरी में इश्क़ का जज़्बा है। समाज की धड़कन है। युग है कि सांस लेता। अवाम है कि अपनी आन-बान के साथ और शायर ख़ुद मानवतावाद का पैरोकार। उम्मीद की रोशनी से ताबिंदा। बड़े विश्वास से कहता हुआ–किसके रोके रुका है सवेरा।

साहिर लुधियानवी का जन्म 8 मार्च 1921 को लुधियाना में हुआ। पिता चौधरी फ़ज़ल मुहम्मद जागीरदार थे। औरत को सिर्फ़ जिस्म समझने वाले फ़ज़ल मुहम्मद ने जब अपनी बारहवीं शादी की तो सरदार बेगम (साहिर की माँ) घर से निकल पड़ीं। पति के ख़िलाफ़ मुक़दमा लड़ा। मुक़दमा तेरह साल तक चला। फ़ैसला सरदार बेगम के हक़ में हुआ। साहिर अपनी माँ के साथ रहे लेकिन विभाजन के दंगों के दौरान, सरदार बेगम को पाकिस्तान भेज दिया गया। साहिर उन दिनों बम्बई में थे। माँ को दिल्ली में ढूंढा। माँ पाकिस्तान जा चुकी थीं। प्रकाश पण्डित के ज़रिये साहिर को अपनी माँ के विषय में पता चला। साहिर पाकिस्तान गए। एक-डेढ़ साल बाद अकेले लौट आए। माँ की यादें ता-उम्र उनके मन में रहीं।

1949 में साहिर लुधियानवी लाहौर से मुम्बई पहुँचे। फ़िल्मों के लिए गीत लिखे और उम्रभर फिल्मी दुनिया से जुड़े रहे।

साहिर को, अदबी दुनिया में, बड़े शायर के रूप में उनकी दो किताबों– 'तल्ख़ियाँ' (1945) तथा 'परछाइयाँ' (1955) ने प्रतिष्ठित किया। उनके दो फ़िल्मी गीतों के संग्रह 'गाता जाए बंजारा' (1957) तथा आओ कि कोई ख़्वाब बनें (1971) में प्रकाशित हुए।

25 अक्तूबर 1980 का दिन। डॉ. आर. पी. कपूर उनके अभिन्न मित्र बीमार थे। साहिर उनका हालचाल पूछने उनके घर पहुँचे। मिज़ाजपुर्सी के दौरान ताश खेलने का ख़्याल आया। साहिर ने ताश की गड्डी उठाई। पत्ते 'शफ़ल' किए। बांटे। पत्ते उठाए। ऐन उस वक़्त साहिर को दिल का दौरा पड़ा और वो इस दुनिया से कूच कर गए।

साहिर जन्मभर कुंवारे रहे। साहिर के जीवन में चार स्त्रियाँ आईं–माहिन्द्र चौधरी, ईश्वर कौर, अमृता प्रीतम और सुधा मल्होत्रा। अमृता प्रीतम से उनका रिश्ता बेहद आत्मीय था। यह रिश्ता दो अदीबों का भी रिश्ता था जो अन्त तक बना रहा।

अमृता प्रीतम साहिर के सम्बन्धों के बारे में बड़े मुग्धभाव से बयान करती हैं–"लाहौर में साहिर जब मिलने के लिए आता था तो कुछ देर बैठकर चला जाता था। वो चुपचाप बैठकर सिगरेट पीता रहता था। लगभग आधा सिगरेट पीकर राखदान में बुझा देता था। फिर नया सिगरेट पीने लगता। उसके जाने के बाद, उसके छोड़े हुए सिगरेटों के टुकड़ों को संभालकर अलमारी में रख लेती थी और फिर, एक-एक टुकड़े को अकेली बैठकर जलाती थी और जब उंगलियों में उसे पकड़ती थी तो महसूस होता था जैसे उसका हाथ छू रही हूँ। सिगरेट पीने की आदत मुझे तब ही पड़ी थी।"

इस साधारण व्यक्तित्व में असाधारण शायर मौजूद था। वो शायर जिसमें परिष्कृत भावनाओं का आवेग और प्रकृति के सौन्दर्य को महसूस करने और महसूस कराने का फ़न हासिल था। साहिर अपनी शायरी में जहाँ समाज और सियासत की बात करते हैं वहीं, पर्वत, नदियाँ, हवाएँ, रात, कश्तियाँ, अम्बर, सितारे, सुबह, वादियाँ, दरख़्त, चांद और कहकशां को, जब अपनी शायरी में शामिल करते हैं तो एक विराट, दिलकश, सुकून आमेज़ मंज़र बनता चला जाता है, यथा–नीले गगन के तले धरती का प्यार पले।...रात भी है कुछ भीगी-भीगी/चांद भी है कुछ मद्धम-मद्धम।...ख़ामोशियों की सदाएँ बुला रही हैं तुम्हें।...एक धुन्ध से आना है/ एक धुन्ध में जाना है। ये परबतों के दायरे/...ये शाम का धुआँ।...कश्ती का ख़ामोश

सफ़र है/शाम भी है तन्हाई भी/दूर किनारों पर बजती है/लहरों की शहनाई भी/... बस्ती-बस्ती परबत-परबत गाता जाए बंजारा/लेके दिल का इकतारा।...वो सुबह कभी तो आएगी...।

साहिर ने कहा–'आओ की कोई ख़्वाब बुनें', और वो तमाम उम्र ख़्वाब बुनते रहे। साहिर की शायरी सूक्ष्म अनुभूतियों की वो बस्ती है, जहाँ गूँज-सी सुनाई देती है ज़िन्दगी की।

साहिर की शायरी के दरिया में अल्फ़ाज़, जलते हुए चराग़ों की तरह, झिलमिलाते, यात्रा करते दिखाई देते हैं। साहिर की शायरी में प्रकृति का ऐसा वैभव है, जहाँ ख़ामोशी की महीन-सी लय को सुना जा सकता है।

वो बज़्मे-ज़िन्दगी बदली, वो रंगे-शायरी बदला—फ़िराक़

फ़िराक़ गोरखपुरी की शायरी में उनकी सदी का बोलना साफ तौर पर दिखाई देता है। सिर्फ़ इतना ही नहीं, उनकी शायरी में वो शऊर भी बोलता हुआ महसूस होता है जो जीवन-अनुभवों और चेतना के स्पर्श से छनकर आता है।

फ़िराक़ गोरखपुरी उर्दू शायरी की एक ऐसी अज़ीमतरीन शख़्सियत हैं, जिन्होंने उर्दू शायरी को भारतीयता प्रदान की तथा अजनबीयत और परायेपन के अहसास से उसे मुक्त कराने की अहम भूमिका निभाई।

उन्होंने सन् 1935 से कुछ पहले शायरी की शुरुआत की। शायरी के आरम्भिक दौर में वो दाग़ की शायरी से प्रभावित हुए, लेकिन बाद में उन्होंने दाग़ की शायरी से असहमति भी जताई। हक़ीकत यह थी कि वो कुछ नए मिज़ाज की ऐसी शायरी करना चाहते थे जिसमें मानवीय संस्कारों की सघनता हो। यानी, ऐसी, ग़ज़लगोई, जिसमें ग़ज़ल की आत्मा हो और अपने अहद (युग) की थरथराहट भी। उनकी कोशिश रही कि प्रेम और सौन्दर्य के अस्तित्व और जीवन की घटनाओं से, प्राकृतिक दृश्यों की कल्पना से, चिन्तन, ज्ञान और प्रबल भावना से ग़ज़ल विधा में सघनता लाएँ।

इन्हीं सब तत्वों के कारण उनकी शायरी में भावनाओं की पवित्रता, नरमी और मासूमियत के रुझान महसूस किए जा सकते हैं–

मुद्दतें गुज़रीं तेरी याद भी आई न हमें
और हम भूल गए हों तुझे, ऐसा भी नहीं

अपनी ग़ज़लगोई के दौरान फ़िराक़ ने महसूस किया कि उनसे पूर्व, सदी के आरम्भिक दौर में उर्दू शायरी में उथलापन और रूखापन दिखाई देता है। कथ्य की

पुख़्तगी और नएपन के विपरीत, रूमानियत और शब्दाडम्बर पर बल दिया जा रहा है तथा शायरी में स्त्री सम्बन्धों की स्थूल और मांसल प्रेम की मौजूदगी है। उन्होंने तय किया कि उनकी शायरी के सरोकार और मकसद दूसरे होंगे।

फ़िराक़ मानते थे कि ग़ज़ल एक क़िस्म का फ़ार्म ज़रूर है लेकिन ग़ज़लियत, सच्चे मायनों में शायरी का जौहर (हीरा) है। शायरी का अहमतरीन मौज़ूं, हयात और क़ायनात के मरकज़ी-हक़ाइक (ब्रह्मांड के रहस्य) हैं।

फ़िराक़ ये भी कहते थे कि साहित्य की शुरुआत किसी न किसी टकराव के अहसास से होती है और इसी टकराव के कच्चे माल से हमआहंगी (सामंजस्य) पैदा करना ही हक़ीकी साहित्य का मक़सद है।

फ़िराक़ गोरखपुरी अमीर ख़ुसरो, मीर, ग़ालिब के अलावा, कालिदास और तुलसीदास के प्रति आदरभाव रखते थे। और वो कहते थे कि तुलसीदास का लिखा कभी ख़ारिज नहीं हो सकता। ग़ालिब की शायरी के वो प्रबल समर्थक थे। ग़ालिब की शायरी में वो मानवीय उदारता के गुण तलाश करते हुए कहते थे–"मीर बहुत बड़े मीर हैं, लेकिन ग़ालिब बहुत बड़े 'आप' 'हम' हैं।

'फ़िराक़ निस्सन्देह रौशन ख़्याल और फ़राख़दिल अदीब थे। वो अपने पूर्व के तथा समकालीन शायरों की शायरी के रुझान और गुण तलाश करते रहते थे। इसी के मद्देनज़र उनकी 'उर्दू ग़ज़लगोई' तथा 'उर्दू कविता' किताबें विशिष्टता रखती हैं और वो किताबें हर दौर में चर्चित रही हैं।

शब्द की अपनी सत्ता और अहमियत होती है। लेकिन शायरी में चुप का भी गहरा अर्थ होता है।

फ़िराक़ ने भी कहा है–

'मैं चुप रहा तो बुरा मानने की बात नहीं'

फ़िराक़ की ही ग़ज़ल का एक शेर है–

बहुत पहले से उन क़दमों की आहट जान लेते हैं
तुझे ऐ ज़िन्दगी, हम दूर से पहचान लेते हैं

ज़िन्दगी के क़दमों की आहट को वही शायर महसूस कर सकता है जो चुप की अन्तर-ध्वनि का संज्ञान ले सकता हो। बिल्कुल यहीं, शायर इस बात का अहसास भी कराता है कि ज़िन्दगी की क़द्र यूँ भी की जा सकती है।

फ़िराक़ ने कहा है–"Literature both for an individual and for a community is a voyage of self discovery."

फ़िराक़ की शायरी और उनकी नस्र (गद्य) अपने आत्म को जानने की ही यात्रा है।

जब तक ऊँची न हो ज़मीर की लौ
आँख को रौशनी नहीं मिलती

शेर में जो फ़लसफ़ा है, वही तो है जो फ़िराक़ की शायरी का मकसद है। और यही उनकी भाव-विभाव की यात्रा भी है।

गुज़िश्ता अहद की यादों को फिर करो ताज़ा
बुझे चराग़ जलाओ बहुत अँधेरा है

यह असाधारण शेर है। अपने पाठ में यह शेर चकित करता है। बुझे हुए चराग़ हैं। वो किसी तीली से नहीं जलेंगे। वो जलेंगे स्मृतियों की आँच से। पात्र का स्मृतियों से रिश्ता क्या टूटा कि बहुत अँधेरा हो गया।...यानी, वर्तमान ज़रूरी है तो शायर के लिए स्मृतियाँ परम आवश्यक हैं। स्मृतियाँ, दरअसल, प्रबल भावनाओं का दूसरा नाम है।

ज़रा ग़ौर करें, यहाँ उदासी एक राग की तरह है और यादें उस राग की सिम्फनी।

स्मृति, फ़िराक़ की शायरी में जैसे ज़िन्दगी के मुसाफ़िरख़ाने के खाली बेंच पर बैठी गुज़िश्ता वक़्त की गर्द! या फिर, स्मृति, जैसे बेआवाज़ बस्ती में गूँज उठी हो कोई पुरानी-सी धुन, उस टूटे हारमोनियम पर, जो बूढ़े वक़्त की मेज़ पर कहीं पीछे छूट गया हो।

फ़िराक़ का ये शेर देखें–

शाम भी थी धुआँ-धुआँ, हुस्न भी था उदास-उदास
दिल को कई कहानियाँ याद-सी आके रह गईं

इस शेर को पढ़ते हुए महसूस होता है जैसे अधबुझी यादों का आतिशदान जल रहा हो। बेचैनी, बेकली, अकेलापन, मन का उजाड़। यह शेर जितना महसूस होता है उतना ज़्यादा दिखाई देता है।

फ़िराक़ ने कहा था–'काव्य रचना के लिए खो भी जाना है, सँभले भी रहना है। बयकवक़्त, दोनों की ज़रूरत पड़ती है। तल्लीनता भी चाहिए और जागरण भी चाहिए। पूर्ण समाधि का अर्थ है पूर्ण जागरण या पूर्ण चौकसी। बड़ा मुश्किल है

विज़डम को कम्युनिकेट करना। जब तक मुकम्मल तल्लीनता नहीं होगी, तब तक काम में कुशलता नहीं आ सकती।'

इस शेर में शिकस्ता साज़ है तो एक अन्य शेर में सर धुनती शम्आ है। दोनों अश्आर में उस अव्यक्त की अभिव्यक्ति है जहाँ शायरी का जन्म होता है। शेर यूँ है–

फ़िराक़ इक शम्आ सर धुनती है पिछली शब जो बालीं पर
मेरी जाती हुई दुनिया की इक तस्वीर होती है

सिरहाने पर रखी शम्आ का सर धुनना...यानी, जलना-बुझना...यानी, जीवन-मृत्यु की कशमकश। यही तो है कुल जमा जीवन की तस्वीर।

रात, सितारे, शम्आ, चराग़, खंडहर, अकेलापन, ख़ामुशी–फ़िराक़ की ग़ज़लों में महज शब्द नहीं रहते। वो ऐसे प्रतीक होते हैं जिनके पस:मंज़र, मन की अनेक अन्तर्कथाएँ मौजूद होती हैं।

फ़िराक़ अपनी ग़ज़लगोई में एक एस्थेटिक सेंस देते प्रतीत होते हैं। उनकी यह भी कोशिश रही है कि ग़ज़ल की सेंसिबिलिटी को इस तरह बदला जाए कि ग़ज़ल अपने रवायतीपन के बावजूद, नई प्रतीत हो। कुछ शेर–

मैं मुद्दतों जिया हूँ किसी दोस्त के बग़ैर
अब तुम भी साथ छोड़ने की कह रहे हो, ख़ैर!

फ़िराक़े-हमनवा-ए-मीरो-ग़ालिब अब नए नग्में
वो बज़्मे-ज़िन्दगी बदली, वो रंगे-शायरी बदला

अब यादे रफ़्तगाँ की भी हिम्मत नहीं रही
यारों ने कितनी दूर बसाई हैं बस्तियाँ

मेहरबानी को मोहब्बत नहीं कहते ऐ दोस्त!
आह! मुझसे तो तेरी रंजिशे-बेजा भी नहीं

इस अश्आर में रवायत (परम्परा) है तो आधुनिकता के रुझान भी साफ़-साफ़ महसूस होते हैं। फ़िराक़ को बेशक इश्क़िया शायरी का शायर कहा गया है। यह बात कुछ हद तक ठीक भी है। लेकिन ज़रा गौर से देखें तो उनकी शायरी के सरोकार बड़े हैं। यहाँ प्रेम है लेकिन वो अपने व्यापक और शाश्वत रूप में है। प्रेम, देह

से विस्तार पाता हुआ देहराग में गूँजता है। यहाँ होने से ज़्यादा, न होने की शायरी है।–'मैं मुद्दतों जिया हूँ किसी दोस्त के बग़ैर'–जैसी अनुपस्थिति फ़िराक़ की शायरी के केन्द्र में है। एक अन्य शेर का मिसरा है–'किसी का यूँ तो हुआ कौन उम्रभर फिर भी'–यह जो न होने की ख़लिश है, यह होकर, बिछुड़ जाने की घनीभूत पीड़ा का तलघर ही है। मिसरे के आख़िर में जो रदीफ़–'फिर भी'–है, तान वहाँ जाकर टूटती है। जैसे उम्मीद की कटी पतंग ऐन क़रीब आकर गिरी हो। यह रवायत से आगे, आधुनिकबोध की शायरी है।

फ़िराक़ गोरखपुरी ने अपनी शायरी को न सिर्फ़ विमर्शतलब बनाया बल्कि ग़ज़ल के कल्चर को भीतर, बाहर, दोनों तरह से बदला। उन्होंने शायारी के विषय में कहा भी है–विवेकात्मक तसव्वुर, सौन्दर्यबोध और ज्ञानातीत कल्पना हुआ करती है जो सारी मलिनताओं तथा छल-कपट से मुक्त होती है।

हज़ार बार ज़माना इधर से गुज़रा है
नई-नई-सी है कुछ तेरी रहगुज़र फिर भी

किसकी रहगुज़र? प्रेमिका की रहगुज़र। ऐसा प्रतीत होता ज़रूर है, लेकिन वह शेर, वास्तव में ज़िन्दगी से मुख़ातिब है। ज़िन्दगी रूपी रहगुज़र से सैकड़ों सालों से लोग गुज़रते रहे। लेकिन ज़िन्दगी का रास्ता न कभी पुराना हुआ न मैला। ज़िन्दगी का रास्ता नित-नूतन रहा और गुज़रने वालों की जिजीविषा सम्पूर्णता के साथ ज़िन्दा रही।

यहाँ सम्पूर्णता का ज़िक्र आया है तो फ़िराक़ का यह कथन भी ग़ौरतलब है–"सब पूर्ण है। देखने की कला चाहिए। एक नुक़्ते में भी पूर्णता का एहसास हो सकता है।"

वास्तव में ग़ज़ल का प्रत्येक शेर, ग़ज़ल में किसी जुज़ (अंश) की तरह होता है। और यही जुज़ (अंश) कुल (पूर्ण) भी है। इसलिए ग़ज़ल का हर शेर, बेशक अपनी मख़्सूस (विशिष्ट) सत्ता रखता हो, वो होता ग़ज़ल-संसार का एक अंश ही है। ग़ज़ल में विभिन्न विचारों वाले अश्आर का होना, किसी 'ग्लैक्सी' की तरह होता है। फ़िराक़ ने इसके लिए बड़ा शानदार शेर कहा है–

उस जा तेरी निगाह मुझे ले गई जहाँ
लेती हो जैसे सांस अनासिर की कायनात

(पाँच तत्त्वों की सृष्टि)

फ़िराक़ ने अपनी शायरी में एक नई बात यह भी की है कि ग़मे-ज़िन्दगी और ग़मे-इश्क़ का एक ऐसा अहसास अपनी ग़ज़लों में पैदा किया जो आत्मीय प्रतीत होता है, जो सुकून भी देता है और शेरों को तहदार भी बनाता है। कुछ शेर ग़ौरतलब हैं–

गरज़ कि काट दिए ज़िन्दगी के दिन ऐ दोस्त
वो तेरी याद में हों या तुझे भुलाने में

तुम मुख़ातिब भी हो करीब भी हो
तुमको देखें कि तुमसे बात करें

जो उलझी थी कभी आदम के हाथों
वो गुत्थी आज भी सुलझा रहा हूँ

हर लिया है किसी ने सीता को
ज़िन्दगी है कि राम का बनवास

फ़िराक़ ने कहा था कि लबादों (रूढ़ियों और दकियानूसी मान्यताओं) ने हमें कंडीशनिंग पर ला खड़ा किया है उसे उतार फेंकना होगा। फ़िराक़ ने शायरी में वही तो किया है। उन्होंने प्रकृति सौन्दर्य, मानवतावादी सोच तथा उच्च स्तरीय जिज्ञासाओं के ज़रिये, नई दृष्टि को पैदा किया। उपरोक्त शेर इस बात को भरपूर तस्दीक करते हैं।

ज़िन्दगी क्या है आज इसे ऐ दोस्त
सोच लें और उदास हो जाएँ

यही जीवन का चिन्तन है। आह से निकला होगा गान। फ़िराक़ की शायरी में बेशक जीवन जीने का उत्सव है। लेकिन दुख भी दबे पाँव, इस जीवन उत्सव में आता महसूस होता है।

और ये शेर, जिसमें दुख की आमद दबे-पाँव हो रही है–

ये तो नहीं कि ग़म नहीं, हाँ, मेरी आँख नम नहीं
तुम भी आज तुम नहीं, हम भी तो आज हम नहीं

फ़िराक़ की शायरी वास्तविक अर्थों में कल्पनाशीलता और रूमान का पैकर बनाती चलती है। वो इमेजिज़ गढ़ते हैं। दृश्यों को रचते हैं। वो शायरी में ख़्यालों को पंख देते हैं। वो जानते हैं ख़ाली विचार शुष्क होते हैं। वो विचारों में भावना की चाँदनी-सी मिला देते हैं। वो पुराने शब्द उठाते हैं और उन्हें नए अर्थ देते हैं।

फ़िराक़ ने ग़ज़लों, नज़्मों के अतिरिक्त, रुबाइयाँ और दोहे भी लिखे। रूप नाम से प्रकाशित रुबाइयों की किताब में से ये रुबाई–

मधुबन के बसन्त-सा सजीला है वो रूप
बरखा रुत की तरह रसीला है वो रूप
राधा की झिझक कृश्न की बरजोरी है
गोकुल नगरी की रास लीला है वो रूप

यहाँ मिथकीय प्रयोग है। राधा और कृश्न का प्रेम ही जैसे गोकुल नगरी ही। प्रेम का तथा प्रकृति का यहाँ उत्कर्ष रूप है। पूरी रुबाई में प्रेम का वैभव है।

उर्दू के प्रसिद्ध आलोचक मोहम्मद हसन अस्करी ने फ़िराक़ की शायरी के विषय में कहा है–उनकी शायरी आहटों की शायरी है–कहीं महबूब की आहट, कहीं विश्व की, तो कहीं ख़ुद फ़िराक़ की मन:स्थिति को आहट।

फ़िराक़ रूमानी कविता/शायरी के प्रति हद दर्जे का लगाव रखते थे। वड्र्सवर्थ और शैली की कविताओं को पसन्द करते थे। बेशक वो मार्क्सवाद से प्रभावित थे, इसके बावजूद, भारतीय संस्कृति, वेदान्त और उपनिषदों पर निरन्तर चर्चा करते थे। उनकी लम्बी नज़्म 'हिंडोला' और 'धरती की करवट' में भारतीय कला, दर्शन चिन्तन, भारतीय सभ्यता और संस्कृति को फ़िराक़ ने किसी किस्सागो की तरह व्यक्त किया है। सभी भारतीय मिथकीय पात्र और बाद में शायर-अदीब यहाँ, इस नज़्म में किस शऊर के साथ व्यक्त किए गए हैं, कुछ पंक्तियाँ ग़ौरतलब हैं–

इसी ज़मीन पे खेला है राम का बचपन

... ...

इसी दायर ने देखी है कृष्ण की लीला
यहीं, घरौंदों में सीता सुलोचना राधा
किसी ज़माने में गुड़ियों से खेलती होंगी

... ...

वो मर्गे भीष्मपितामह वो सेज तीरों की
वो पाँच पांडवों की स्वर्गयात्रा की कथा
... ...
इसी ज़मीन में गूँजी थी तोतली बोली
कबीरदास, टकाराम, सूरो-मीरा की

इस लम्बी नज़्म के हर मिसरे में हिन्दुस्तानियत की दिलकश आवाज़ें सुनाई देती हैं। और आख़िर में फ़िराक़ इस नज़्म में कहते हैं कि इस मुल्क का भविष्य बच्चों के हाथों में है–'ये बच्चे हिन्द की सबसे बड़ी अमानत है।'

फ़िराक़ कहते हैं–"उर्दू ग़ज़लगोई और आमतौर से उर्दू शायरी में रचे हुए ग़म, शऊर, एवं विवेक, प्रतीकात्मकता, गहनता तथा परम निश्छल, आत्मीयता तथा कुशलक्षेम के तत्त्व तथा भारतीय प्रकृति की विनम्रता और गम्भीरता का परिचय कभी-कभी मिलता था, इस कमी को पूरा करना (किसी हद तक) मेरी शायरी का मकसद रहा है।"

फ़िराक़ गोरखपुरी का जन्म 28 अगस्त, 1896 को गोरखपुर में हुआ। वर्ष 1913 में स्कूल लीविंग परीक्षा पास की। इसके बाद वो इलाहाबाद चले गए। इलाहाबाद उन दिनों अदब का मर्कज़ था। फ़िराक़ इलाहाबाद के हो गए। और वहीं बस गए। म्योर सेंट्रल कॉलेज इलाहाबाद से एफ.ए. की। बी.ए. में उत्तीर्ण हुए और प्रान्तभर में चौथा स्थान प्राप्त किया।

फ़िराक़ के पिता भी एक अच्छे शायर थे। वो 'इबरत' तख़ल्लुस से शायरी करते थे। फ़िराक़ जब बी.ए., कर रहे थे तो उनके पिता की मृत्यु हो गई।

फ़िराक़ ने 1930 में आगरा विश्वविद्यालय से अँग्रेज़ी एम.ए. प्रथम श्रेणी में पास की। और बिना प्रार्थना पत्र दिए इलाहाबाद विश्वविद्यालय में अंग्रेज़ी के प्राध्यापक नियुक्त हुए। फिर विभाग में एचओडी बने और वर्ष 1959 तक यहाँ पढ़ाते रहे।

फ़िराक़ ने 1935 से कुछ पहले शायरी की शुरुआत की। उन्हें उर्दू शायरी की किताब 'गुले-नग़मा' पर साहित्य अकादमी तथा उत्तर प्रदेश सरकार का सम्मान मिला।

वर्ष 1970 में गुले-नग़मा पर भारतीय ज्ञानपीठ सम्मान प्राप्त हुआ और इसी वर्ष साहित्य अकादमी के फेलो सदस्य निर्वाचित।

फ़िराक़ गोरखपुरी की करीब दस पुस्तकें उर्दू में प्रकाशित हुईं। रूबाई की किताब 'रूप' के अतिरिक्त, 'गुले-नग़मा', 'उर्दू ग़ज़लगोई', 'शबनमिस्ताँ', 'रम्ज़ो-किनायत' तथा 'ख़तों' की एक किताब भी शामिल है। उनकी अधिकांश किताबों का हिन्दी में अनुवाद/लिप्यान्तर हुआ है। उत्तर प्रदेश हिन्दी संस्थान (लखनऊ) के लिए उन्होंने–'उर्दू भाषा और साहित्य' पुस्तक भी तैयार की। उन्होंने एक उपन्यास भी लिखा।

फ़िराक़ गोरखपुरी की विशिष्ट बात यह भी है कि उन्होंने न सिर्फ़ उर्दू में अपने अन्दाज़ की विशिष्ट शायरी की बल्कि वो निरन्तर उर्दू शायरों की शायरी पर तबसरा करते रहे। और उर्दू ग़ज़ल के पॉजेटिव पक्ष पर बड़ी जुर्रत और साहस से बात करते रहे। फ़िराक़ ललकारते हुए पूछते रहे कि ग़ज़ल अगर इतनी ग़ैरफ़ितरी और ग़ैरशायराना चीज़ है तो नज़ीर अकबराबादी, सौदा, हाली, जगन्नाथ आज़ाद, इस्माइल, अकबर इलाहाबादी, इक़बाल और जोश ने नज़्मगो होते हुए ग़ज़लें क्यों लिखी। उन्होंने ग़ज़ल का पक्ष लेते हुए यह भी कहा कि इस ग़लती में पड़ना हिमाकत है कि नज़्म की हिमायत में ग़ज़ल को नेस्त-ओ-नाबूद (नष्ट) कर दिया जाए। ग़ज़ल एक कहरूबाई तसव्वुर (Dynamic conception) है।

ग़ौरतलब है, जिन समकालीन प्रश्नों से रचनाकार कतराते थे, फ़िराक़ उन्हीं सवालों से टकराते थे। बेहूदा सवालों से वो चिढ़ भी जाते थे। एक बार दूरदर्शन के इंटरव्यू के दौरान (जो फ़िराक़ के घर में हो रहा था) दूरदर्शन अधिकारी ने सवाल किया कि आपको सूरदास की कौन-सी पंक्तियाँ श्रेष्ठ लगती हैं, फ़िराक़ ने जवाब दिया–'क्या आप बता सकते हैं कि सूरज की कौन-सी किरण सबसे अच्छी है या गंगा की कौन-सी लहर सर्वश्रेष्ठ है?'

फ़िराक़ की देवनागरी लिपि में वो किताबें तो छपी हीं जो उन्होंने उर्दू में लिखी थीं, रमेशचन्द्र द्विवेदी की किताबों–'मैंने फ़िराक़ को देखा था' तथा 'यूँ ही फ़िराक़ ने उम्र बसर की' जैसी किताबें फ़िराक़ के रोज़नामचे, जीवन शिल्प, नशिस्तों, मुशायरों, उनके अध्ययन आदि, उनसे बातचीत के आधार पर हैं। फ़िराक़ की एक और किताब जिसका नाम 'गुफ़्तगू' है एक लम्बे इंटरव्यू की है। सुमत प्रकाश शौक़ ने यह इंटरव्यू 16 वर्ष 4 महीने में पूरा किया। फ़िराक़ जब दिल्ली में होते तो सुमत प्रकार शौक़, फ़िराक़ से मिलने का वक़्त मुकर्रर करते। एक या दो सवाल होते उर्दू शायरी के सम्बन्ध में। फ़िराक़ विस्तार से जवाब देते। इंटरव्यू समाप्त हो जाता। इस तरह फ़िराक़ और सुमत प्रकाश शौक़ के बीच यह इंटरव्यू लगभग सोलह साल तक चला।

इसमें कोई सन्देह नहीं कि फ़िराक़ पार्टटाइम शायर नहीं थे। वो हमेशा अपनी शर्तों पर जीये और बतौर शायर जीये।

फ़िराक़ की मृत्यु 3 मार्च, 1982 को हुई। मृत्यु से पूर्व वो लम्बे समय तक बीमार रहे। यह शेर उनके अकेलेपन, असफल वैवाहिक जीवन, बीमारी, कष्ट और आख़िरी समय की मार्मिक अभिव्यक्ति है–

अब अक्सर चुप-चुप-से रहे हैं यूँ भी कभू लब खोले हैं
पहले फ़िराक़ को देखा होता, अब तो बहुत कम बोले हैं

प्रमुख शायर

जदीद (आधुनिक शायर)

शायरी में सादगी का भव्य रूप—नासिर काज़मी

नासिर काज़मी की शायरी में 'ध्यान' एक ऐसा लफ़्ज़ है जो बार-बार ग़ज़लों में रिपीट होता है। लेकिन नासिर काज़मी के लिए 'ध्यान' महज़ शब्द नहीं। नासिर ध्यान के भीतर कभी स्मृतियों का आख़्यान रचते हैं तो कभी ध्यान, दो मिसरों के बीच, कथ्य बनकर उभरता है। कई बार यह 'ध्यान'–गुज़िश्ता वक़्तों का सरमाया बन जाता है–

ध्यान के अतिशदान में 'नासिर'
बुझे दिनों का ढेर पड़ा है

ये नासिर काज़मी ही हैं जो 'ध्यान' को आतिशदान में बदलकर बिल्कुल नई तश्वीह पैदा करते हैं और 'बुझे दिनों का ढेर?' यानी गुज़र चुके दिन।...यह है नई सोच और नए प्रतीकों की शायरी।

नासिर की शायरी का 'ध्यान' ऋषियों के ध्यान जैसा नहीं रहता, जहाँ सिर्फ़ निजता-भरी गहरी समाधी होती है, सामाजिक हस्तक्षेप बिल्कुल भी नहीं।

लेकिन नासिर काज़मी की शायरी में ध्यान समाज, समय, अतीत और उनकी यादों से संगत करता है। नासिर का ध्यान, दरहक़ीक़त, ज़िन्दगी को देखने और अपने अन्तरमन को परखने का एक भाव है। या फिर एक ज़ाविया (दृष्टिकोण) है। यही प्रेम का उदात्त रूप है। मिलन-विछोह की कशमकश है। वीरान जज़ीरों पर खड़े होकर, यादों के जहाज़ों को आवाज़ देकर बुलाने का नाम भी 'ध्यान' है।

नासिर काज़मी की शायरी का 'ध्यान', उनकी आसान शायरी के गूढ़ रूपकों और बिम्बों में भी प्रकट होता है–

बारिश की तिरछी गलियों में
कोई चराग़ लिए फिरता था

तेरे ध्यान की कश्ती लेकर
मैंने दिरया पार किया था

ठण्डी धूप की छतरी ताने
पेड़ के पीछे पेड़ खड़ा था

नासिर काज़मी की शायरी चौंकाने की हद तक सरल और सहज है तथा हैरान करने की हद तक इमेजिस से भरी। ख़ुद नासिर काज़मी, ऐसी शायरी के बारे में कुछ यूँ सोचते थे, "जब मैंने ग़ौर किया तो जाना कि ग़ज़ल के ख़िलाफ़ लोग नहीं थे, बल्कि ग़ज़ल में 'क्लीशे' की पुरानी डगर जो थी, उसके ख़िलाफ़ थे। वो कहते थे कि मियां नई बात करो। जहाँ तक जदीद (नई) शायरी का तअल्लुक है, कुछ ख़्यालात उस ज़माने में नए आए थे। मेरा ख़्याल है, जो ग़ज़लें मैंने कही हैं, अपनी दानिस्त (जानकारी) यह सोचकर कही हैं कि वो ज़माने के तकाज़ों को पूरा करें और उसमें मेरे अस्र (कालखण्ड) की रूह हो।' नासिर की ग़ज़लों में उनका कालखण्ड अपनी गूँज के साथ मौजूद है। नासिर बंटवारे के बाद पाकिस्तान चले गए। मोहाज़िर के रूप में उनकी पहचान बनी। यह विस्थापन उनकी ग़ज़लों में निरन्तर महसूस होता है–वेदना के रूप में, ख़लिश के रूप में, नोस्टालजिया के रूप में–

कुछ यादें कुछ ख़ुशबू लेकर
मैं उस बस्ती से निकला था

मैं इस शहर में क्यूँ आया था
मेरा कौन यहाँ रहता था

याद के बेनिशां जज़ीरों से
तेरी आवाज़ आ रही है अभी

याद के बेनिशां जज़ीरों से किसी की आवाज़ का आना, गोया कोई मुर्दा वक़्त, फिर से जी उठा हो। नासिर अपनी ग़ज़लों में यही तो करते हैं। स्मृतियों के ज़रिये वे 'गुज़िश्ता' को जीवित कर देते हैं और पुराना कालखण्ड इतनी नफ़ासत से जी उठता है कि शायरी के वर्तमान में चहलक़दमी करता प्रतीत होता है। इसी ख़्याल की पैरवी करते हुए नासिर का यह कथन ग़ौरतलब है–शायरी में मैंने एक जादू देखा। पुराने असातिजा (उस्ताद शायर) का जब कलाम पड़ता था तो यूँ लगता था जैसे ज़माने और सदियां, मेरे साथ हमकलाम कर रही हैं। यह जादू क्या है? गोया, शायरी, मुर्दा

लम्हों को ज़िंदा कर देती है।...कुछ लम्हें, कुछ वक़्त जो मर जाता है वो ज़िन्दा नहीं हो सकता। मैं समझता हूँ वो शायरी में ज़िन्दा हो सकता है।"

नासिर की शायरी अतीत राग नहीं (बेशक वो भी है) लेकिन इससे भी ज़्यादा ग़ौरतलब बात यह है कि नासिर की शायरी में मर चुके लम्हें ज़िन्दा हो उठते हैं। नासिर की ग़ज़ल का एक मिसरा है–सुखनकदा मिरी तर्ज़े-सुखन को तरसेगा। नासिर की ग़ज़लों का तर्ज़े-सुखन (शेर कहने का अन्दाज़) जदीद उर्दू ग़ज़ल से इतना भिन्न है कि जदीद ग़ज़ल में नई जदीदियत का सृजन करता है–उनकी एक ग़ज़ल के कुछ अश्आर ग़ौरतलब हैं कि नासिर काज़मी ग़ज़ल में किस अनूठे अन्दाज़ में 'दृश्यों' की रचना करते हैं और ग़ज़ल की भाषा ऐसी कि जैसे गीत से उठकर ग़ज़ल में चली आई हो–

फिर सावन रुत की पवन चली तुम याद आए
फिर पत्तों की पाज़ेब बजी तुम याद आए
फिर काग़ा बोला घर के सूने आंगन में
फिर अमरित रस की बून्द पड़ी तुम याद आए

नासिर सवाल करते हैं–वो लोग क्या हुए? यह सवाल वो अपने-आपसे करते हैं और समाज से भी। यह सवाल वो उस दौर से (कालखण्ड से) भी करते हैं जिस दौर में वो लोग (यानी पूरा समाज) यानी जज़्बात से भरी-पूरी दुनिया थी। नासिर जब कहते हैं कि 'क्या हुए?' यक़ीनन, वो जानते हैं कि उन लोगों का या उस 'शानदार समाज' का क्या हुआ। इसके बावजूद सवाल अपनी जगह है–वो लोग क्या हुए? यह सवाल नहीं। यह वेदना का एक प्रारूप है जो शायर के मन में है–

वो साहिलों पे गाने वाले क्या हुए
वो कश्तियाँ चलाने वाले क्या हुए
वो सुबह आते-आते रह गई कहाँ
वो काफ़िले थे आने वाले क्या हुए

आसान-सी दिखाई देने वाली इस ग़ज़ल का रदीफ़ जब सवाल पैदा करता है–क्या हुए? तो अतीत और यथार्थ दोनों अपनी जटिलताओं के साथ सामने आ खड़े होते हैं। यहाँ एक धुंधलका-सा है जो गए वक़्तों की गर्द का है। नासिर इस धुंधलके को ख़ुद पैदा करते हैं ताकि माज़ी का तसव्वुर शिद्दत के साथ उभरे। नासिर अपनी शायरी में उन शब्दों को चुनते हैं जिन शब्दों की कोई अहमियत ही नहीं थी। नासिर

शब्दों सांस लेना सिखाते हैं। लफ़्ज़ ज़िन्दा हो उठते हैं और अतिसाधारण लफ़्ज़ नासिर की ग़ज़लों में अपना वक़ार क़ायम करते हैं। ऐसे साधारण लफ़्जों की आमद जब शेर में होती है तो हर शब्द, शायर की अनुभव यात्रा का प्रतिफल प्रतीत होता है। हर शब्द, शेर के भीतर, कभी मुख्य पात्र जैसा नज़र आता है तो कभी सूत्रधार जैसा!...टहनियों के हाथ पीले हो गए...याद के बेनिशां जज़ीरे...कोरा काग़ज़ बोल रहा था...तारों का जंगल जलता था...बुझे दिनों का ढेर और याद का आतिशदान... ध्यान की कश्ती–जैसे प्रयोग नासिर की शायरी में नए मुहावरे को पैदा करते हैं। लफ़्ज़ मामूली। लेकिन उनका शायरी में होना किसी बड़ी घटना जैसा।

नासिर काज़मी की शायरी का सौन्दर्य, सादगी की कोख से पैदा हुआ है। नासिर, सादगी को गंवाते नहीं, अपनी ग़ज़लों में उसे ऐसा स्थान देते हैं कि सादगी का चमत्कार, नासिर की शायरी का चमत्कार बन जाता है। यह सादगी मानीख़ेज़ है जो बहुआयामी है। सबसे अहम बात यह है कि शेर आसान होने के बावजूद, इकहरे या सपाट नहीं होते। यह नई शैली की खोज है। यह नई शैली की ध्यान यात्रा है। वह नई ग़ज़ल की भी ध्यान यात्रा है।

नासिर काज़मी 'सरलता' को भी उसलूब (शैली) बना कर हैरान कर देते हैं। उनकी सारी की सारी शायरी में सरलता किसी मिज़ाज की तरह है। यह मिज़ाज उर्दू ग़ज़ल में बिल्कुल नई तरह का है, इस तरह से नई तरह का कि नासिर के शेर को पढ़ सकते हैं और शेर को देख भी सकते हैं। दरअसल यह शायरी, नई ध्वनियों, गूंज, गहराई, सोच, फ़िक्र और नए विज़न के साथ उपस्थित होती है। इसी सिलसिले में नासिर काज़गी का यह कथ्य भी ग़ौरतलब है–शायरी सिर्फ़ मिसरे लिखने का नाम नहीं। शायरी तो नुक्त-ए-नज़र (दृष्टिकोण) है–ज़िन्दगी को देखने का और चीज़ों को देखने का और उनको एक ख़ास मौजूं तरीके से बयान करने का नाम शायरी है।"

नासिर ने यही तो किया है। उन्होंने ज़िन्दगी को अपने नज़रिये से देखा और शायरी में बेजान चीज़ों को भी इंसानों जैसा समझा। दरख़्त, बारिश, पत्थर, पत्ते, जज़ीरे, गली–सब के सब, नासिर की शायरी में जीवित हो उठते हैं और नासिर साधारण को असाधारण बना देने का शऊर पैदा करते हैं–

अपनी धुन में रहता हूँ
मैं भी तेरे जैसा हूँ

–

ऐसी जल्दी भी क्या चले जाना
मुझे इक बात पूछनी है अभी

–

तू तो इतना उदास है 'नासिर'
जाने क्या हो गया बता तो सही

नासिर की ग़ज़लों की ख़ूबी यह है कि यहाँ 'बतकही' भी एक 'अन्दाज़' बन जाता है। 'मुझे इक बात पूछनी है अभी' तथा 'जाने क्या हो गया बता तो सही' ऐसे, दिल को छू जाने वाले प्रयोग नासिर ही कर सके। कुछ और शेर–जहाँ सादगी अपनी भव्यता के साथ मौजूद है–

आज तो मेरा दिल कहता है
तू इस वक़्त अकेला होगा

नासिर काज़मी के साधारण अल्फ़ाज़ का कथ्य इसलिए ग़ज़लों में विशिष्ट हो जाता है कि वहाँ एक बिम्ब की रचना भी होती है। बिम्ब की रचना इतनी दिलकश, इतनी सजीव, इतनी कल्पनाशील होती है कि दो आसान-से दिखाई देने वाले मिसरे, एक छोटी-सी सृष्टि की रचना कर डालते हैं–

बारिश की तिरछी गलियों में
कोई चराग़ लिए फिरता था

–

तेरे ध्यान की कश्ती लेकर–
मैंने दरिया पार किया था

–

हमारे घर की दीवारों पे 'नासिर'
उदासी बाल खोले सो रही है

–

सघन अनुभूतियाँ। गहरा तसव्वुर। बिम्ब और मंज़र।

नासिर काज़मी की ग़ज़लों का यह प्रबल पक्ष है कि हम जिस शेर को पढ़ते हैं, वो शेर 'दिखाई' भी देने लगता है। शेर का दिखाई देना, उस बिम्ब की सफलता है, जिसे नासिर अपने अश्आर में रचते हैं।

हर बड़े शायर की शायरी में दो तत्व यकीनी तौर से महसूस किए जा सकते हैं–तलाश और स्मृति। नासिर काज़मी की शायरी में...'यादों' की मौजूदगी इतनी ज़्यादा है कि लगता है जैसे नासिर गुज़िश्ता वक़्त की स्मृतियों को शायरी का रूप देने के लिए पैदा हुए थे। तलाश जैसा तत्व भी स्मृतियों के साथ-साथ चलता है। नासिर, जो तलाश करते दिखाई देते हैं, वो स्मृतियों का सरमाया ही तो है लेकिन नासिर के लिए तलाश के कुछ और मआनी भी हैं–

ज़रा घर से निकलकर देख 'नासिर'
चमन में किस क़दर पत्ते झड़े हैं

–

किसे ढूंढोगे इन गलियों में 'नासिर'
चलो, अब घर चलें दिन जा रहा है

–

चलता-फिरता हूँ मैं दुपहरों में
जाने क्या चीज़ खो गई है मेरी

नासिर काज़मी की तलाश अलग तरह की है, बाहर की कम, मन के भीतर की ज़्यादा। तलाश में भय भी शामिल है, कुछ खो जाने का भय। तलाश महज़ नई चीज़ों की ही नहीं, तलाश पुराने इलाक़ों, सम्बन्धों, मित्रताओं, शहरों, मुहब्बतों की भी है। नासिर अपने-आपसे पूछते हैं–जाने क्या चीज़ खो गई है मेरी? यह 'खो जाना' क्या है? यह मन की कैफ़ियत है।

नासिर काज़मी का चीज़ों को देखने का नुक़्त-ए-नज़र इतना भिन्न, अनोखा और सौन्दर्यबोध से मुकम्मल है कि हर शय को नया से नया रूप प्रदान करता है। यहाँ, 'ध्यान' प्रेम का उत्कृष्ट रूप धारण कर लेता है और काली रात सृजन की ताक़त बन जाती है। गली सिर्फ़ गली नहीं रहती। वो किसी गुज़िश्ता का कालखण्ड बन जाती है और नासिर की ग़ज़लों में गली एक कायनात की तरह उभरती है–

तमाम उम्र जहाँ हंसते-खेलते गुज़री
अब उस गली में भी हम डरते-डरते जाते हैं

–

चले थे और किसी रास्ते की धुन में मगर
हम इत्तेफ़ाक से तेरी गली में जा निकले

–

कुछ यादगारे-शहरे-सितमगर ही ले चलें
आए हैं इस गली में तो पत्थर ही ले चलें

–

तेरी गली में बहुत देर से खड़ा हूँ मैं
किसी ने पूछ लिया तो जवाब क्या दूंगा

–

तेरी गली में सारा दिन
दुख के पत्थर चुनता हूँ

नासिर काज़मी के लिए फूल सिर्फ़ फूल नहीं होता। वो एक मौसम का प्रतीक होता है। इसी तरह, नासिर की शायरी में गली सिर्फ़ गली नहीं होती। वो स्मृतियों का पानी बनकर उभरती है तो वो तहज़ीब का और सम्बन्धों का मर्कज़ बन जाती है। नासिर जब गली को केन्द्र में रखकर शेर कहते हैं तो गली का एक मंज़र बाहर खुलता है, दूसरा मंज़र, यादों की गठरी खोलता हुआ महसूस होता है।

नासिर के लिए शहर का होना किसी आबादी का होना भर नहीं। शहर यानी समाज। यानी कल्चर। यानी तहज़ीब। लेकिन नासिर की शायरी में शहर की आमद कम है। रात, दीवार, बारिश, पत्थर, गली के प्रतीक ज़्यादा हैं और वो इतने ताज़ादम हैं कि हमेशा नए-से प्रतीत होते हैं–

बचपन में भी वही खिलाड़ी बना है अपना मीत
जिसने ऊँची डाल से तोड़े ज़र्द सुनहरी बेर!

एक शेर में जब समय और प्रकृति के बिम्ब साथ-साथ गूँजने लगें तो शेर बड़ा हो जाता है। यह शेर इसलिए बड़ा है कि इसमें स्मृतियाँ, प्रबल भावना के साथ प्रकट होती हैं। कितने लोकरंग हैं इस शेर में! इस सबके अतिरिक्त नासिर ने अपने 'मीत' को कितनी मोतबर शख़्सियत अता की है कि मीत हमेशा बेरी की ऊँची डाल से ही बेर तोड़ता था। शेर में खेल है। शेर में प्रेम है। शेर में मित्रता है। शेर में यादें हैं। शेर में लोकरंजना का तत्व है। प्रेम का अधूरापन, नासिर की ग़ज़लों के अश्आर को पुख़्ता और मुकम्मल बना देता है–एक तुम ही न मिल सके वरना/मिलने वाले बिछुड़-बिछुड़ के मिले।

यह प्रेम के टूटने और शायरी की सम्पूर्णता का आख्यान है। नासिर की अधिकांश शायरी में यही आवेग है–

जो पाया है वो तेरा है
जो खोया वो भी तेरा था

नासिर की यह ख़ूबी है कि अश्आर में प्रेम केन्द्रित भाव होते हैं तो वो सूक्ष्म अनुभूतियों, गहरे, जज़्बे, ताप और स्मृतियों के बीहड़ से होकर आते हैं।

नासिर कहते हैं, "दरिया उस शख़्स को बहता दिखाई देता है, जिसके अपने अन्दर एक बहता हुआ दरिया हो।" नासिर काज़मी की शायरी, भावनाओं के बहते दरियाओं की शायरी है। यह दरिया जो शायरी में (भाव, स्मृति, अनुभव, इमेजिस के रूप में) दिखाई देता है, वो दरिया उनके अपने अन्दर भी तो है। तभी तो प्रेम के टूटने के क्षण, किसी उदास लय की तरह उनके अश्आर में सुनाई देते हैं–

ऐ दोस्त, हमने तर्के मुहब्बत के बावजूद/महसूस की है तेरी ज़रूरत कभी-कभी

नासिर काज़मी सादगी को इतना उज्ज्वल बना देते हैं कि उनके सरलता से भरपूर शेर भी अपनी चमक-दमक और धमक रखते हैं। आसान शायरी कुछ अरसे बाद अपना रंग खो देती है। शेर फीके पड़ जाते हैं, लेकिन नासिर काज़मी की शायरी का चमत्कार है कि वो वक़्त के साथ-साथ और ज़्यादा प्रभावशाली हुई है। उनकी छोटी बहर की ग़ज़लें 'हांट' करती हैं, ख़ास तौर से 'पहली बारिश' शीर्षक से लिखी गई चौबीस ग़ज़लें।

'बर्गे नै' ग़ज़ल-संग्रह (बांसुरी की आवाज़) इक्कीस साल की उम्र में प्रकाशित हुआ। पहले संग्रह में नासिर काज़मी ने उर्दू शायरी में हलचल पैदा की। नई सोच, नए भाव, नई ऊर्जा, नए और सीधे-सादे लफ़्ज़। उस संग्रह में मोहाज़िर होने की वेदना के साथ-साथ, पीछे छूट गए अहबाब, शहर, गलियों, दरख़्तों की अटूट यादें हैं। बिल्कुल यहीं वो अपने-आप को अजनबी मुसाफ़िर और उदास शायर भी कहते हैं। 'पहली बारिश' उनवान से उन्होंने जो ग़ज़लें लिखीं यो उनकी मृत्यु के बाद प्रकाशित हुआ। 'दीवान' संग्रह भी उनकी मौत के बाद छपा लेकिन चौबीस ग़ज़लों ने सबको विस्मित कर दिया।

'पहली बारिश' शीर्षक से नासिर काज़मी ने जो ग़ज़लें कहीं, वो नया और चकित कर देने वाला प्रयोग है। सभी ग़ज़लें न सिर्फ़ एक ही 'बहर' में हैं बल्कि एक 'कांटीन्यूटी' भी है। इन ग़ज़लों में प्रेम, मित्रता, बारिश, धूप, आग, शहर, पत्थर, पानी, दरिया, बस्ती आदि के अनेक रूप, अहसास और दृश्य हैं। कुदरत के मंज़र यहाँ हैरान करने वाले हैं। इन ग़ज़लों में बिम्ब की रचना, इतनी दिलकश, विचित्र

और तसव्वुरआमेज़ है कि आभास ही नहीं होता कि दो आसान-से मिसरे मिलकर, छोटा-सा संसार रच डालेंगे। कुछ शेर ग़ौरतलब हैं–

तेरे घर के दरवाज़े पर
सूरज नंगे पांव खड़ा था

–

दीवारों से आंच आती थी
मटकों में पानी जलता था

–

एक तरफ़ कुछ कच्चे घर थे
एक तरफ़ नाला चलता था

–

लाल खजूरों की छतरी पर
सब्ज़ कबूतर बोल रहा था

छोटी बहर की इन ग़ज़लों ने उर्दू शायरी में ख़ासा मुक़ाम हासिल किया है। यहाँ सिर्फ़ मिसरों का या अश्आर का होना नहीं। हर शेर में गहरी रागात्मकता, याद, सोच, शऊर, संज्ञान और अनुभूति का नुकीलापन है। यहाँ सरलता है लेकिन यही सरलता मुग्ध करती है। यह सरलता इकहरी नहीं। इस सरलता के पस:मंज़र नासिर काज़मी के अनुभव और चिन्तन का सरमाया भी दिखाई देता है। इन ग़ज़लों में बहर एक है और रदीफ़ (था) भी एक ही है। हैरान करने वाली बात है कि क़ाफ़िया (अलिफ़ का खुला काफ़िया) भी एक। यथा–जलता, खुला, उठा, चला गया, रहा, जाता, बिखरा, आईना, पूछा आदि। इन प्रयोगधर्मी ग़ज़लों की मख़्सूस बात यह है कि मिसरे ही नहीं, शब्दों में भी संगीत-सा सुनाई देता है। नासिर की शायरी में जीवन का जटिल दर्शन अश्आर की सरलता में नुमायां होता है तो समय का मुश्किल कार्यव्यापार, ग़ज़लों के नाद में गूंजता चला जाता है। मिलन से गमन तक की यात्रा इन ग़ज़लों में है। यही नासिर काज़मी का ध्यान है और यही ध्यान यात्रा भी।

नासिर काज़मी की ग़ज़लों में तन्हाई, अकेलापन और अजनबीयत जैसे तत्व मुखर होते हैं। लेकिन नासिर यारबाश और बेपनाह मुहब्बत करने वाले, दोस्तों के बीच रहने वाले शायर थे। उन्होंने शायरी में जो लहजा, सोच और शैली ईजाद की उसका भी दबदबा था।...लेकिन नासिर ऐसे शायर भी थे जो अपने व्यक्तित्व के

प्रबल विरोधी बनकर खड़े होने का साहस रखते थे। एक मुशायरे में उन्होंने चार ग़ज़लें तरन्नुम में पढ़ीं। ख़ूब दाद मिली। उन्हें महसूस हुआ कि ये सब तरन्नुम की वजह से हुआ है। इसके बाद उन्होंने कभी तरन्नुम में ग़ज़लें नहीं पढ़ीं। नासिर स्पष्ट करते हैं, "तहतुल-लफ़्ज़ में जो 'ज़ोन ऑफ़ साइलेंस बनता है, वो तरन्नुम में अदा नहीं हो सकता। तरन्नुम शेर की ख़ूबियों को खा जाता है।"

नासिर कहते हैं, "शायर को अपने जैसा लिखना चाहिए।"

नासिर की पूरी शायरी उनके 'अपनी जैसी' है–नई सोच और नई संवेदना से भरपूर। यह शायरी नए ज़माने के तकाज़ों को न सिर्फ़ पूरा करती है बल्कि नए ज़माने के अनुभवों की धड़कन भी बनती है।

क्या मैं तुमको याद नहीं हूँ
गंगाजी और जमुनाजी—जॉन एलिया

जॉन एलिया ने जदीद ग़ज़ल में एक अलग तरह की शैली का सृजन किया। यह शैली यानी शेर कहते हुए अल्फ़ाज़ से खेलना। ग़ज़ल में अल्फ़ाज़ के खेल पहले भी थे लेकिन जॉन एलिया ने इस खेल को अपनी शैली का रूप देकर ग़ज़ल में हैरान करने वाले तजुर्बे किए। उस्ताद शायर कभी-कभार शेर के भीतर लफ़्ज़ों से खेलते हुए, चमत्कार पैदा करते, लेकिन ऐसा कभी-कभार होता।

जॉन एलिया ने इस उस्तादाना कला को अपनी ग़ज़लों में हद दर्जे के साथ दाख़िल किया। उन्होंने लफ़्ज़ों के खेल खेले। उन्हें चकमक पत्थरों की तरह रगड़ते हुए चिंगारियां पैदा कीं तो कभी भावनात्मक स्तर पर रूहानी संगीत पैदा किया। पहले मिसरे के लफ़्ज़ दूसरे मिसरे में लाकर यक-ब-यक हैरान करते हुए कोई मौजूं बात कह देना—यह जॉन के बस की बात थी। कुछ शेर इसी सिलसिले में ग़ौरतलब हैं—

अब क्या फ़रेब दीजिए और किसको दीजिए
अब क्या फ़रेब खाइए और किससे खाइए

—

यूं तो मरना है एक बार मगर
हम कई बार मरने वाले थे

—

वजूद एक तमाशा था हम जो देखते थे
वो अब भी एक तमाशा है अब भी आ जाओ

—

सीना-ब-सीना, लब-ब-लब एक फ़िराक़ है कि है
एक फ़िराक़ है कि है एक फ़िराक़ क्या नहीं

शेरीयत की यह उस्तादाना तरकीब है। शब्दों से खेल खेलते हुए, शेर का हो जाना मामूली बात नहीं। शेरगोई की यह अदा हुनरमन्दी से ज़्यादा फ़नकारी है। पहले मिसरे के लफ़्ज़, बड़ी एहतियात और शऊर के साथ दूसरे मिसरे में ले आना। एक तक़रार-सा पैदा करना। एक संवाद-सा पैदा करना। बात साधारण हो और उसे असाधारण रूप दे देना। दो मिसरों का रंगमंच बना देना और शब्द। एक या दो शब्द कई सारी भूमिकाएँ निभाते नज़र आएँ।

वो दौर जब ग़ज़ल में पुराने मिथ और बंदिशें टूट रही थीं, नएपन का दौर था। इसके बावजूद प्रेमिका के लिए प्रेमिका या महबूब या 'वो' या फिर 'जाना' जैसे सम्बोधन मनसूब थे। ये जॉन एलिया थे जो प्रेमिका या महबूब के स्थान पर सीधे-सीधे 'लड़की' शब्द का प्रयोग करते हैं। इतना ही नहीं उसके लिबास की विशेषता तक पर शेर कहते हैं।

जिस दिन वो मिलने आई थी उस दिन की रूदाद ये है
उसका ब्लाउज़ नारंगी था उसकी साड़ी धानी थी

तथा

मुझसे बिछुड़कर भी वो लड़की कितनी ख़ुश-ख़ुश रहती थी
उस लड़की ने मुझसे बिछुड़कर मर जाने की ठानी थी

जॉन बिल्कुल साधारण बात कहते हैं। साधारण लिखकर, बात को ताक़तवर और शेर को मेयारी बना देने की फ़नकारी जॉन के पास थी।

जॉन एलिया के यहाँ पुराने ख़्यालात का विद्रोह है। वो एक ऐसे विद्रोही शायर हैं जिनमें अतिक्रमण का दुस्साहस है और अपनी रचनात्मकता पर ग़ज़ब का विश्वास है। वो शिल्पगत हदों को मानते हैं तो शैलीगत हदों की अच्छी-ख़ासी तोड़फोड़ करते हैं। उनकी ग़ज़लों में आधुनिकता और परम्परा का क्लासिक गठजोड़ है। जॉन एलिया ऐसे जदीद शायर हैं जिनकी शायरी में इश्क़ देहराग की तरह है तो किसी फ़लसफ़े की तरह भी। जब वो कहते हैं—अब फ़क़त याद रह गई है तिरी। अब फ़क़त तेरी याद भी कब तक?...कब तक। पर जब शेर समाप्त होता है तो कुछ टूटता हुआ-सा महसूस होता है। टूटने की आवाज़ें बेहद मद्धम हैं, अगरचे सुनाई देती हैं। दिल लरज़ता है। एक हूक सी उठती है।

उनकी ग़ज़लों में इश्क़ का हरहराता दरिया है। शायर का इश्क़ के किनारों से कोई रिश्ता नहीं। किनारों से बग़ावत करता हुआ शायर, इश्क़ के दरिया और उसके तलातुम (भंवर) पर जानिसार है। यहाँ इश्क़ है और सौदाईपन है। जज़्बा है। ख़लिश है। तड़प है। उद्दाम इच्छाएँ हैं। और एक ऐसा अकथ संसार जो प्रबल भावनाओं के रास्ते से होकर जाता है। कुछ अश्आर–

बहुत नज़दीक आती जा रही हो
बिछुड़ने का इरादा कर लिया क्या

–

नया इक रिश्ता पैदा क्यूं करें हम
बिछुडना है तो झगड़ा क्यूं करें हम

–

मिल रही हो बड़े तपाक के साथ
मुझको यकसर भुला चुकी हो क्या

(यकसर-बिल्कुल)

अजनबी-सा एक मौसम एक बेमौसम-सी शाम
जब उसे आना नहीं था जब उसे आना भी था

ये नए क़िस्म की शायरी है। यहाँ इश्क़ है। इश्क़ करने वाले नौजवान किरदार में जो हाहाकार होता है–अव्यक्त। वो इन अश्आर में है। ज़रा ग़ौर करें। किरदार एक है–मैं। लेकिन उसके समय अनेक हैं। हर दिन, हर पल, एक नई 'मूमेंट' है। जब उसे आना नहीं था, जब उसे आना भी था। कशमकश की अभिव्यक्ति इस मिसरे में जितनी शिद्दत से हुई है, वो बेमिसाल है।

जॉन एलिया इश्क़ के अश्आर में भी ज़िन्दगी के दर्शन को खोज लेते हैं। शेर बहुत सरल बात बहुत गहरी। अब वो कहते हैं–मिल रही हो बड़े तपाक के साथ/ मुझको यकसर भुला चुकी हो क्या? यहाँ सवाल है। सवाल में एक 'डर' सा है। तपाक से मिलता हुआ शख़्स कई बार वास्तविक दिखाई नहीं देता। जॉन कहते हैं–बिछुड़ना है तो झगड़ा क्यूँ करें हम? कितना मासूम है ये मिसरा। और इस मासूम कथन के पस:मंज़र जो अकथ वेदना है, वही तो शेर की पूंजी है।

जॉन एलिया की शायरी का विस्तार हैरान करता है। हर लम्हा रंग बदलती उनकी शायरी, जैसे मन के भाव, विभाव और अभाव पर बेहद सूक्ष्म तबसरा हो।

जॉन एलिया आसान लिखते हैं और शेरगोई की इस तरकीब में बड़ी ख़ूबसूरती से ऐसी पेचीदगी खड़ी करते हैं कि ग़ज़लों को पढ़ने-सुननेवाले सम्मोहन में घिर जाते हैं।

जॉन एलिया अपने अन्दर कितने सारे जॉन एलिया रखते थे।

जॉन एलिया विद्वान थे। उर्दू, फ़ारसी और अंग्रेज़ी के ज्ञाता, अरबी के जानकार। यही वजह है कि जॉन एलिया की ग़ज़लों में एक विद्वान शायर की उपस्थिति महसूस होती है तो एक स्वच्छंद प्रेमी का देहराग भी। बिल्कुल यहीं, एक चिन्तक की मौजूदगी ने जॉन की ग़ज़लों को बहुत गम्भीर और विमर्शतलब भी बनाया है।

बात उनकी शायरी में चिन्तन तथा भारतीय दर्शन की हो रही थी। शेर है–

अब हमारा मकान किसका है
हम तो अपने मकां के थे ही नहीं

जॉन अमरोहा के लोगों से पूछ रहे हों जैसे-अब हमारा मकान किसका है? इस सवाल में यादें हैं और यादों के पस:मंज़र मकान छोड़ने का दुख। यहाँ दुख जॉन के अकथ में है। यह शेर का सीधा-सा अर्थ है जिसमें स्मृतियों की गूंज है।

दूसरा अर्थ ज़्यादा मानीख़ेज़ है। ज़रा मकान लफ़्ज़ पर ग़ौर करें। मकान यानी देह। यानी जिस्म। देह त्याग के बाद यह मकान (यानी जिस्म) किसका होगा?...हम तो अपने मकां के थे ही नहीं। यानी, हम तो पहले ही विदेह थे।

बुल्लेशाह भी इस शरीर को 'कोठा' कहते हैं यानी कमरा या मकान।

जॉन एलिया की ग़ज़लों में इश्क़ की प्रबल भावना है तो ज़िन्दगी के प्रति लगाव और तड़प का भी अहसास है और इसी अभिव्यक्ति में कठिन दिनों की छटपटाहट भी है।

जो गुज़ारी न जा सकी हमसे
हमने वो ज़िन्दगी गुज़ारी है

–

चलो बादे बहारी जा रही है
पिया जी की सवारी जा रही है

एक नाटक है ज़िन्दगी जिसमें
आह की जाए, वाह की जाए

आह और वाह के बीच ज़िन्दगी का नाटक। जॉन बहुत नज़दीक से इस नाटक को देखते रहे। या कहें कि वो ख़ुद ही तो मख़्सूस किरदार रहे इस नाटक का।

सराय, कारवां, मुसाफ़िर, पियाजी की सवारी...ये सब प्रतीक उस नश्वर ज़िन्दगी के ही तो हैं जिसे मुद्दतों से नाटक की तरह खेला जा रहा है। ग़ालिब कहते हैं–काग़ज़ी है पैरहन। तो आधुनिक दृष्टि सम्पन्न शायर जॉन एलिया कहते हैं–

कौन इस घर की देखभाल करे...

इतना साफ़ शफ़्फ़ाक शेर। नए वक़्तों पर तबसरा करता हुआ। एक ओर सम्बन्धों के विखण्डन की मार्मिकता है इस शेर में। टूटने की आवाज़ें हैं। दूसरी तरफ़ यह शेर नश्वरता की ओर संकेत करता है कि चीज़ें सलामत नहीं रहतीं, टूटना उनकी नियति है।

लेकिन शेर में शायर की जो 'लापरवाही' है क्या वो सचमुच लापरवाही है? इस लापरवाही के पस:मंज़र एक नाराज़गी और ख़लिश का भाव भी है।

टूटना एक अनिवार्य मूल्य है सृष्टि का। तो फिर जॉन इस फ़लसफ़े को ख़ूब समझ-बूझ कर कहते हैं–'जहाँ रहियो वहाँ अक्सर न रहियो।'

जॉन की एक ग़ज़ल अठारह शेर की है जिसमें टूटने-बिखरने की पीड़ा है। अकेलेपन की ख़राशे हैं। एक अजीब सी तड़प है। बेकली है। बेशक अस्तित्व का दर्शन है। बेशक है लेकिन ग़ज़ल में मैं पात्र शेर कहते हुए ऐसा प्रतीत होता है जैसे किसी रूठे हुए, बहुत अपने को मना रहा हो। कुछ शेर–

तुम्हें था नाज़ बहुत जिसकी नामदारी का
वो सारे शहर में रुस्वा है अब भी आ जाओ
है मेरे दिल की गुज़ारिश कि मुझको मत छोड़ो
ये मेरी जां का तक़ाज़ा है, अब भी आ जाओ
मै यां से जाने ही वाला हूँ अब, मगर अब तक
वही है घर, वही हुजरा है, अब भी आ जाओ

(हुजरा कोठरी)

जॉन एलिया का जन्म 14 दिसम्बर 1931 को उत्तर प्रदेश के अमरोहा में हुआ। स्थानीय मदरसे के अलावा जॉन ने देवबन्द के प्रसिद्ध मदरसे में भी कुछ समय तक तालीम हासिल की। बेशक, जॉन ज़ाती तौर से कम्युनिस्ट विचारधारा के पैरोकार

थे लेकिन बंटवारे के बाद, कुछ मुश्किलों और मजबूरियों के कारण 1957 में पाकिस्तान के कराची शहर में जा बसे।

जॉन की ग़ज़लों में बेशक प्रेम के घने गाढ़े अनुभव मिलते हैं। हर शय की इंतिहा। अपार प्रेम। अपार दुख। अपार क़िस्म का इन्तज़ार। अपार क़िस्म की नाराज़गी। बहुत कुछ हासिल करने की उद्धाम इच्छा और कुछ न बन पाने का क्षोभ। तड़प। ख़लिश और अवसाद।

एक और पक्ष भी है जॉन एलिया की ग़ज़लों का। वहाँ स्मृतियों की गूँज है और उस गूँज में गुज़िशता कोई अदृश्य-सी छवि लेकर सामने आ खड़ा होता है। जहाँ-जहाँ स्मृतियाँ हैं वहाँ जुदाई का मंज़र है और फ़ासलों की पदचाप है। कुछ अश्आर–

उस गली ने ये सुन के जब्र किया
जाने वाले यहाँ के थे ही नहीं

–

ऐ फ़क़ीरो! गली के उस गुल की
तुम हमें अपनी ख़ाके-पा भेजो

–

मैं जो था उस गली का मस्त ख़िराम
उस गली में मेरी चली ही नहीं

'गली' नासिर काज़मी की ग़ज़लों में भी कई बार आ खड़ी होती है। वो कहते भी हैं–आए है इस गली से तो पत्थर ही ले चलें। गली नासिर के लिए स्मृतियों का सरमाया है।

सातवें-आठवें दशक में जब जॉन एलिया पाकिस्तान में अपनी मक़बूलियत दर्ज करा चुके थे, उन्हीं दिनों में हिन्दोस्तान आए। हिन्दोस्तान वो आते ही रहते थे। वो अमरोहा के थे और अमरोहा की यादें उन्हें खींच लाती थीं। उस वक़्त वो मुम्बई में आए। मुशायरे में शिरकत की। बाकी ग़ज़लों के अलावा उन्होंने दो ऐसी ग़ज़लें सुनाई जिसमें हिन्दुस्तान की मिट्टी की बू-बास बोलती हुई महसूस हुई। जिस हार्दिकता से, तपाक से, तमतराक से उन्होंने ये ग़ज़लें सुनाई, उसका घना-गाढ़ा प्रभाव 'धर्मयुग' के सम्पादक धर्मवीर भारती पर भी पड़ा और 'धर्मयुग' के पूरे पृष्ठ पर, अपने सम्पादकीय के साथ दोनों ग़ज़लें छापी।

जॉन एलिया की उन्हीं दो ग़ज़लों के प्रमुख अश्आर यहाँ प्रस्तुत हैं–

मत पूछो कितना ग़मगीं हूँ गंगाजी और जमुनाजी/क्या मैं तुमको याद नहीं हूँ गंगाजी और जमुनाजी/अपने किनारों से कही दीजो आंसू तुमको रोते हैं/अब मैं अपना सोगनशी हूँ गंगाजी और जमुनाजी। दूसरी ग़ज़ल के कुछ शेर–

हम आंधियों के बन में किसी कारवां के थे
जाने कहाँ से आए थे जाने कहाँ के थे
मिलकर तपाक से न हमें कीजिए उदास
ख़ातिर न कीजिए कभी हम भी यहां के थे
क्या पूछते हो नामो-निशाने-मुसाफ़िरां
हिन्दोस्तां में आए हैं हिन्दोस्तां के थे।

मौसम, लोग, अमरोहा, बान नदी, आंधियाँ, कारवां, आंसू और गंगाजी तथा जमुनाजी।

इन प्रतीकों के ज़रिये व्यक्त की गई ग़ज़लों में एक ऐसे शायर की तड़प और कुछ अनकही-सी वेदना है जो ग़ज़ल के अश्आर में महसूस होती है। वो उस ज़मीन पर खड़ा शेर सुना रहा है जिस ज़मीन को वो छोड़ चुका है। इस व्याकुलता के पस:मंज़र पश्चाताप की भी अनुभूति है। दोनों ग़ज़लें आख्यान रचनाएँ हैं–स्मृतियाँ जिनमें किसी जलतरंग की तरह गूँजती हुई महसूस होती हैं। यहाँ शायर का उस ज़मीन से बड़ी मार्मिकता से संवाद है जो अब उसकी नहीं।

जॉन को यक़ीनन बेहद तकलीफ़ हुई होगी–हिन्दोस्तां में आए हैं हिन्दोस्तां के थे। और यह मिसरा–'मिलकर तपाक से न हमें कीजिए उदास।' जॉन तो यह अहसास कराना चाहते हैं कि यह ज़मीने-हिन्द अब भी मेरी है। अब भी मेरा घर यहीं-कहीं है और और-और आप मुझे अपने घर में मेहमान समझने लगे।

सबसे ज़रूरी बात। पहली ग़ज़ल और उसका रदीफ़। रदीफ़ है–गंगाजी और जमुनाजी। पूरी ग़ज़ल में जॉन एलिया गंगा और जमुना से जैसे बात कर रहे हों। शेर कहने का यह अन्दाज़, अनोखा, आत्मीय और सम्मोहक है। वो तो है। एक और बड़ी बात। पूरे हिन्दोस्तान में हर शख़्स गंगा को गंगा और जमुना को जमुना कहता है लेकिन जॉन एलिया हैं कि गंगा को गंगाजी और यमुना को जमुनाजी कहते हैं। शेर के आख़िर में गंगाजी और जमुनाजी की गूंज। शायर ख़ुद गंगा और जमुना बन जाता है।

जॉन की यह ख़ूबी है कि वो एकाकार कर लेते हैं। लेकिन विडम्बना यह भी है वो जिस चीज़ को जिस वक़्त अपना रहे होते हैं, इसी वक़्त, उसे छोड़ भी

रहे होते हैं। 'तू इस बस्ती में रहियों पर न रहियो—यह मामूली मिसरा नहीं। बेशक, सूफ़ियाना अनुभूति है यहाँ। दूसरी बात इस शेर से यह भी निकल कर आती है कि जॉन एलिया एक अस्थिर, बेचैन और जीवन की वास्तविकताओं की तोड़-फोड़ करने वाले शायर हैं।

जॉन एलिया अपनी ज़िन्दगी के हर दौर में और हर क्षेत्र में हैरान करते हैं। क्या यह हैरान करने वाली बात नहीं कि उनका पहला शायरी का मजमुआ साठ की उम्र में प्रकाशित हुआ। 'शायद' उनका ग़ज़ल संग्रह 1991 में छपा। साठ की उम्र में बहुत सारे जदीद शायर तो मृत्यु को प्राप्त हो चुके थे। यह हैरान करने वाली बात है कि बेहद मक़बूल और लोकप्रिय शायर जॉन एलिया जिनका पहला ग़ज़ल-संग्रह साठ की उम्र में छपा।

बात दरअसल ये भी है कि जॉन एलिया अपनी ग़ज़लों की चलती-फिरती किताब थे। उनकी इतनी शोहरत थी कि किताब की ज़रूरत ही महसूस नहीं हुई थी उन्हें। यही शोहरत उनकी अवसाद की ओर भी ले गई उन्हें इस बात का गुमान और अभिमान था कि उनके जैसी ग़ज़लें कोई लिख ही नहीं सकता।

जॉन एलिया कुछ मजबूरियों के रहते 1957 में पाकिस्तान जा बसे और कराची में रहने लगे। इस हिजरत का ग़म उन्हें ताउम्र पीड़ा पहुँचाता रहा। और ताउम्र वो दो-फांक रहे। दिल का एक हिस्सा कराची, दिल का दूसरा हिस्सा अमरोहा।

जॉन एलिया 'इंशा' पत्रिका के सम्पादक भी रहे। वहीं उनकी मुलाक़ात उर्दू की प्रसिद्ध लेखिका और पत्रकार ज़ाहिदा हिना से हुई। 1970 में ज़ाहिदा हिना से निकाह हुआ और 1980 में तलाक़।

जॉन एलिया उर्दू, फ़ारसी और अंग्रेज़ी भाषा के ज्ञाता थे। वो विद्वान थे। शायर थे। अनुवादक और सम्पादक भी थे। फ़ारसी और अरबी ज़बान की आठ किताबों का उर्दू में अनुवाद भी जॉन एलिया ने किया।

जॉन एलिया के अब तक उर्दू में पांच ग़ज़ल-संग्रह प्रकाशित हुए हैं—'शायद' (1991), 'यानी' (2003), 'गुमान' (2004), 'लेकिन' (2006) 'गोया' (2008)। उनके जीवन काल में केवल एक ग़ज़ल-संग्रह 'शायद' (1991) ही प्रकाशित हुआ। बाक़ी किताबें उनकी मृत्यु के बाद प्रकाशित हुईं। जॉन एलिया को क्षय रोग हुआ और 8 नवम्बर 2002 को इसी क्षय रोग से जॉन की मृत्यु हुई। जॉन अपने अश्आर में अपनी बीमारी का संकेतों में जिक्र करते रहे हैं—उनके अश्आर में अनेक बार 'ख़ून थूकना' तथा 'ख़ून की गुलकारियाँ करना' इस्तेमाल हुआ है।

जॉन एलिया के आख़िरी कुछेक साल बड़ी मुश्किलों भरे रहे। टी.बी जैसी बीमारी। अकेलापन। अवसाद। मित्र विहीनता, आर्थिक संकट और कुछ हासिल न हो पाने की छटपटाहट। शायद ये शेर उन्होंने इसी अवस्था में कहे होंगे–

मैं अब हर शख़्स से उक्ता चुका हूँ
फ़क़त कुछ दोस्त हैं और दोस्त भी क्या

तथा

तुम्हारी शायरी क्या है भला, भला क्या है
तुम अपने दिल की उदासी को गाने लगते हो

बड़ी सजधज, तमतराक़ और आत्म अभिमान में रहने वाले शायर जॉन एलिया अपने आख़री दिनों में अंधेरे बन्द कमरे में रहने लगे थे। ख़ालिद अहमद अंसारी जॉन के विषय में लिखते हैं–"ये दिन जॉन एलिया के लिए अज़ाब के दिन थे। ज़िन्दगी की सारी ख़्वाहिशों को तर्क करके जॉन कमरानशीन हो गए थे। ख़्वाब देखने वाला, सोचने वाला, ख़्वाबों से किनाराकश हो गया था।"

जॉन एलिया की पूरी शायरी में प्रबल भावनाओं की अनुभूतियाँ हैं। मिलने-बिछुड़ने, घर के तामीर होने और उसके टूटने की आवाज़ें, सम्बन्धों के होने और न होने की महसूसियत के अतिरिक्त, अपनी ज़ात को एक ख़ास रुतबा देने की कोशिश तथा सामाजिक व्यवस्था से लेकर ज़िन्दगी से जुड़ी हुई हर शय तक से प्रतिवाद। यहाँ तक कि ग़ज़ल की पुरानी तहज़ीब और शैली से भी प्रतिवाद।

जॉन की ग़ज़लगोई में अजब तरह की सरगर्मी, इश्क़ का ताप, विखंडन की उदासी, ज़िन्दगी से जद्दोजहद, सामाजिक रूढ़ियों से तक़रार के जो टापू हैं (और एक अव्यक्त-सा उजाड़ भी है) यही जॉन एलिया हैं और उनकी शायरी/अपनी आत्मछवि (नारसिज़्म) गढ़ते हुए, एक नया उस्लूब रचते हुए, लफ़्ज़ों से खेलते हुए, मिसरों की नई तर्ज़ और ग़ज़लों में मुख़्तलिफ़ अन्दाज़े-बयां, इश्क़ का तिलिस्म, जीवन-मृत्यु का द्वन्द्व, गंगा-जमुना को याद करते हुए, अमरोहा स्टेशन के प्लेटफार्म पर (रेलगाड़ी से उतरकर) नतमस्तक होते हुए– जॉन एलिया शायरी की दुनिया में अपना एक अलग टापू बनाते प्रतीत होते हैं।

जॉन एलिया इश्क़ के ज़रूरी शायर हैं। जॉन एलिया शायरी में जदीदियत की ज़रूरी किताब हैं।

इंशा जी उठो अब कूच करो—इब्ने इंशा

इब्ने इंशा की शायरी एक ऐसे ग्रामीण किसान की शायरी है जो ग़ज़ल जैसी नफ़ीस और नागरिक सिंफ (विधा) की तमाम नागरिक औपचारिकताओं और नफ़ासत को तोड़ते हुए, अपना एक नया लबो-लहजा, नया रंग, नया मुहावरा और नया मिज़ाज रचती है। यह साहसिक बदलाव आकर्षित करता है और हैरान भी।

ग़ज़ल का यह रंग-रूप, अक्खड़ और फक्क़ड़ मिज़ाज, इंशा की ग़ज़लों को बेतकल्लुफ़ और आत्मीय बनाता है। इंशा, लम्बी बहरों को चुनते हैं और फिर बड़ी बेपरवाही से, नए से नए प्रयोग करते चलते हैं। वो शिल्पगत हस्तक्षेप नहीं करते। लेकिन शैलीगत प्रयोग इस हद तक कि चकित हो जाना पड़ता है। वो सारी आज़मूदा हदबंदियों को ध्वस्त करते हुए, नए उस्लूब (शैली) को जन्म देते हैं और वही शैली उनका अन्दाज़े-बयां बन जाती है–जो तमाम समकालीन शायरों से मुख्तलिफ़ है और अनूठी भी।

इंशा के प्रयोग चकित करते हैं। वो एक नई भाषा (लगभग हिन्दी) को अपनी ग़ज़ल भाषा बनाते हैं। बिल्कुल वहीं, इंशा मक़्ते का प्रयोग करते हुए भी हैरान करते हैं। तख़ल्लुस ग़ज़ल के आख़िर में इस्तेमाल होता रहा है। यही रवायत भी है। लेकिन इंशा तो इंशा ठहरे। ग़ज़ल में अपना विधान रचने वाले। वो बहुत सारी ग़ज़लों में, बिल्कुल शुरू में (यानी मतले में–ग़ज़ल का पहला शेर) तख़ल्लुस का इस्तेमाल करते हुए एक नई रवायत को जन्म देते हैं।

उदाहरण के तौर पर उनकी दो ग़ज़लों से दो शेर–

इंशा जी उठो अब कूच करो इस शहर में जी का लगाना क्या
वहशी को सुकूं से क्या मतलब, जोगी का नगर में ठिकाना क्या

तथा

इंशा जी है नाम इन्हीं का चाहो तो इनसे मिलवाएँ
इनकी रूह दहकता लावा हम तो इनके पास न जाएँ

दोनों अश्आर में ग़ज़ल का आरम्भ इंशा के अपने नाम से होता है। वो तो सब ठीक। उन्होंने तख़ल्लुस की पुरानी रवायत (तख़ल्लुस का आख़िरी शेर में प्रयोग) को तोड़ा। लेकिन एक और ख़ास बात। वो अपने नाम यानी तख़ल्लुस के साथ 'जी' का प्रयोग करते हैं और ग़ज़ल में वो 'इंशा जी' हो जाते हैं। उर्दू जबान में जनाब, मोहतरम, हुज़ूर, साहब जैसे आदरसूचक शब्द तो हैं। फिर यह 'जी' कहाँ से आया जिसे इंशा अपने नाम के साथ पुरलुत्फ़ अन्दाज़ में करते हैं? इब्ने इंशा विभाजन के दौरान जब पाकिस्तान गए तो हिन्दुस्तान की स्मृतियों के अलावा यहाँ की तहज़ीब (जिसमें 'जी' शब्द भी था) अपने साथ ले गए। तहज़ीब के साथ-साथ पंजाब के लोक-गीतों की गूँज भी अपने साथ ले गए। वही लोकगीतों की गूँज इब्ने इंशा की ग़ज़लों में मुसलसल महसूस होती है।

बहरहाल, पहले शेर की बात करें। लम्बी बहर। ग़ज़ल में बहते हुए दरिया जैसी रवानी। और इस शेर में कूच करने की बात। यह बात वो और किसी से नहीं कर रहे। ख़ुद से कह रहे हैं। ख़ुद से मुखातिब होते हुए–'इंशा जी, उठो'। ऐसा प्रतीत होता है जैसे एक इंशा, दूसरे इंशा से कह रहा है–इंशा जी उठो अब कूच करो। इसलिए कूच करो कि आप जोगी हो। जोगी का शहर में ठिकाना क्या? यहाँ शायर जोगियों के रूप में है। और जोगी किसी मोह-माया में नहीं फंसते–इस शहर में जी का लगाना क्या?

बहुत देर से बैठे एक इंशा को, दूसरे इंशा को सचेत कर रहे हैं कि यह शहर यानी, जगत केवल माया है और इस माया से बचकर निकलना अकलमन्दी है।

दूसरा शेर। पूरी ग़ज़ल में इंशा जैसे अपनी जीवन शैली (लाइफ़ प्रोफ़ाइल) प्रस्तुत कर रहे हों। वो कहते हैं–इंशा जी है नाम इन्हीं का चाहो तो मिलवाएँ–फिर, बाक़ी के अश्आर में इसी वैरागीपन का विस्तार है। ऐसा लगात है जैसे इब्ने इंशा जोगियों के डेरे पर बैठकर ग़ज़ल सुना रहे हों–

ये जो लोग वनों में फिरते, जोगी, बैरागी कहलाएँ
इनके हाथ अदब से चूमें इनके आगे सीस नवाएँ
न इनकी गुदड़ी में तांबा, पैसा ना मनके मालाएँ
प्रेम का कासा, रूप की भिक्षा, गीत ग़ज़ल दोहे कविताएँ

इंशा जी जो शायर हैं लेकिन जोगियाना मिज़ाज के शायर, जिनके पास धन दौलत नहीं है। जो है, वो प्रेम के कासे में (भिक्षापात्र में) रूप की भिक्षा है और बाक़ी जो है वो शायरी है।

इब्ने इंशा नौइयत पसन्द शायर हैं। हर बार कुछ नया कर गुजरते हैं। एक ग़ज़ल की शुरुआत 'इंशा जी' से करते हैं' तो एक अन्य नज़्म के तमाम मिसरों का आरम्भ–'फ़र्ज़ करो' से होता है।

फ़र्ज़ करो हम अहले वफ़ा हों फ़र्ज़ करो दीवाने हों
फ़र्ज़ करो ये दोनों बातें झूठी हों, अफ़साने हों

फ़र्ज़ करो ये जोग-वियोग का हमने ढोंग रचाया हो
फ़र्ज़ करो बस यही हकीकत बाकी सब कुछ माया हो

फ़र्ज़ करो-गणित में होता है। वहीं कल्पना की जाती है किसी मुश्किल सवाल को हल करने के लिए। यहाँ इंशा ग़ज़ल में उसी फ़र्ज़ करो को ले आए। और यह फ़र्ज़ करो पूरी नज़्म में (जो ग़ज़ल के मिज़ाज में लिखी गई है) इतनी सटीक उपस्थिति रखता है कि नज़्म की आत्मा बन जाता है। और आख़िर में बाकी सब कुछ माया हो–यह अभिव्यक्ति भारतीय दर्शन से छनकर आई है।

इब्ने इंशा की ग़ज़ल/नज़्मों में जोग-बियोग, कूच करना, माया, कुटिया, प्रेम का कासा, जोगी, ठिकाना आदि शब्दों/प्रतीकों में झांककर देखें तो कबीर और बुल्लेशाह का प्रभाव दिखाई देता है। इंशा पंजाब में पले-बड़े हुए। वहाँ के लोक कवियों का प्रभाव उनकी रचनाओं पर है ही, कबीर का ठाठ तो और भी अधिक है। यह फ़कीराना मस्ती उनकी रचनात्मकता के केन्द्र में है। उनकी एक प्रसिद्ध ग़ज़ल के कुछ शेर–

जोग बियोग की बातें झूठीं सब जी का बहलाना हो
फिर भी हमसे जाते-जाते एक ग़ज़ल सुन जाना हो

सावन आया भादों आया, उजड़े उजड़े मन के खेत
कोयल देवी, कूक उठाना मेघा मेंह बरसाना हो

सीधे मन को आन दबोचें मीठी बातें सुन्दर बोल
मीर नज़ीर कबीर और इंशा सबका एक घराना हो

मीर, नज़ीर, कबीर और इंशा-इन सबका एक ही घराना है। वो घराना यानी मानवतावाद। इंशा जब ग़ज़लें-नज़्में लिखते हैं तो उनके ज़ेहन में कबीर होते हैं। कबीराना ठाठ। फ़कीराना अन्दाज़। जैसे कबीर गाँव, कस्बे, गली कूचे से ज़िन्दगी के रूपक उठाते हैं और गूढ़ प्रतीकों में माया, और जगत की बातें अपने पदों, साखियों में करते हैं और गूढ़ प्रतीकों में अकथ को रचते हैं। ठीक उसी तरह इंशा अपनी ग़ज़लों/नज़्मों में करते हैं। अपनी शायरी में वो ज़िन्दगी के दुःख-सुख, जोग-बियोग, उकलाहट, बेचैनी, की बात उठाते हैं।

इस ग़ज़ल का रदीफ़ कितना अनोखा है–'हो'! ग़ज़ल में ऐसा रदीफ़ सम्भवतः पहली बार प्रयोग में लाया गया है। 'हो' में एक हुंकार है। एक हूक है। हो में जो आवाज़ है वो जोगियों के डेरे से निकली आवाज़ है। इसी ग़ज़ल के एक शेर में वो कहते हैं–कोयल देवी कूक उठाना। कोयल के साथ देवी का प्रयोग। यह है अन्दाज़े बयां। वो कोयल को कोयल देवी कहते हैं तो साधारण-सा मिसरा असाधारण हो उठता है।

अपनी शायरी की पहली किताब चांद नगर (वर्ष-1955) में वे ऐसे साधारण शब्दों के प्रयोग के विषय में कहते हैं–"एक ज़माने में ऑडन से उन्सीयात (लगाव) थी, जिससे मैंने ये सीखा कि कोई लफ़्ज़ और कोई तर्तीब गैर-शाइराना नहीं, उसे एतिमाद (विश्वास) के साथ इस्तेमाल करो। मेरे हिन्दी के थोड़े से मुतालए (अध्ययन) ने भी मुझे बहुत फ़ायदा पहुँचाया है"

यही वजह है कि इंशा शब्द प्रयोग में हद दर्जे के प्रयोगधर्मी हो जाते हैं। बेशक, हर लफ़्ज़ को वो परखकर इस्तेमाल करते हैं। यथा–

दफ़्तर से उठे कैफे में गए कुछ शेर कहे कुछ कॉफ़ी पी
पूछो जो मोअशका इंशा जी यूँ अपना गुज़ारा होता है

(ओआशका-रोज़गार)

सूफ़ियाना लय और तान से ग़ज़लों/नज़्मों को एक नया मुहावरा देने वाले इंशा, मिडिल क्लास रोज़नामचे को किस अन्दाज़ में व्यक्त करते हैं। यह कैफ़ियत, जिसमें मिडिल क्लास की ऊब है और सपाट जीवन शैली भी।

वो अपने समय की जटिलताओं और तन्त्र के फ़रेब से क्षुब्ध हैं। शायद इसलिए वो शहर से कूच करने की बात करते हैं। ऐसा प्रतीत होता है शायर पलायन की कोई

सूरत गढ़ रहा है। हकीकत ये है कि इसी 'कूच' में उसका प्रतिवाद है। बिल्कुल वैसे जैसे अपनी (बेहद प्रसिद्ध) ग़ज़ल में 'ख़ामोश रहो' रदीफ़ के ज़रिये विरोध की सम्भावना पैदा करते हैं। ग़ज़ल के कुछ शेर–

कुछ कहने का वक़्त नहीं ये कुछ न कहो ख़ामोश रहो
ऐ लोगो ख़ामोश रहो हाँ, ऐ लोगों ख़ामोश रहो

हक अच्छा पर हक के लिए कोई और मरे तो और अच्छा
तुम भी कोई मन्सूर हो जो सूली पे चढ़ो? ख़ामोश रहो

आंखें मूंद किनारे बैठो, मन के रखो बंद किवाड़
'इंशा जी' अब धागा ले लो, लब सी लो, ख़ामोश रहो

इंशा की शायरी उस चांद नगर तक पहुँचने की दिलफ़रेब कोशिश है जो अप्राप्य है। जो है और बिल्कुल भी नहीं है।

यहाँ इंशा की लम्बी ग़ज़ल से कुछ शेर गौरतलब हैं जो लिखी तो बेशक उर्दू रस्मुलख़त में गई लेकिन लगता ऐसा है जैसे किसी हिन्दी ग़ज़लकार ने ग़ज़ल लिखी हो, जो गीत की संचेतना और संवेदना से ख़ूब वाकिफ़ हो। कुछ शेर–

कभी उनसे मिलन की आशा में इक जोत जगा दी थी मन में
अब मन का उजाला संवलाया फिर शाम है मन के आंगन में

ये छैल छबीला कौन फिरे इस मथुरा की नगरी में सखियो,
सभी बातें कि अपने श्याम में थीं अब देख लो इस मनमोहन में

कभी मन के अजंता में आओ वो मूरतें तुमकों दिखलाएँ
वो सुरतें तुमको दिखलाएँ हम खो गए जिनके दर्शन में

लम्बी बहर की इस ग़ज़ल को इब्ने इंशा जिस सलीके से साधते हैं उसकी कलात्मकता अपनी जगह, लेकिन इस 16-17 अश्आर की ग़ज़ल में जो मिथकीय प्रयोग है, गोकुल, सखियाँ, मनमोहन के ज़रिये एक अनोखे वातावरण का सृजन है, उर्दू ज़बान की ख़ासियत का बयान और ग़ज़ल के ठेठ...यानी औपचारिक बने रहने का विनम्र विरोध है, इन सबके अलावा मीर को फ़क़ीर की तरह याद करने का आत्मीय रंग है–उसका इस्तेकबाल ज़रूरी है। इंशा की शायरी में जो फ़क्कड़पन और बंजारापन है, वो यहाँ भी है।

इंशा की ख़ूबी यह भी है कि वो शायरी में भी किसी किस्सागो की तरह नज़र आते हैं। इसी के ज़रिये वो जीवन राग पैदा करने में सफल होते हैं। और इसी सूफ़ियाना लबो-लहजे में वो ऐसे साहसिक प्रयोग भी कर जाते हैं जो ग़ज़ल में गैर शाइराना या फिर मतरूक समझे जाते थे। एक शेर इसी सिलसिले में–

ले जानी अब अपने मन की पैराहन की गिरहें खोल
ले जानी अब आधी शब है चारों तरफ़ सन्नाटा है

यह जो जानी सम्बोधन है हैरान करने वाला है। यह प्रयोग बतकही के अन्दाज़ में होता रहा है। यह शब्द दोस्तों के बीच, बेहद लापरवाह अन्दाज़ में बोला जाने वाला सम्बोधन है। इंशा इसे अपनी ग़ज़ल में ले आए। इतनी जुर्रत और विश्वास के साथ लाए कि यह सम्बोधन (जानी) ग़ज़ल का न होते हुए भी ग़ज़ल का हो गया।

ग़ज़ल के अन्दर तग़ज़्ज़ुल पैदा करने का हुनर इंशा में ग़जब का है। इस ख़ूबी के अतिरिक्त, अल्फ़ाज़ में लय और अर्थ में गूँज भी इंशा के पास है। जब वो स्त्री पात्र को केन्द्र में रखकर ग़ज़ल कहते हैं तो स्त्री मात्र हाड़-मांस का पुतला नहीं होती। वो सृष्टि की अनुपम रचना होती है। इंशा की एक बेहद प्रसिद्ध ग़ज़ल के कुछ शेर–

कल चौदहवीं की रात थी शब भर रहा चर्चा तेरा
कुछ ने कहा ये चाँद है कुछ ने कहा चेहरा तेरा

कूचे को तेरे छोड़कर जोगी ही बन जाएँ मगर
जंगल तेरे पर्वत तेरे बस्ती तेरी सहरा तेरा

इस शहर में किससे मिलें हमसे तो छूटीं महफ़िलें
हर शख़्स तेरा नाम ले, हर शख़्स दीवाना तेरा

बेदर्द सुननी हो तो चल कहता है क्या अच्छी ग़ज़ल
आशिक तेरा, रुस्वा तेरा शायर तेरा इंशा तेरा

इंशा की शायरी में संवादात्मकता है। कहीं वो अपने से संवाद करते हैं–इंशा जी उठो अब कूच करो, तो कहीं किसी अज्ञात पात्र से, कहीं समाज से-जब वो कहते हैं फ़र्ज़ करो-तो यह 'फ़र्ज़ करो' समाज से कहा जा रहा है। एक नज़्म में तो वो गज़ाला (हिरनियाँ) से भी संवाद करते हैं–शाम हुई आवारा ग़ज़ालो। आओ कि अपने वतन को चलें।

इंशा की ग़ज़लगोई में संवाद की अपनी धज है और रुतबा भी। इंशा की शायरी संवाद का पुल है–एक ऐसा काठ का पुल, जिस पर चलो तो वो पांव सहलाता है। रुतबे की बात चली है तो वो अपने असातिजा अपने से पूर्व के बड़े शायरों को रुतबा देते हैं। फ़ैज़ को याद करते हैं। बेशक! लेकिन 'मीर' के प्रति कृतज्ञ प्रतीत होते हैं। मीर के उस्लूब (शैली) ने बाद के अनेक शायरों को प्रभावित किया, इंशा भी उनमें है।

इंशा की उन नज़्मों में प्रतिवाद के स्वर गूँजते हैं। यहाँ जंग का विरोध है–अम्न के गीत की लय तेज़ करो। साहिले-दूर से आने लगी तोपों की धमक।

जंग और अम्न ज़िन्दगी के बुनियादी मसाइल है। इंशा की शायरी इंसानियत के पक्ष में खड़ी है।

इब्ने इंशा का जन्म (15 जून 1927) ज़िला जालंधर के एक गरीब किसान परिवार में हुआ। हाई स्कूल लुधियाना। फिर नौकरी के सिलसिले में अम्बाला छावनी। नौकरी अकाउटेंट की थी। उनके मिज़ाज से बिल्कुल अलग। नौकरी छोड़ दी। ऑल इंडिया रेडियो दिल्ली में कुछ अरसा रहे। तक़सीम के दौरान पाकिस्तान जा बसे। अपने साथ हिन्दुस्तान की तहज़ीब, संस्कृति, अदब-आदाब, पंजाबियत और बहुत सारी यादें ले गए। वो लाहौर में रहे। यानी एक पंजाब (जालंधर) से निकलकर, दूसरे पंजाब (लाहौर) में जा पहुँचे। ख़स्ता माली हालत के कारण कुछ अरसा लकड़ी के मकान में रहे। उर्दू से एम. ए. किया। गुज़र-बसर के लिए अनुवाद का काम किया। फिर कराची में रहे। रेडियो कराची से सम्बन्धित रहे और सरकारी पत्रिकाओं का सम्पादन भी किया। इसके अलावा पाकिस्तानी विधान सभा में अनुवादक बने। पाकिस्तान की विदेश सेवा के अन्तर्गत लन्दन गए और दूतावास में ऊँचे पद पर रहे। वो एक व्याकुल इन्सान रहे। उनकी शायरी में भी उनकी बेचैनियाँ ध्वनित होती हैं।

उनका असली नाम शेर मोहम्मद था। चाँद नगर उनका पहला संग्रह था जो 1955 में छपा। उस दौर में इंशा का जोशो-ख़रोश और चाहतें और बलवले कुछ और ही थे–चाँद के तमन्नाई/बेकरार सौदाई। चाँदनी के शैदाई/हर बहाने निकलेंगे/आज़माने निकलेंगे।

'चाँद नगर' के अतिरिक्त 'इस बस्ती के उस कूचे में' उनकी शायरी की किताबें हैं। इसके अलावा यात्रा संस्मरण इब्ने बतूता के तआकुब में, एक आवारागर्द की

डायरी। इसके अतिरिक्त इंशा की 'उर्दू की आख़री किताब' ख़ूब चर्चित हुई जिसका चुटीला गद्य और तंज़ अपनी तरह का नया शिल्प रचता है।

11 जनवरी, 1978 को लन्दन में इक्यावन वर्ष की छोटी उम्र में इंशा की मृत्यु हुई। मरने से पेशतर डॉक्टरों ने इंशा को बता दिया था कि वो फलां माह, फलां हफ़्ते तक ज़िन्दा हैं। अपने आख़री वक़्त में इंशा ने बेहद मार्मिक नज़्म लिखी, उसका एक अंश यहाँ प्रस्तुत है। (यह जानकारी और यह नज़्म शेष पत्रिका सम्पादक हसन जमाल अंक जन-मार्च-2006) से शुक्रिया के साथ ली गई है। नज़्म है–

अब उम्र की नक़्दी ख़त्म हुई
अब हम को उधार की हाजत है
है कोई जो साहूकार बने
है कोई जो देवनहार बने
कुछ साल महीने दिन लोगो
पर सूद ब्याज के बिन लोगो
हम मांगते नहीं हज़ार बरस
दस पाँच बरस, दो-चार बरस
हम बैठे हैं कशकोल लिए
सब उम्र की नक़्दी ख़त्म किए
जाने की हवस ही निराली है
है कौन जो इससे ख़ाली है

(कशकोल-भिक्षापात्र)

दुनिया को सराय और ख़ुद को मुसाफ़िर समझने वाले इंशा, जो अपनी ग़ज़लों में कहते हैं–इंशा जी उठो, अब कूच करो–इस दुनिया से कूच कर गए। अपने पीछे सूफ़ियाना रंग, कबीराना ढंग और फ़कीराना ठाठ की, लोकगीतों को ध्वनित करती समृद्ध शायरी छोड़ गए।

वो ख़ाक उड़ाने पे आये तो सारे दश्त उसके—बानी

बानी का जन्म नवम्बर 1932, मुल्तान (पाकिस्तान) में हुआ। विभाजन के दौरान वो भी अन्य शरणार्थियों की तरह बदहाल, बदहवास, जान बचाकर दिल्ली आ बसे।

वो सेहतमन्द तनदुरुस्त इंसान थे। कोई सोच भी नहीं सकता था कि यही गठे हुए बदन का, ऊँचा कद काठी का ख़ुशगवार जदीद शायर बीमार पड़ेगा और मौत की गोद में समा जाएगा।

बानी ने एम.ए. अर्थशास्त्र से किया। अर्थशास्त्र से एम.ए. करने वाला छात्र शायरी करने लगे, हैरान तो उन्होंने यहाँ भी किया।

एक साधारण से स्कूल में वो अध्यापक की नौकरी करते रहे। दुखद परिस्थितियों ने बानी को निढाल कर दिया। वो स्कूल से लम्बी छुट्टी लेते। इलाज कराते, फिर स्कूल, फिर बीमार होना, फिर छुट्टियाँ। ज़िन्दगी के आख़िरी दो-तीन साल बीमारी, बदहाली, तंगदस्ती जैसी विकट तकलीफ़ों में गुज़रे। इस बीच भी उन्होंने कुछेक ग़ज़लें लिखीं। उस बीमारी की पीड़ा का तनाव उनके अश्आर में भी कहीं महसूस होता है।

उनकी शायरी के तीन संग्रह प्रकाशित हुए। हर्फ़े-मोतबर (1972) दूसरा हिसाबे रंग (1976) और तीसरा शायरी का संग्रह शफ़क-शजर (1982) उनकी मृत्यु के बाद प्रकाशित हुआ।

सघन अनुभूतियों को गहरे जज़्बात में व्यक्त करने वाला, तसव्वुर से नैसर्गिक शायरी का सृजन करने वाला शायर...अनोखा और विरल शायर बानी, उनचास की उम्र में इस दुनिया से रूख़सत हो गया। अपने पीछे नई भाव-भूमि, नए-प्रतीकों, बिम्बों और रूपकों की–ज़िन्दगी के जज़ीरों से आवाज़-सी देती, महीन-महीन शायरी छोड़ गया। बानी की मृत्यु 11 अक्टूबर 1981 को हुई। उर्दू के प्रसिद्ध आलोचक डॉ.

शम्स-उर-रहमान फ़ारूक़ी ने उनकी मृत्यु के बाद अपनी पत्रिका शबख़ून में लिखा "मैं खण्डन के भय के बिना कह सकता हूँ कि इस वक़्त वो भारतीय उपमहाद्वीप का सबसे बड़ा ग़ज़लगो था। ज़बान की तरफ उनका नियंत्रात्मक रवैया, बनावट, अनौपचारिकता का रंग दिखा रहा था। ज़िन्दगी की अनुभूतियों में विस्तार और गहराई आ गई थी। संगीत और लय के नए-नए दरवाज़े खुल रहे थे। बानी अगर कुछ ही बरस और ज़िन्दा रहता तो ग़ज़ल की तारीख़ में एक पूरे अध्याय की जगह, एक पूरी किताब लिख जाता।"

बानी (पूरा नाम राजेन्द्र मनचन्दा बानी) की शायरी गहरे पानी की शायरी है। यहाँ डूबकर हासिल होता है। यहाँ प्रबल भावनाओं का विराट वैभव है। बानी की ग़ज़लों में अदृश्य को छूने और उसके स्पर्श को महसूस कराने का तिलिस्म है। यथा–

निकल गया है ख़लाओं की सिम्त ए 'बानी'
नवाहे-जां से गुज़रता हुआ न जाने क्या

बानी की शायरी संसार की सरहदों को पार करती हुई किसी अनन्त की खोज प्रतीत होती है। यह ग़ज़ल यात्रा कभी अवचेतन की तो कभी इसके विपरीत चेतन जगत की प्रतीत होती है–'ख़ाको-ख़ूँ की वुस्अतों से बाख़बर करती हुई। इक नज़र इम्कां, हज़ार इम्कां सफ़र करती हुई।'

बानी, दरहक़ीक़त, अनदेखे और किसी अपरिचित संसार को ग़ज़ल के संसार में ढूंढते चले गए। वो न रुके न ठिठके। उनकी रचना यात्रा ने, उस दौर के ग़ज़ल वातावरण के विपरीत, अपना मुख़्तलिफ़, संश्लिष्ट अन्दाज़े बयाँ पैदा किया। अपने उस्लूब के विषय में उन्होंने कुछ ऐसे संकेत दिये भी–

शायरी क्या है कि इक उम्र गंवाई हमने
चन्द अल्फ़ाज़ को इम्कानो-असर देने में

शब्दों में सम्भावना की तलाश और उस सम्भावना में असर (प्रभाव) पैदा करने में, बानी जीवन भर न सिर्फ़ प्रयास करते रहे, बल्कि बेहद सफल भी रहे।

उर्दू शायरी के मोतबर आलोचक डॉ. अतीकुल्लाह ने बहुत पहले कह दिया था कि बानी महाद्वीपीय काव्य का सर्वाधिक प्रमुख नाम होंगे।

1973 में प्रकाशित एक किताब 'नए क्लासिक' में भी बानी का नाम प्रमुख था। उस किताब में बानी के विषय में कहा गया, 'बानी वहशी से वहशी अनुभूति को इस तरह साध लेते हैं कि उसका वैचारिक जंगल, ग़ज़लों की सभ्य बस्तियों का समा बांध देता है।'

बानी अपने अश्आर में माहौल को चित्रित करते हैं और कल्पनाशीलता के ज़रिये अपनी सोच को, इमेज में बदलने का शऊर रखते हैं। एक अनगढ़-सी बात या ख़्याल या स्मृति या भाव को उत्कृष्ट शेर में व्यक्त करना किसी तप करने जैसा होता है। बानी, शायरी में उस तप को बड़ी कठोरता से करते हैं। बानी विस्मित कर देने वाली कल्पनाशीलता के शायर हैं। वे अपने अनुभवों की गूँज की शायरी में महसूस कराते हैं–मैंने चाहा आने वाले वक़्त का इक अक्स देखूँ तथा–आँख में उतरा हुआ था शाम का पहला सितारा–बानी के इन मिसरों को देखिए। यहाँ शाम का सितारा दिखाई देने लगता है और आने वाले वक़्त का वो अक्स जिसे शायर अपने तसव्वुर में (और सम्भावना में) महसूस कर रहा है। वो शायर का अनुभव हमारा अनुभव बन जाता है।

बानी की शायरी में तसव्वुर है। उस तसव्वुर के ज़रिये सम्भावना की खोज है। वे कितनी शालीनता से या कहें कि कितनी हैरानियों में व्यक्त होती हैं–

शफ़क बनी आसमां में जाकर
जो ख़ूं की इक बून्द निशान भर थी

एक क़तरा लहू सारे आसमान का रंग बदल सकता है और वो बूंद शफ़क (सुबह की लाली) बन सकती है। यानी लघुता के भीतर भी एक विराट की उपस्थिति है।

बानी शब्दों का साम्राज्य स्थापित करते हैं। शब्दों में वो जीवन की आवाज़ें ही नहीं घोलते, उनमें ऐसी उज्ज्वलता प्रदान करते हैं जो उनकी शायरी के बारीक तन्तुओं और उनकी संवेदना के घराने से होकर आती है। करां-करां पहले मिसरे में तो सफ़र-सफ़र दूसरे मिसरे में। यह जो शब्दों की जीवन्त उपस्थिति है, बानी इसके जादूगर हैं–

करां-करां न सज़ा कोई सैर करने की
सफ़र-सफ़र न कोई हादसा गुज़रने का

(करां-करां-कोना-कोना)

इस सिलसिले में एक और शेर–

मैं किसी लम्ह-ए-बेवक़्त का इक साया था
या किसी हर्फ़े-तही-इस्म का इज़हार था *मैं*

बानी की शायरी का 'मैं' किरदार, बानी को इत्मीनान से बैठने नहीं देता। व्याकुल किए रखता है। वो बार-बार अपने 'मैं' को मुख़ातिब होते हैं। वो इस शेर में प्रश्न करते हैं। सम्भवत: बुल्लेशाह की मुल्तानी काफ़ी का मिसरा उनके जेहन में हो–'बुल्ला की जाणां मैं कौन?' बानी का प्रश्न, अन्तरजगत की कशमकश की अभिव्यक्ति प्रतीत होता है। मैं-लम्ह-ए-बेवक्त का साया या फिर अपने भीतर के किसी अकथ की अभिव्यक्ति।

बानी अकथ को रचते हैं और अपने आपको किसी अज्ञात की ओर ले जाते हैं–

पैहम मौजे-इम्कानी में
अगला पाँव नए पानी में

अगला पाँव नए पानी में? यह जो अभिव्यक्ति है ग़ैर मामूली है। ज़िन्दगी के अगले पल का किसी को पता नहीं। ज़िन्दगी यानी, सम्भावना के ऐसे जल में पांव रखना जो हर पल नया होता है–नौइयत लिए हुए–लेकिन अज्ञात!

बानी की ग़ज़लगोई की एक और बात विशिष्ट है। बहुत सारी ग़ज़लों में 'मैं' बार-बार आता है। वो रदीफ़ के रूप में है। ऐसी ग़ज़लों में सारी तान 'मैं' पर आकर टूटती है। 'मैं' पूरे शेर के (और बहुत सारी ग़ज़ल के) केन्द्र में रहता है। पूरे शेर में 'मैं' पात्र विचित्र अनुभवों और अनुभूतियों के साथ व्यक्त होता हुआ...और रहस्य रचता हुआ।

मोड़ था कैसा तुझे था खोनेवाला मैं
रो ही पड़ा हूँ कभी न रोने वाला मैं

'मैं' केन्द्रित रदीफ़ वाली ग़ज़लें एक श्रृंखला में हैं। कुछ इस तरह के प्रयोग नासिर काज़मी ने भी किए। लेकिन 'मैं' पात्र को केन्द्र में रखकर, जिस तल्लीनता, एकाग्रता, गहरी ऐन्द्रिकता से बानी ने ये ग़ज़लें लिखी हैं, उर्दू जदीद ग़ज़ल में अन्यत्र दुर्लभ हैं।

ऐसा प्रतीत होता है वो अपनी ज़ात को या अपने 'मैं' को या अपने आत्म को व्यक्त करने की शायराना कोशिश में जुटे हैं। एक ग़ज़ल के बाद दूसरी...फिर... तीसरी।

हम पूरी दुनिया को व्यक्त करते हुए असफल नहीं होते। असफल होते हैं अपने-आपको व्यक्त करने में। यही बात बानी के साथ रही होगी। पहली ग़ज़ल में जब उनसे कुछ छूट-सा गया तो उन्होंने अपने 'मैं' को केन्द्र में रखकर दूसरी ग़ज़ल लिखी। फिर तीसरी। ये सिलसिला चलता रहा। ऐसा प्रतीत होता है जैसे वो अपने अन्दर के अधूरेपन से टकराते हैं—सन्नाटे की तरह बिखरने वाला 'मैं'। और उस अधूरेपन में पूर्णता की तलाश करते हैं और वो कह उठते हैं—रो ही पड़ा हूँ कभी न रोनेवाला 'मैं'।

इन 'मैं' केन्द्रित ग़ज़लों में जितनी पूर्णता की खोज है, उतना ही अपूर्णता का जश्न है। शायद यहीं कहीं बानी ने कहा होगा—

चली डगर पर कभी न चलने वाला मैं
नए अनोखे मोड़ बदलने वाला मैं
तथा
घने वनों में शंख बजाने वाला तू
तेरी तरफ़ घर छोड़ के आने वाला मैं

'मैं' को केन्द्र में रखकर जब वो ग़ज़ल कहते हैं तो उनके तसव्वुर में 'अन्य' पात्र भी रहता है—घने वनों में शंख बजाने वाला तू...यहाँ जो अन्य पात्र है, सम्भवत: सृष्टि है या फिर प्रेम का कोई अव्यक्त रूप।

शेर में, अनात्म समय है और इस अनात्म समय में आत्मीय सम्बन्ध। भीतर की कोई आन्तरिकता ध्वनित होती हुई-सी

तुझे जरा-सा दुख और सिसकने वाला मैं
तेरी उदासी देख न सकने वाला मैं

ग़ज़ल में इश्क़ का राग और इतनी सूक्ष्म अभिव्यक्ति यह बानी कर सके। सम्बन्धों का यह दरिया। जैसे लहर से पानी का रिश्ता।

फिर एक अन्य शेर में वो रिश्ते के उस बिखराव को व्यक्त करते हुए, टूट-से पड़ते है। यहाँ 'मोड़' केन्द्र में है। मोड़, रिश्तों की उजड़ रही बस्ती का प्रतीक हो जैसे—

मोड़ था कैसा तुझे न खोने वाला मैं
रो ही पड़ा हूँ कभी न रोने वाला मैं

'मैं' केन्द्रित ग़ज़लों में बानी एक ऐसे परिसर की रचना करने में कामयाब होते हैं जहाँ, अभिव्यक्ति के छोटे-छोटे जज़ीरे हैं। ये ग़ज़लें जिनमें मैं पात्र की अन्तर्कथाएँ गूंजती-सी महसूस होती हैं।

बानी ग़ज़लों में अपने होने (और न होने) को बार-बार, बेचैनी के ज़रिये इज़हार करते हैं। लगता है, जैसे वो अपने आपको रखकर कहीं भूल गए हैं और दीवानावार उसे ढूँढ रहे हैं–सैकड़ों गुमशुदा दुनियाएँ दिखा दीं उसने। या फिर वो कोई अज्ञात-सा कोना–जिसके विभ्रम को समझने की कोशिश करते हुए बानी–एक सन्नाटा है मानूसे-सदा (स्वर से परिचित) होता हुआ। या फिर, इक नज़र इम्कां, हज़ार इम्कां सफ़र करती हुई। यह दृष्टिबोध ही तो है जो सम्भावनाओं के हज़ारों आयाम खोज निकालता है।

बानी की शायरी उस मंज़र की शायरी है जो हर लम्हा नया से नया होता चला जाता है–

'एक मंज़र सौ परत यकसर नया होता हुआ।'

जदीद (आधुनिक) उर्दू ग़ज़ल 60-70 के दशक में किसी आन्दोलन की तरह उभरी। इसे शायर अपने-अपने तौर तरीक़ों से लिखने लगे। रवायत का नकार और नएपन का स्वीकार किसी ऐसे जुनून की तरह था कि ग़ज़ल में महानगरीय प्रतीकों का अबूझ प्रयोग किया जाने लगा। ग़ज़ल में वाचलता थी जो महानगरीय फ़िज़ां से–आधुनिकता का लिबास ओढ़कर, उर्दू की जदीद ग़ज़ल में उतर रही थी। यह मोहभंग का भी समय था। चुनांचे शिकस्तगी, अकेलापन, टूटने की आवाज़ें, फ़रार, लापता, संशय तथा वो ख़लिश जो व्यर्थता के बोध से पैदा हुई थी, ग़ज़ल का मफ़हूम बन रही थी। लेकिन बानी जब आए तो कल्पनाशीलता की ऊँचाईयाँ लेकर आए। वो असम्भव में सम्भव की तलाश लेकर आए। वो बिम्बात्मक और नए रूपकों, नए मुहावरों, नए अल्फ़ाज़ की शायरी लेकर आए।

वो प्राप्ति के नहीं, अप्राप्ति के ऐसे शायर थे जिनके लिए 'हासिल' छोटा-सा घेरा था। वो घेरा तोड़ते हए, अपनी शायरी में अप्राप्य को वस्तु बनाते हैं और विराट अनुभूतियों को रचते हैं। कुछ शेर ग़ौरतलब हैं–

तमाम शहर था इक मोम का अजायबघर
चढ़ा जो दिन तो ये मंज़र न फिर पिघलते क्या

दुआ के फूल की ख़ुशबू-सा फैलने वाला
वो ख़ुद में ढूंढता था गुमशुदा न जाने क्या

वो बात-बात पे जी भर के बोलने वाला
उलझ के रह गया डोरी को खोलने वाला

यह है बानी की बानियत। वो नुकीली एकाग्रता तथा जिस प्रबल भावना से शेर कहते हैं, वही तो है उन्हें अन्य शायरों से अलग करती है। वो शेर कहते हुए ख़ुद पर भरोसा करते हैं और अपनी अभिव्यक्ति पर भी। वो जिस नौइयत और प्रखर चेतना के साथ शेर कहते हैं, उसके लिये ज़ार्खेज़ ज़मीन ख़ुद तैयार की। उनके शेर का एक मिसरा है–

एक हर्फ़े-मोतबर लफ़्ज़ों के लश्कर में अकेला

ऐसा प्रतीत होता है हर्फ़े मोतबर और कोई नहीं, ख़ुद बानी हैं जो जदीद शायरी के लश्कर में, अपना एक अलग रास्ता चुन रहे हैं।

वो टूटते हुए रिश्तों का हुस्ने-आख़िर था
कि चुप-सी लग गई दोनों में बात करते हुए

उपरोक्त अश्आर में सम्बन्धों के विखण्डन की थरथराहट-सी है, वो तो है। ख़लिश-सी है, वो तो है। कोई अकथ सा दुख है, वो तो है। कोई विवशता-सी है, वो तो है। लेकिन सबसे बड़ी बात, बानी सम्बन्धों के टूटने में भी 'सौन्दर्य' की रचना करते हैं। प्रेम में होना प्रेम है। प्रेम में न होना भी प्रेम का कोई रूप है। तब वो किसी वेदना की तरह होता है या फिर स्मृति की तरह। उपरोक्त सभी अश्आर में विछोह की मार्मिक अभिव्यक्ति है। लेकिन आख़िरी शेर अपने उत्कृष्ट रूप में व्यक्त हुआ है। यहाँ बानी रूपक की रचना करते हुए, दो किरदारों (स्त्री-पुरुष) को बिछुड़ते हुए दिखा रहे हैं। ये क्षण...प्रेम के टूटने के क्षण, शेर में विस्मित कर देने वाले अन्दाज में महसूस होते हैं। बात करते-करते दोनों पात्र (स्त्री-पुरुष, या प्रेमी और प्रेमिका) चुप-से हो गए हैं। प्रेम में टूटने के इस समय को शायर ने 'हुस्ने-आख़िर' कहा है। यानी, बिछुड़ने का भी अपना सौन्दर्य है। इस तरह की अभिव्यक्ति जदीद उर्दू

ग़ज़ल में सम्भवत: पहली बार हुई है। बिछुड़ने के इस क्षण को शायर ने इस कदर रचनात्मक बना दिया है कि दोनों पात्रों के बीच की चुप, देर तक गुँजती हुई महसूस होती है। अपने सुन्दरतम रूप में।

बानी शायरी की रचनात्मक लीला के मद्दे नज़र कहते हैं 'ये बिसाते-आरज़ू (इच्छा का खेल स्थल) है इसको यूँ आसाँ न खेल।' बानी की यह तख़्लीकी बिसात इतनी आसान है भी नहीं। वो मुश्किल खेल खेलने वाले शायर हैं। वो दुरुह नहीं, लेकिन मुश्किल शायर ज़रूर हैं। उनकी शायरी का अंन्दाज़े-बयाँ निराला है। अनोखा। जीवन्त। हस्सास। नवीनता से भरपूर।

वो खाक़ उड़ाने पे आए तो सारे दश्त उसके

बानी की शायरी में हर्ष-विषाद, मिलन-बिछोह, उदासी, स्मृति का विराट वैभव है। यहाँ अचूक-सी दृढ़ता है तो यहाँ असुरक्षा की थरथराहट भी महसूस होती है। यहाँ बिम्बों से उभरती हुई ध्वनियों की सजधज है तो मौन किसी फ़कीर की तरह खड़ा महसूस होता है। बानी की शायरी में आत्मीय-सी लय है और अपनत्व का दिलासा। वो ग़ज़लों में फंतासी-सी रचते हैं और अगले किसी मक़ाम पर उसे तोड़ भी देते है–'मैं' रास्ते में मगर कब ठहरने वाला था।'

बानी ने कुछेक नज़्में भी लिखीं। लेकिन सही मायनों में वो ऐसे आधुनिक बोध के शायर थे जिन्होंने सघन अनुभूतियों के सरमाये से, फ़ारसी, उर्दू-हिन्दी भाषा के मिलाप से, नई तरकीबों, अछूती तश्वीहों से अपनी शैली-विकसित की और उस शैली से ग़ज़लों में एक अपनी नायाब दुनिया रच डाली।

शह्रयार की शायरी

(इसी नुक़्ते से लकीरों का जनम होना है)

शह्रयार हमारे समय के विशिष्ट और बड़े शायर हैं। उनकी जदीद शायरी में वक़्त की पेचीदगी, तलख़ी, अकेलापन और आत्मनिवार्सन के तत्व मौजूद हैं। लेकिन ख़्वाबों की भी एक दुनिया है। काग़ज़ी किश्तियों से समन्दर पार करने की जुस्तजू है तो मुट्ठीभर रेत में जज़ीरे (टापू) देखने का तसव्वुर भी। अपनी शायरी में वो सन्नाटों का अलख जगाते हैं तो जरस (घंटियों) की तलाश में बेचैन भी नज़र आते हैं। उनकी शायरी में दुख किसी किरदार की तरह है और दिन, रात की ज़द से भागते हुए।...हवा के बाज़ुओं में आहटों का क़ैद होना भी उन्होंने महसूस किया है। लेकिन सुकून इस बात का है कि ये बेचैनी की अन्तर्कथाएँ, सुख के रास्तों की तलाश करती महसूस होती हैं। शह्रयार का सुख इस बात में पिन्हा है कि–'आँख के गहरे समन्दर तेरा पानी कम न हो'

शह्रयार को ज्ञानपीठ पुरस्कार से नवाज़ा गया तो उर्दू-हिन्दी जगत में बड़े तपाक से उनका ख़ैरमक़दम हुआ। वो जितने उर्दू में मक़बूल हैं, उतनी मक़बूलियत हिन्दी में भी है। उनकी शायरी, भाषाई दीवारों को तोड़ती हुई एक 'पुल' का काम करती है। शह्रयार इस सिलसिले में (वसुधा पत्रिका में दिए गए साक्षात्कार के दौरान) कहते हैं–'मैं हिन्दी या उर्दू को नहीं लिखा रहा। बल्कि उन लोगों के लिए, जिनकी मातृभाषा उर्दू नहीं है, पर मेरी शायरी पसन्द करते हैं।'

शह्रयार का यह जज़्बा और भाषा सम्बन्धी उदारताभाव उन्हें, भाषाई मसलों से मुक्त करता है। इस सोच से, उनकी शायरी में व्यापकता का तत्व परखा जा सकता है। भाषा के स्तर पर, वो जितने सहज और सरल होते गए, उनकी शायरी उतनी ज़्यादा गम्भीर, अर्थपूर्ण, घनी, गाढ़ी और लोचपूर्ण होती चली गई। इसी सादा ज़बान

से उन्होंने शायरी में जो बिम्ब बांधे, जो इमेजिस पैदा किए, वो उर्दू की जदीद शायरी में नए-नए से और चकित करने वाले थे।

शह्रयार के शेर कहने का लहज़ा, अन्य शायरों से कुछ भिन्न भी है। रवायत के रंग, रूमान, लय, तपाक और कद्रें और आधुनिकता का बोध–दोनों, उनकी शायरी में इस कदर जज़्ब हो गए हैं कि इन्हें अलग करके देखना असम्भव है और लबो-लहजा, शह्रयार की शायरी का एक आकर्षण भी है। जब हम उनकी वर्तमान को भेदती शायरी पढ़ रहे होते हैं तो कहीं न कहीं उसमें गुज़श्ता समय की गूँज भी सुनाई देती है। यथा–

दुनिया ने हर महाज़ पे मुझको शिकस्त दी
ये कम नहीं कि ख़्वाब का परचम निगूं न था
(महाज़-क्षेत्र, परचम-झण्डा, निगूं-झुका हुआ)
जमा करते रहे जो अपने को ज़र्रा-ज़र्रा
वो ये क्या जानें बिखरने में सुकूं कितना है

शिकस्तगी के बावजूद, ख़्वाबों के परचम झुके नहीं थे यानी उम्मीदों की एक छोटी-सी दुनिया का होना, शह्रयार की शायरी की दुनिया का होना है।

शह्रयार मानीख़ेज शायर हैं। उनके आसान से आसान शेर में भी एक माअनी छुपा रहता है। शेर पढ़ते हुए उस माअनी (अर्थ) की मद्धम-सी ध्वनियाँ सुनाई पड़ती हैं। आसान शेर भी अपनी धज के साथ, संवेदना और कल्पना के दर खोलता प्रतीत होता है।

शह्रयार की जदीदियत में सिर्फ़ अकेलेपन और मोहभंग की ही छवियां नहीं हैं। बेशक वो हैं। अकेलापन हर शायर की शायरी में, एक 'सबजेक्ट' के रूप में रहा है। शह्रयार ने अकेलेपन को कुछ ज़्यादा संश्लिष्ट रूप में व्यक्त किया है। जैसे कि–सुकूते-शाम से पहले की मंज़िल सख़्त होती है।' अकेलेपन की व्याख्या इसी मिसरे में निहित है। एक और नज़्म में वो कहते हैं–'कोई तो रात की दीवार गिराने आता'...लेकिन शह्रयार की शायरी, अकेलेपन के इस तत्व को अपने भीतर जज़्ब करती हुई आगे निकल जाती है। जहाँ अनेक विषय हैं। जहाँ ज़िन्दगी के नए अर्थ हैं–जो शायरी में खुलते हैं। और वहीं, चकित होकर कहा जा सकता है कि शह्रयार, ज़िन्दगी के जिस सच को, शायरी में व्यक्त करते चलते हैं, वो सच (अपनी तल्ख़ियों के बावजूद) अज़ीज़ लगते लगते हैं–

सीने में जलन आँखों में तूफ़ान-सा क्यों है
इस शहर में हर शख़्स परेशान-सा क्यों है

शह्रयार की शायरी में बेशक ज़िन्दगी और उससे जुड़े अन्य तत्व केन्द्र में रहते हैं, लेकिन भावना का आवेग अश्आर को न सिर्फ़ गहराई प्रदान करता है बल्कि आकर्षक भी बनाता है। इसलिए शह्रयार की शायरी अपनी भावनात्मक गूँज के साथ चेतना को स्पर्श करती है।

सभी को ग़म है समंदर के ख़ुश्क होने का
कि खेल ख़त्म हुआ किश्तियाँ डुबोने का

ये शह्रयार ही हैं कि जिनकी शायरी में किश्तियों को डुबोना भी खेल हो जाता है। बात बेशक किश्तियों को डुबोने की है लेकिन स्मृति जैसी कोई चीज़ तैरकर पास चली आती है। शेर में बिम्ब इतना चाक्षुष, भावना इतनी आवेगपूर्ण, कथ्य इतना जीवन्त और अर्थपूर्ण है कि दृश्य खुलता चला जाता है। किश्तियों के कई रूप उनकी शायरी में आते हैं। किश्तियाँ एक ऐसा प्रतीक है, जिसमें वर्तमान समय की हलचल छुपी है और माज़ी की अनुगूंज भी। शह्रयार अपने वर्तमान (इमरोज़) से ही सवाल करते हैं–'आईना हमें देखके हैरान-सा क्यूँ है?'...दरहक़ीकत, ज़िन्दगी के सवाल, वो अपनी शायरी में (अपने-आपसे) पूछते प्रतीत होते हैं। आज के पैकर में कल का ढलना हो या फिर 'फ़ानी' और 'अमर' होने की कशमकश...शह्रयार की शायरी में ऐसी दार्शनिकता, बोझिल और दुरूह नहीं होती। बल्कि होता ये है कि हम सब इस शायरी का (और शायरी में सवालों की कशमकश का) हिस्सा होने लगते हैं। लेकिन इन सवालों का जवाब वो अपनी नज़्म (आदेश) में देते हैं–बूझो तो पागल का सपना सोचो तो संसार।

शह्रयार की एक खूबी यह भी है कि वो न 'लाउड' होते हैं न सपाट। शायरी में सलीका और तहज़ीब। समाज से शिकायत तो वहाँ भी विनम्रता। महबूब से कोई रंज तो वहाँ भी शऊर-बिछुड़ना है तो बिछड़ जा इसी दोराहे पर। कि मोड़ आगे सफ़र में कहीं नहीं आता।...शेर कहने का लहज़ा और अन्दाज़ यह भी है कि वो अल्फ़ाज़ को ज़िन्दा मुहावरे में तब्दील करते हैं और फिर उन मुहावरों को मौजूदा समय का राग तत्व बना देते हैं। शायरी इतनी महीन होती है और वो ऐसा नाद पैदा करती है कि भाव, स्पन्दन और अनुभूति-सब मिलकर जिस संसार की रचना करते

हैं, हक़ीक़त में वही शह्रयार की शायरी होती है। और वो शायरी कई बार इतनी सादगी से भरी होती है कि वही सादगी, शायरी का सौन्दर्य बन जाती है। वही शायरी सूफ़ियाना मस्ती और रंग और कशिश पैदा करने में समर्थ होती है। बयान में सादगी लेकिन अपने अर्थ में गहराई, यही इस शायरी की विशिष्टता है।

शह्रयार की शायरी में दो राग शामिल हैं–जीवन का राग और भावना का राग। यह इसलिए सम्भव हो पाया है कि शेर कहते वक़्त शह्रयार, रचना की मुग्धता से बाहर निकलकर, ध्यान यात्रा पर निकल पड़ते हैं। शह्रयार की शायरी (या फिर उर्दू की बेहतरीन शायरी) पर अगर ग़ौर करें तो वो भावनाओं और कल्पनाओं की ध्यान यात्रा ही प्रतीत होती है। (यह भी इत्तेफ़ाक ही है कि नासिर काज़मी की रचनावली का नाम ध्यान यात्रा ही है।)

ख़ुद शह्रयार अपनी शायरी (ग़ज़ल और नज़्म) के विषय में स्पष्ट करते हैं (वसुधा पत्रिका में साक्षात्कार)–"नज़्म और ग़ज़ल दोनों में ही मैं सभी तरह की प्राब्लम फेस करता हूँ। ग़ज़ल में जो भी 'ट्रुथ' होता है, वो जनरल बन जाता है। उसकी डिटेल्स मौजूद नहीं होती। इसलिए शेर, कई जगह, कई बातों को निकालते हुए आता है। यह उसकी ताक़त भी है और कमज़ोरी भी। लेकिन नज़्म में जिस तरह से आप अपनी बात कहते हैं, पढ़ने-सुनने वाला, पूरी तरह से नहीं, तो काफ़ी हद तक आपकी सोच के आसपास रहता है। ग़ज़ल कहते समय उस फ़ार्म की कुछ बंदिशें हैं–जिसकी वजह से कभी कुछ ज़्यादा कह जाते हैं तो कभी कुछ कम रह जाता है।' ग़ज़ल के फ़ार्म में न ख़ूबी है न ख़ामी। इस्तेमाल करने वाले पर है। हमारे यहाँ इसका बहुत चलन रहा है। ग़ज़ल के बारे में हर बार कहा गया है अपने ज़माने का साथ नहीं दे सकती। पर इक़बाल, फ़ैज़ सबने साबित कर दिया कि दे सकती है।'

शह्रयार ने शायरी को लम्बा वक़्त दिया है। वो 1966 में, अलीगढ़ मुस्लिम विश्वविद्यालय के उर्दू विभाग के प्रोफ़ेसर-अध्यक्ष का उत्तरदायित्व सम्भला और सेवानिवृत्त हुए। उन्होंने गमन, उमराव जान, दमन, फ़ासले और अंजुमन जैसी कलात्मक फ़िल्मों के लिए गीत भी लिखे। उमराव जान के गीतों-ग़ज़लों से उन्हें ख़ूब शोहरत मिली।

उनकी शेरी-मजमुए-इस्मे आज़म, ख़्वाब का दर बन्द है, हिज्र के मौसम, सातवां दर, नींद की किर्चियाँ प्रकाशित हुए। हिन्दी में उनकी रचनावली-मेरे हिस्से की ज़मीं, सारांश प्रकाशन से 1988 में छपी और 'शह्रयार सुनो'–भारतीय ज्ञानपीठ ने गुलज़ार के सम्पादन में 2011 में प्रकाशित की।

शह्रयार की शायरी के विषय में गुलज़ार का वक्तव्य गौरतलब है, "बयान में इख़्तसार और लहजे में नर्मी उनका ख़ास अन्दाज़ है। सारा कलाम पढ़ जाओ, कहीं गुस्से की ऊँची आवाज़ सुनाई नहीं देती। ज़ख़्म हैं, दर्द हैं, लेकिन चीखते नहीं। बंदिशें इतनी आसान हैं कि कोशिश करो तो लिखना मुश्किल है। बात कहने में कोई प्रयास नज़र नहीं आता। लगता है सोच रहे हैं।"

ऐसे बेचैन समय में कोई संवेदनशील शायर अपनी व्याकुलताओं को व्यर्थ नहीं गंवाता। शह्रयार यही करते हैं। वो अपनी बेचैनी को शायरी का मर्कज़ बना देते हैं। वो कहते भी हैं–बड़ा शोर था जब समाअत गई। बहुत भीड़ थी जब अकेले हुए।... फिर वो नई उम्मीद के साथ यह भी कहते हैं–ख़ला में इक नया चेहरा उभारें। यानी इस यथास्थिति को तोड़ने की कोशिश करें...कोई नया चेहरा कोई नई सूरत। कुछ नई सम्भावनाएँ। नए मूल्य।

शह्रयार हमारे समय के सबसे बड़े शायर इसलिए भी हैं कि वो शायरी में एक पर्यावरण रचते हैं भाषा की तमीज़, विषयगत चेतना, वैचारिक सूक्ष्मता और शेर तक पहुँचने की नुकीली एकाग्रता–ये सब तत्व उनकी शायरी का पर्यावरण बनते हैं। अर्थ की गूंज ऐसी होती है जो शायरी के भीतर गूंजती है और सम्मोहन पैदा करती है। हर बार एक नया अर्थ हासिल होता है। और हर बार अर्थ के स्तर पर कुछ छूट भी जाता है। शायद इसलिए ऐसी 'आसान' शायरी की व्याख्या करना बड़ा जोख़िम का काम होता है। यूँ भी, एक परिपक्व और पुख़्ता शेर अपनी संरचना में ही, अर्थ की गूंज पैदा करता है।

शायरी में सादगी किसी पोशाक की तरह है तो ख़्याल की गहराई आत्मा की तरह। कश्ती, दरिया, सैराब, रेत, समन्दर, सेहरा, चराग़, रात, नींद, हवा, सन्नाटा, परछाई, प्यास और ख़्वाब-ऐसे अल्फ़ाज़ हैं जो बार-बार रिपीट हुए हैं। लेकिन हर बार नया रूप और नई तश्वीहों के साथ शायरी में व्यक्त हुए हैं। शह्रयार की शायरी सपनों, स्मृतियों, उदासियों और आकांक्षाओं की शायरी है। बहुत सारी नज़्मों में कशमकश-सी है–कई बार समय से तो कई बार अपने मन की हलचल से। आख़िर क्या वजह है कि जज़ीरे, रेत, ख़्वाब, सैराब किश्तियाँ और दरिया बार-बार इस्तेमाल होने वाले प्रतीक हैं। इन सबको मिलाकर देखें तो शह्रयार के अन्तरमन की बेचैनी को महसूस किया जा सकता है। इसी व्याकुलता से ये मिसरा होकर आया हो शायद–'आँख के गहरे समन्दर तेरा पानी कम न हो।' इसी तरह कुछ और मिसरे भी हैं–जिस्म पिघली हुई आग में गुस्ल करने लगा।...अधूरे चाँद की टूटी हुई किरचें।...

थकी हुई आहटों के हाथ।...कोई तो रात की दीवार गिराने आता। तथा–आंगन में सांसों के दीये।

शह्रयार अलख जगाते सन्नाटों से शायरी की नज़्म सजाते हैं और मुट्ठियों में रेत इसलिए भर लेते हैं कि समन्दर में कहीं जज़ीरे बनाने पड़ जाएँ–

मुट्ठियाँ रेत में भर लो कि समन्दर में तुम्हें
इक न इक रोज़ जज़ीरों की ज़रूरत होगी

उर्दू अदब के प्रसिद्ध आलोचक डॉ. गोपीचन्द नारंग शह्रयार की शायरी पर (उर्दू पर खुलता दरीचा) अपनी बात गहराई से बयान करते हैं, 'यदि यह कहा जाए कि यह परम्परा से विमुखता की शायरी है या यह विद्रोह की शायरी है या यह कि इसमें एक शोकात्मक लय मिलती है तो यह, इस शायरी के साथ अन्याय होगा। सच तो यह है कि पुराने आलोचनात्मक लेबल इस पर ठीक नहीं बैठते। क्योंकि यह न मात्र उद्देश्य की शायरी है न मात्र रूप की।

यह न अतिरंजना की आवाज़ है न बाह्य जगत की। ग़मे-दौरां (कालचक्र का दुख) और ग़मे-जानां (प्रियतमा का दुख) का विभेद भी यहाँ बेकार है। यह पलायन या स्वीकृति की भी शायरी नहीं। यह तो मात्र, मनुष्य को उसके असली रूप में देखने की तलाश है। या दुख और सुख को मात्र, दुख और सुख समझने का प्रयास है।'

शह्रयार दुख को दुख और सुख को सुख समझने की कोशिश अपनी शायरी में बेशक करते रहे हों। लेकिन उनकी शायरी इन तत्वों के अतिरिक्त भी बहुत कुछ है। समय और प्रकृति जैसे दो तत्व ऐसे हैं जिनसे शह्रयार संवाद करते प्रतीत होते हैं–

अजीब चीज़ है ये वक़्त जिसको कहते हैं
कि आने पाता नहीं और बीत जाता है

हवा का ज़ोर ही काफ़ी बहाना होता है
अगर चराग़ किसी को जलाना होता है

वक़्त की डोर को थामे रहे मज़बूती से
और जब छूटी तो अफ़सोस भी इसका न हुआ

मैं जिस्म के हिसार में महसूर हूँ अभी
वो रूह की हदों से भी आगे निकल गया

शह्रयार की शायरी में कुदरत के घने और गाढ़े चित्र हैं। कल्पनाशीलता ऐसी कि चित्र अपनी तमक़नत के साथ बोलते हुए लगते हैं। कश्तियाँ, सैराब, रेत, दरिया दरख़्त और समन्दर सब बोलते हुए। ऐसे नामाकूल वक़्त में जब समाज ने कुदरत से अपना रिश्ता तोड़ दिया है या बहुत कम कर लिया है, शह्रयार की शायरी हमें कुदरत की तरफ़ ले जाने में कामयाब होती है। कुदरत और नए दौर की निस्संगता के बीच कशमकश को शह्रयार कितने सलीके से बयान करते हैं–

नाव कागज़ की बनाने में हैं बच्चे मुनहमिक
पानियों में ये ढकी सड़कें कहाँ तक जाएँगी

शह्रयार किसी विचार से बेशक न बँधे रहे हों लेकिन मनुष्यता और उसके मूल्यों की हिफ़ाज़त यहाँ देखी जा सकती है। शायरी में सद्‌भावनाएँ हैं। ख़्वाब और सैराब का बार-बार आना संशय और सम्भावना की ओर संकेत करता है। वो किसी तलाश में गुम नज़र आते हैं और उस तलाश का हासिल-हर घड़ी होता है अहसास, कहीं कुछ कम है। बेचैनी की तहरीरें इन मिसरों में भी नुमायां होती हैं–उम्र का कितना बड़ा हिस्सा गंवा बैठा मैं/जानते बूझते किरदार ड्रामे का बना। शह्रयार का यह आत्मबोध, पूरे समाज का आत्मबोध है। और हर सोचने वाले बा-शऊर इंसान को, कभी न कभी, किसी न किसी रूप में सताता ही है। बिल्कुल यहीं, उनकी शायरी के सरोकारों को समझा जा सकता है, जब वो पूरी चेतना के साथ कहते हैं–इसी नुक़्ते से लकीरों का जनम होना है।

निदा फ़ाज़ली

उर्दू के प्रसिद्ध शायर, फ़िल्म गीतकार और संवाद लेखक निदा फ़ाज़ली का जन्म 12 अक्टूबर 1938 को दिल्ली में हुआ था। कश्मीरी मुस्लिम परिवार में जन्मे निदा फ़ाज़ली का आरम्भिक जीवन ग्वालियर में गुज़रा, जहाँ उन्होंने शिक्षा प्राप्त की। उर्दू में एम.ए. यहीं से किया।

उनके पिता भी एक बहुत प्रसिद्ध उर्दू शायर थे। उनके दो अन्य भाई तस्लीम फ़ाज़ली और सबा फ़ाज़ली भी भारत-पाक के प्रमुख नाम थे। ग्वालियर में रहते हुए उन्होंने उर्दू अदब में अपनी पहचान बनायी और 1960 के दौर के वो एक महत्त्वपूर्ण शायर के रूप में स्थापित हुए। बाद में वे मुम्बई चले गये। पहला संग्रह 'लफ़्ज़ों का पुल' छपते ही उन्हें भारत-पाकिस्तान में जो शोहरत हासिल हुई, ऐसी शोहरत कम लोगों को हासिल होती है।

1965 में भारत के विभाजन के अठारह साल बाद उनके माता-पिता और परिवार के अन्य सदस्य पाकिस्तान चले गये। उन्होंने भारत में ही रहने का फ़ैसला किया। यह घटना तब हुई जब फ़ाज़ली 1964 में ग्वालियर से मुम्बई कमाने के लिए चले गये थे। उनके माता-पिता का यह जाना उनके जीवन में एक युगान्तकारी घटना थी, जिसका दर्द और असर उनके साथ जीवन भर बना रहा।

फ़ाज़ली की दो शादियाँ हुई थीं। उनकी दूसरी पत्नी मालती जोशी हैं, दोनों से एक बेटी है, जिसका नाम तहरीर है।

निदा फ़ाज़ली के लेखन पर रोशनी डालें तो सबसे पहले उनकी युवा अवस्था का वह दृश्य सामने आता है, जब एक दिन वह एक मन्दिर से गुज़र रहे थे, जहाँ एक भजन गायक सूरदास की एक रचना गा रहा था, जिसमें राधा अपने प्रिय कृष्ण से अलग होने पर अपनी दासियों के साथ अपना दु:ख साझा कर रही थी। पद की काव्यात्मक सुन्दरता, जो मनुष्यों के बीच घनिष्ठ सम्बन्ध और बन्धन से सम्बन्धित है, ने निदा पर काफ़ी प्रभाव डाला और यहीं से उन्हें लिखने की प्रेरणा मिली।

उस दौर में उन्हें लगा कि उर्दू शायरी में कुछ सीमाएँ हैं। उन्होंने अपनी मनचाही बात कहने के लिए मीर और ग़ालिब के सार को आत्मसात् किया। वे मीरा, सूर और कबीर की गीतात्मक शैली से बहुत प्रभावित हुए और उन्होंने टीएस इलियट, गोगोल और एंटोन चेख़व का अध्ययन करके कविता के बारे में अपने ज्ञान को समृद्ध किया।

वे जब 1964 में नौकरी की तलाश में मुम्बई चले गये थे तो उस वक़्त अपने कैरियर के शुरुआती दिनों में उन्होंने 'धर्मयुग' और 'ब्लिट्ज़' में लिखा। उसी दौरान उनकी काव्य-शैली ने फ़िल्म निर्माताओं और हिन्दी-उर्दू साहित्य के लेखकों का ध्यान आकर्षित किया। उन्हें अक्सर मुशायरों में आमन्त्रित किया जाने लगा। वे अपनी कविता को सरल बनाने के लिए अलंकृत फ़ारसी भाषा, कल्पना और मिश्रित शब्दों से बचते थे। यही कारण कि वो अपनी सुन्दर प्रस्तुति और ग़ज़लों, दोहों और नज़्मों में बोलचाल के प्रयोग के लिए वे ताउम्र पाठकों और ग़ज़ल गायकों के बीच विशेष रूप से जाने जाते रहे जिसकी एक बानगी हम यहां देख सकते हैं-"दुनिया जिसे कहते हैं जादू का खिलौना है/मिल जाये तो मिट्टी है खो जाये तो सोना है।"

निदा फ़ाज़ली अन्य काव्य-विशेषताओं को गहराई से जानना-समझना हो तो प्रसिद्ध लेखक शानी की इस टिप्पणी के ज़रिये और ज़्यादा सटीक और सार्थक तरीक़े से एक मिसाल के तौर पर देख सकते हैं—

"मैं रोया परदेश में भीगा माँ का प्यार/दुख ने दुख से बात की, बिन चिट्ठी बिन तार।" या "बहनें चिड़िया धूप की, दूर गगन में आएँ/हर आँगन मेहमान-सी, पकड़ो तो उड़ जायें।"

ये निदा फ़ाज़ली हैं—उर्दू की जदीद शायरी का एक बहुत अहम् नाम जिनके ज़िक्र के बग़ैर उर्दू की नयी शायरी का कोई भी तजकिरा अधूरा होगा या कोई भी तनकीदी मजमून एकतरफ़ा होकर अपना तवाज़ुन खो देगा। ग़ज़ल की जान हो या ज़बान, सोच हो या शिल्प, छब-ढब हो, रख-रखाव हो या सारा रचनात्मक रचाव-अपने मिज़ाज, तेवर और रूप में रचनाकर निदा फ़ाज़ली बिल्कुल अकेले ही दिखायी देते हैं। कुछ मायने में तो वे उर्दू के उन विरले जदीद शायरों में से हैं जिन्होंने न सिर्फ़ विभाजन की तकलीफ़ें देखीं और सही हैं बल्कि बहुत बेलाग ढंग से उसे वो ज़बान दी है जो इससे पहले लगभग गूँगी थी। देश और परिवारों का बँटवारा, दंगे-फ़साद और साम्प्रदायिक जुनून को जिस निस्संग और मानवीय धरातल से निदा फ़ाज़ली ने देखा, वह एक हस्सास शायर ही कर सकता था। यह पारदर्शी एहसास उनकी ग़ज़लों नज़्मों और गीतों में ही नहीं, दोहों तक में मिल जायेगा जिनमें वह

अपने भारतीय होने की शिनाख़्त को खोने नहीं देते। मिसाल के लिए उनके दोहों को ही ले लीजिए। ये हमारी सांस्कृतिक विरासत से रची-बसी भारतीय कविताएँ हैं जिनकी जड़ें सिर्फ़ इसी ज़मीन में हैं। दोहों में एक बिल्कुल नयी इमेज के ज़रिये जिस नाज़ुक एहसास को निदा फ़ाज़ली ने गिरफ़्त में लिया, उसकी शेरी कैफ़ियत एक हल्के से ज़र्ब के साथ हमें बेपनाह कर्ब से भर देती है और कोई भी अच्छी कविता सिर्फ़ यही करती है।

उर्दू की नई शायरी की सबसे बड़ी और पहली शिनाख़्त यह है कि उसने फ़ारसी की अलामतों से अपना पीछा छुड़ाकर अपने आसपास को देखा, अपने इर्दगिर्द की आवाज़ें सुनीं और अपनी ही ज़मीन से उखड़ती जड़ों को फिर से जगह देकर मीर, मीराजी, अख़्तरुल ईमान, जां निसार अख़्तर जैसे कवियों से अपना नया नाता जोड़ा। उसने ग़ालिब का बेदार ज़हन, मीर की सादालौही और जां निसार अख़्तर की बेराहरवी ली और बिल्कुल अपनी आवाज़ में अपने ही वक़्त की इबारत लिखी-ऐसी इबारत, जिसमें आने वाले वक़्तों की धमक तक सुनायी देती है। यह संयोग की बात नहीं है कि उर्दू के कुछ जदीद शायरों ने तो हिन्दी और उर्दू की दीवार ही ढहाकर रख दी और ऐसे जदीदियों में निदा फ़ाज़ली का नाम सबसे पहले लिया जायेगा।"

इस तरह हम देखते हैं कि निदा फ़ाज़ली विभिन्न मनोदशाओं के कवि हैं और उनके लिए रचनात्मक भावना और आन्तरिक प्रेरणा कविता के स्रोत हैं। जैसा कि उनका मानना भी है कि कवि की भावना एक कलाकार के समान होती है-एक चित्रकार या संगीतकार की तरह। इसके विपरीत उन्हें गीत-लेखन एक यान्त्रिक कार्य लगता था क्योंकि उन्हें पटकथा और निर्देशक की माँगों को पूरा करना होता था। बाद में उन्होंने पैसे की व्यावहारिक आवश्यकता को स्वीकार किया जो गीत लेखन से आता है और रचनात्मक कार्य पर विचार करने में मदद करता है।

उन्होंने 1969 में उर्दू कविता का अपना पहला संग्रह प्रकाशित किया। बचपन की कल्पना उनकी कविता में उदासीनता के तत्त्वों के रूप में लगातार परिलक्षित होती है। उनकी कविता में चलने वाले प्राथमिक विषय जीवन में विरोधाभास, उद्‌देश्य की खोज, मानवीय रिश्तों की बारीकियाँ, अभ्यास और उपदेश के बीच अन्तर और जो खो गया है उसे टटोलना है।

निदा फ़ाज़ली की शायरी अपने समय की ग़ैर मामूली शायरी है। निदा फ़ाज़ली ने अपने जीवन में बहुत-से उतार-चढ़ाव देखे, संघर्ष झेले, ख़ाली जेब और ख़ाली पेट रातें गुजारीं। उनकी शायरी में जो फ़क़ीराना ठाठ है, वो उनके अपने जीवन का ही ठाठ है। उनकी शायरी में जो संवाद और प्रतिवाद हैं, वो समाज की विडम्बनाओं

से हैं। वो जब कहते हैं–सभी हैं भीड़ में तुम भी निकल सको तो चलो–यह मिसरा वो अपने हमसफ़र को कहते प्रतीत होते हैं। बेशक! लेकिन ज़रा ग़ौर से महसूस करें तो इस मिसरे में वो ख़ुद से मुख़ातिब हैं–और यक़ीनन, वो भीड़ से निकलकर, शायरी का नया अन्दाज़ पैदा करते हैं। शायरी की पुरानी लकीरों को तोड़ते हैं। और एक नई, पुख़्ता और चमकती हुई लकीर खींचते हैं।

ज़रा ग़ौर से देखें। उनकी ग़ज़लों, नज़्मों और दोहों में उनका वक़्त गूँजता है। उनकी शायरी का फैलाव हैरान करता है। यह वुसअत, निदा ने ख़ुद अपने तजुर्बों और समाज को देखने की तीक्ष्ण दृष्टि से हासिल की है। लगभग पचास वर्षों की शायरी का दौर, निदा फ़ाज़ली का ऐसा दौर है, जिसमें बदलते हुए समय की थरथराहट को महसूस किया जा सकता है।

निदा फ़ाज़ली निरन्तर सहज होते चले गए, लेकिन अश्आर के तलघर में वो एक सघन वैचारिक मुठभेड़ भी छोड़ते रहे। उन्होंने जब कहा–दुआ के हाथ पत्थर हो गए हैं–तो इस मिसरे के ज़रिये उन्होंने यह अहसास भी करा दिया कि समाज की निस्संगता को व्यक्त करने के लिए वो एक नया मुहावरा निर्मित कर रहे हैं।

निदा फ़ाज़ली की शायरी का संसार बेशक देखा-भाला है, लेकिन अद्‌भुत है। पण्डे, पुजारियों, मौलवियों के प्रपंच के विपरीत वो मानवतावादी दुनिया में जब प्रविष्ट होते हैं तो नए समय के नए कबीर नज़र आते हैं। तब वो कहते भी हैं–

गरज-बरस प्यासी धरती को फिर पानी दे मौला
चिड़ियों को दानें, बच्चों को गुड़धानी दे मौला
दो और दो का जोड़ हमेशा चार कहाँ होता है
सोच समझवालों को थोड़ी नादानी दे मौला

उपर्युक्त दोनों अश्आर की संरचना, नए समय की ग़ज़लगोई से कितनी भिन्न है। मौला रदीफ़ का प्रयोग बेहद आत्मीय है। जैसे मौला के ज़रिये दुआ माँगी जा रही हो। इन दोनों अश्आर के अन्दर झाँकें तो प्रार्थना करता शायर खड़ा नज़र आता है, जो चिड़िया के लिए दानें, बच्चों के लिए गुड़धानी की कामना कर रहा है। वो अपने लिए कुछ नहीं माँग रहा, लेकिन सोच समझवालों के लिए थोड़ी-सी 'नादानी' की माँग ज़रूर कर रहा है।

गुड़धानी शब्द जो लगभग भुला दिया गया था, निदा फ़ाज़ली ने इसे अपने अश्आर में शामिल करके कितना क़ीमती बना दिया है।

एक अन्य ग़ज़ल में वो कबीराना ठाठ और फ़क्कड़पन को अन्दाज़े-बयाँ बना देते हैं–

ये दिल कुटिया है सन्तों की यहाँ राजा-भिखारी क्या
वो हर दीदार में ज़रदार है गोटा-किनारी क्या
ये काटे से नहीं कटते ये बाँटे से नहीं बँटते
नदी के पानियों के सामने आरी-कटारी क्या
किसी घर के किसी बुझते हुए चूल्हे में ढूंढ उसको
जो चोटी और दाढ़ी तक रहे वो दीनदारी क्या

यह है निदा फ़ाज़ली का अन्दाज़े-बयाँ, जहाँ गोटा-किनारी भी ग़ज़ल की भाषा बन जाते हैं। हर बड़े कवि/शायर की यह सिफ़्त होती है कि वो आवाम की साधारण भाषा को अपनी शायरी में इस तरह प्रयोग करता है कि वो असाधारण हैसियत अख़्तियार कर लेते हैं। निदा ने यही तो किया है। उनकी सोच में जो सामाजिक द्वन्द्व है, वो शायरी की सचकलामी है। वो जब कहते हैं–किसी घर के किसी बुझते हुए चूल्हे में ढूँढ उसको–यानी ख़ुदा या ईश्वर किसी ज़रदार के घर में नहीं, किसी निर्धन के सर्द चूल्हे में मिलेगा।

जदीदियत में ये प्रयोग निस्सन्देह तरक़्क़ीपसन्द प्रयोग हैं। निदा फ़ाज़ली ऐसे शायर हैं जो अवाम के दुःख को शिद्दत से महसूस करते हैं। निदा फ़ाज़ली ने स्त्री प्रेम केन्द्रित बहुत कम शे'र कहे। उन्होंने इश्क़ को व्यापकता प्रदान की। उसे अवाम की वेदना से जोड़ दिया। और फिर अवाम से यानी बेकस और मुफ़लिस किसान से मुख़ातिब हुए : जब तलक साँस है भूख है प्यास है / ये ही इतिहास है / रख के काँधे पे हल / खेत की ओर चल / जो हुआ सो हुआ।

यही तो तरक़्क़ीपसन्द इज़हार है कि निदा अतीत के पछतावे से मुक्त करते हुए, खेत की ओर चलने की बात करते हैं। सबसे बड़ी बात यहाँ जो संवाद की सूरत है, उसमें दानिशमन्द शायर की नहीं, साथीपन पैदा करते शायर की आवाज़ है। वो निरन्तर ग़ुफ़्तगू करते प्रतीत होते हैं। वो अपने अन्दर कोई अना का आत्मकेंन्द्रित गुम्बद नहीं बनाते। सीधी-सरल ज़बान में समाज के संग और हमरंग हो उठते हैं। और ज़िन्दगी की तलाश किताबों में नहीं करते, अवाम की वेदना में करते हैं :

निदा फ़ाज़ली की आधी ज़िन्दगी तो तंगदस्ती में गुज़री। संघर्ष। अभाव। भटकाव। तंगहाली। और शायरी। धीरे-धीरे हालात सुधरे। लेकिन फिर ज़िन्दगी ने मुश्किल में डाल दिया। इशरत से तलाक़ इन्हीं दिनों हुआ।

कुछ अरसे बाद निदा फ़ाज़ली ने गुजरात की गायिका मालती जोशी से शादी की।

निदा फ़ाज़ली की ग़ज़लों और नज़्मों में समाज के अन्दर जो ठस्सपन और निस्संगता का बीहड़ दिखाई देता है–वो, तंगदस्ती के दिनों में उनका अपना देखा-परखा और झेला हुआ है। ये ग़ज़ल भी निदा फ़ाज़ली ने उन्हीं दिनों लिखी थी। इस ग़ज़ल का एक शे'र :

हर तरफ़ हर जगह बेशुमार आदमी
फिर भी तन्हाइयों का शिकार आदमी

निदा कहते हैं–ज़िन्दगी क्या है किताबों को हटाकर देखो–और वो तमाम उम्र ख़ुद भी इसी विचार पर अमल करते रहे। तमाम उम्र उन्होंने किताबी बोझ (और विद्वता) को उतारकर, ज़िन्दगी का हाथ थामकर, एक ख़ुशमिज़ाज और ख़ुशख़्याल शायर को ज़िन्दा रखते हुए, ग़ज़लें, नज़्में लिखते रहे। उन्होंने दीवारों के बीच किताब में एक जगह लिखा कि "नास्टेल्जिया, तख़्लीकी ज़ेहन की बड़ी क़ुव्वत होती है। लेकिन जब ये शख़्सी (आत्म-केन्द्रित) होता है तो इकहरा हो जाता है।" निदा ने अपनी शायरी को आत्मकेन्द्रित होने से बचाया और उसे अवाम की शायरी बनाया।

निदा ने ग़ज़लें लिखीं, नज़्में लिखीं, गीत लिखे, संस्मरण लिखे और दोहे भी लिखे। हर विधा में वो एक उच्चस्तरीय कवि रूप में विद्यमान हैं। निदा फ़ाज़ली ने जो दोहे लिखे, उनमें ग़ज़ल से भिन्न एक अलग तरह की भावभूमि, आन्तरिकता, लोच और लय है। यहाँ दोहापन है और दोहा-मिज़ाज भी है। निदा फ़ाज़ली ने अनेक दोहे लिखे हैं। कुछ दोहे यहाँ प्रस्तुत हैं :

सातों दिन भगवान के क्या मंगल क्या वीर
जिस दिन सोये देर तक भूखा रहे फ़क़ीर

सीता रावण राम का करें विभाजन लोग
एक ही तन में देखिए तीनों का संजोग

बूढ़ा पीपल घाट का बतियाये दिन-रात
जो भी गुज़रे पास से सर पर रख दे हाथ

मैं रोया परदेस में भीगा माँ का प्यार
दुःख ने दुःख से बात की बिन चिट्ठी बिन तार

पूजा घर में मूरती मीरा के संग श्याम
जितनी जिसकी चाकरी उतने उसके दाम

आँगन-आँगन बेटियाँ छाँटी-बाँटी जाएँ
जैसे बाली गेहूँ की पके तो काटी जाएँ

यह है निदा फ़ाज़ली का दोहा संसार और अन्दाज़े-बयाँ। अन्दाज़े-बयाँ ग़ज़ल में ही नहीं, नज़्म और दोहों में भी होता है। यह जो निदा का दोहों में आत्मीय राग है, वो दिलकश है, उथल-पुथल पैदा करता, मन में प्रबल भावनाएँ जगाता है। इन दोहों में संवेदना की लय है और लोक गीतों-जैसी अनेक ध्वनियाँ भी। माँ, बेटियाँ, मीरा, श्याम, नीम, पीपल, बच्चे, राम, रावण, सीता, पंछी, फूल, चिट्ठी–ये पात्र हैं, ये प्रतीक हैं। प्रकृति की अनेक छवियाँ और जीवन के अनेक रंग इन दोहों में शामिल हैं।

निदा फ़ाज़ली ग़ज़लों में कबीराना ठाठ की रचना करते हैं तो वहीं, अपनी नज़्मों में वो बहुत बार 'घरेलूपन' को जैसे बड़ी आत्मीयता से बयान कर रहे हों। ज़िन्दगी और रिश्तों के गूढ़ यथार्थ को बड़े सहज भाव से, इस तरह नज़्मों में उतारते हैं जैसे किसी अपने से हाल बाँट रहे हों। उनकी नज़्मों के कुछ अंश :

उसने अपना पैर खुजाया
अँगूठी के नग को देखा
चुटकी से इक तिनका तोड़ा
चारपाई से बान मरोड़ा

(*एक बात*)

सिमटी हुई चौखट पर
कुछ धूप गिलहरी-सी
नींबू की क्यारी में
चाँदी के कई कंगन!

(*धूप गिलहरी-सी*)

कुण्डी ठुमकी चूलें चटखीं
कमरे की बत्ती जल उट्ठी
पायल झुमके बिछवे कंगन
जैसे घबराये हाथों से
कोई आटा गूँथ रहा हो
या आंगन को लेप रहा हो

(*दीवारों के पीछे*)

बान की खुर्री खाट के ऊपर हर आहट पर कान धरे
आधी सोई आधी जागी थकी दुपहरी जैसी माँ
बाँट के अपना चेहरा माथा आँखें जाने कहाँ गईं
फटे-पुराने इक अलबम में चंचल लड़की जैसी माँ

निदा फ़ाज़ली के एक शे'र का मिसरा है—बहुत मुश्किल है बंजारा मिज़ाजी। यह मिसरा उन्होंने ज़माने के लिए कहा हो या न कहा हो, अपने लिए ज़रूर कहा था। इसी बंजारा मिज़ाजी को ही उन्होंने अपने जीवन का शिल्प बना लिया था। 'आत्मकथा' नज़्म में वो जो भाव व्यक्त कर रहे हैं, वो उनकी अपनी जोग लिखी ही तो है :

किसी को टूट के चाहा किसी से खिंच के रहे
दुखों की राहतें झेलीं ख़ुशी के दर्द सहे
कहीं अँधेरा कहीं रोशनी कहीं साया
पहाड़ सख़्त था बरसों में रेत हो पाया

थक-हारकर, विश्राम करता, ज़िन्दगी के मुसाफ़िरख़ाने में बैठा शायर जैसे अपनी यात्रा का आख्यान रच रहा हो और कह रहा हो—*पहाड़ सख़्त था बरसों में रेत हो पाया।*

निदा ने ज़िन्दगी में (और शायरी में भी) अपने नए उस्लूब से सख़्त पहाड़ को काट का रेत करने की तौफ़ीक़ पैदा की। और फ़क़ीराना अन्दाज़ से, शायरी का अन्दाज़े बयाँ बदल कर रख दिया और कहा भी—वो जो/फटे-पुराने जूते गाँठ रहा है/वो भी मैं हूँ/पल-पल रूप बदलनेवाली मिट्टी हूँ मैं/जीवन हूँ मैं।

निदा फ़ाज़ली की शायरी का शिल्प ही हैरान नहीं करता, वो जिन शब्दों को अश्आर में/नज़्मों में/दोहों में प्रयुक्त करते हैं, हैरानी तो वहाँ होती है। ठेठ देहाती शब्द ग़ज़ल में और नज़्मों में आते हैं तो शायरी का वैभव बन जाते हैं। ज़रा शब्दों पर ग़ौर करें—छज्जा, इमली, गुइयां, बछिया, कुण्डी, चारपाई, बान, मुर्गा, मुंडेरी, चौका, चाय की केतली, दराती, हथौड़ा, खपरैल, आटे का कनस्तर, अदावन, बान की खुर्री खाट, चिमटा, फुकनी, बेसन की सोंधी रोटी, गोटा किनारी आदि।

निदा फ़ाज़ली को मुशायरे का शायर समझ लिया गया। बेशक, वो मुशायरे के शायर थे भी। लेकिन, इसके बावजूद, वो एक मुक़म्मल और अपनी तरह के, वक़्त से पंजा लड़ानेवाले शायर थे।

देवनागरी लिपि में उनकी शायरी की किताबें लफ़्ज़ों का पुल, खोया हुआ-सा कुछ, सफ़र में धूप तो होगी, आँखों भर आकाश तथा शहर में गाँव प्रकाशित हुईं।

इनके अतिरिक्त दीवारों के बीच तथा तमाशा मेरे आगे संस्मरण की किताबें छपीं। इन दिनों वो असातजा (उस्ताद शायर / वरिष्ठ दिवंगत शायरों) की ज़मीन पर ग़ज़लें लिख रहे थे। यह भी एक नया प्रयोग था। इसमें कोई शक नहीं कि वे एक बड़े शायर थे।

निदा फ़ाज़ली का 8 फ़रवरी 2016 को दिल का दौरा पड़ने से निधन हो गया।

दुश्मनी का सफ़र इक क़दम-दो क़दम— बशीर बद्र

मीर के शेर का एक मिसरा है–

'ले साँस भी आहिस्ता कि नाज़ुक है बहुत काम!' महाकवि मीर ने यह मिसरा सृष्टि की रचना को केन्द्र में रखकर कहा कि यह रचना इतनी महीन है कि इन्सान के साँस लेने से भी टूट सकती है।

महाकवि मीर का यह मिसरा बशीर बद्र की शायरी पर भी यही संकेत करता है। बशीर बद्र की शायरी इतनी महीन, इतनी मख़्सूस और इतनी सूक्ष्म अनुभूतियों की तिलिस्मी दुनिया है कि खुरदरे स्पर्श से यह बिखर सकती है। बशीर बद्र की शायरी को ज़िन्दगी के संवेदनशील नज़रिये से समझना इसलिए ज़रूरी है कि यह तख़्लीक (रचनात्मकता) शीशागरी है। इसलिए, बशीर की शायरी (ग़ज़लगोई) देखने-परखने से ज़्यादा महसूस करने की सिन्फ़ (विधा) है।

बशीर बद्र ग़ज़ल की रचना करते हुए एक ऐसे कल्पनालोक की भी रचना करते हैं जहाँ विषयों का वैभव और अनूठे प्रतीकों का अप्रतिम सौन्दर्य हैरान करता है। बशीर की ग़ज़लगोई का संसार हैरानियों का संसार है। बशीर की ग़ज़लगोई ज़िन्दगी के नायाब अनुभवों की अव्यक्त कथा है–संश्लिष्ट और गूढ़! बशीर के पास अनुभूति का एक ऐसा सौन्दर्यबोध है कि वो शबनम की ज़बां से फूलों की आवाज़ सुनते हैं। उनकी शायरी में जो बेचैन किरदार है, जो ख़ुद शायर ही है, वो हर वक़्त किसी दुर्लभ शय की तलाश में मसरूफ़ रहता है। वो कहता भी है–'मैं उदास रास्ता हूँ शाम का तेरी आहटों की तलाश है।' मन के विस्थापन को व्यक्त करने का यह अन्दाज़ जितना महीन है उतना दिलकश! लेकिन शाम का उदास निर्जन रास्ता जिसके पास आहट तक नहीं। उस व्याकुलता को महसूस कराता हुआ मिसरा, अकेलेपन की मार्मिक अभिव्यक्ति हो जाता है।

हर शख़्स के पास दो दुनियाएँ मौजूद हैं–बाहर की सामाजिक दुनिया, दूसरी अन्तर्मन की दुनिया। बशीर के पास भी ये दोनों दुनियाएँ हैं। बाहर की सामाजिक

दुनिया पर जब वो अश्आर के ज़रिये तबसरा करते हैं तो वहाँ भी वो अपनी विशिष्ट शैली और कारूणिक लय को व्यक्त कर रहे होते हैं–

कोई हाथ भी न मिलाएगा जो गले मिलोगे तपाक से
ये नए मिज़ाज का शहर है ज़रा फ़ासले से मिला करो

तथा

इसी शहर में कई साल से मेरे कुछ क़रीबी अज़ीज़ हैं
उन्हें मेरी कोई ख़बर नहीं मुझे उनका कोई पता नहीं

बशीर ने जदीद और क्लासकियत के दो विभिन्न छोरों को मिलाकर जो बिल्कुल नया और विस्मित कर देने वाला उस्लूब रचा है, उसीके ज़रिये उन्होंने अपनी शायरी में बिम्बों की मानीखेज़ सृष्टि निर्मित की है।

बशीर बद्र की दूसरी दुनिया अन्र्तमन की दुनिया है। यह मन की दुनिया बेहद जटिल, सूक्ष्म, प्रबल भावनाओं से ओतप्रोत है। बशीर बद्र अपनी ग़ज़लों में इस दुनिया की आन्तरिकता को, प्रतीकों से व्यक्त करते हैं। जितनी विचित्र, अनूठी, अव्यक्त यह अन्तर्मन की दुनिया है उतनी अधिक सूक्ष्म, एन्द्रिक, महीन और मोहक बशीर की ग़ज़लगोई। कुछ शेर इसी सिलसिले में–

मेरे साथ जुगनू है हमसफ़र मगर इस शरर की बिसात क्या
ये चराग़ कोई चराग़ है न जला हुआ न बुझा हुआ

–

मेरी छत से रात की सेज तक कोई आंसुओं की लकीर है
ज़रा बढ़ के चाँद से पूछना वो उसी तरफ़ से गया न हो

बशीर बिम्बों के शायर हैं। उनकी ग़ज़लों के शेर अर्थ में व्यक्त नहीं होते (होते भी हैं)। वो बिम्बों में व्यक्त होते हैं। जब शेर की यात्रा समाप्त होती है तो शेर सूक्ष्म अभिव्यक्ति के लिबास में, पूरे तमतराक़ के साथ खड़ा दिखाई देता है। शेर ख़ामोश होता है। उसके बिम्ब बोल रहे होते हैं। यह संरचना जितनी जटिल होती है उतना अधिक सम्मोहन पैदा करती है। बशीर सचमुच अपने अश्आर के ज़रिये 'मिसमेराइज़' करते हैं। ये शेर–

सरे शाम ठहरी हुई ज़मीं जहाँ आसमाँ है झुका हुआ
इसी मोड़ पर मेरे वास्ते वो चराग़ लेके खड़ा न हो

वो चराग़ लेके खड़ा न हो–यह सम्भावना दिल फ़रेब है। इस शेर में 'वो' पात्र है यानी प्रेमिका। मैं पात्र के पास सम्भावनाओं का जज़ीरा है। यह प्रेम जैसे विषय का शेर है। यह मन की प्रबल भावनाओं का शेर है।

धुंध की बन्द पलकें कतरते हुए सायकिल पर चलीं धूप की कैंचियाँ
रंग वाली हवाओं के कुर्ते उड़े सुबह का सायरन दे रहा है सदा

साइकिल पर धूप की कैंचियाँ चलाने वाले बशीर, सुबह के सायरन की आवाज़ का ख़ैरमक़दम करने वाले बशीर जब कहते हैं–'परिन्दा शाम के पुल पर बहुत ख़ामोश बैठा है तो वो मन के अन्तर्द्वन्द्व को संकेतों में तहरीर करते हैं और फिर अल्फ़ाज़ में नमी-सी पैदा करते हुए कहते हैं–'मेरी हंसी से उदासी के फूल खिलते हैं।'

बशीर बद्र की शायरी स्पष्ट की नहीं अस्पष्ट की शायरी है। शब्दों की महीन कशीदाकारी है। ग़ज़ल के अश्आर को पढ़कर एक अदबी अनुभव होता है, बेशक! लेकिन यह 'ग़ज़ल सृष्टि' जो बशीर बद्र ने रची है, यह अहसासात की सृष्टि है जो पढ़ते वक़्त महसूस भी होने लगती है।

बशीर की शायरी में दृश्यात्मकता है। यही गूंजते हुए प्रतीक, बिम्बों के साथ दिखाई देने लगते हैं बशीर की शायरी का यह फ़न है और कौशल भी। वो शब्दों का खेल खेलते हैं। प्रतीकों की दुनिया सजाते हैं। बिम्बों की बस्तियाँ बसाते हुए वो कुदरत से गुफ़्तगू-सी करते हैं

कई सितारों को मैं जानता हूँ बचपन से
कहीं भी जाऊँ मेरे साथ-साथ चलते हैं

–

लॉन में एक भी बेल ऐसी नहीं जो देहाती परिन्दों के पर बाँध ले
जंगली आम की जान लेवा महक जब बुलाएगी वापस चला जाएगा

–

कोई फूल धूप की पत्तियों में हरे रिबिन से बंधा हुआ

–

इसी ज़र्द पेड़ की ओट में अभी चाँद हार के सो गया

बशीर बद्र मूलतः प्रेम और प्रकृति के कवि हैं। यहाँ जो सुख, दुख और अकेलेपन के दृश्य हैं वो रूह तक पहुँचते हैं। तस्कीन देते हैं। ख़ुलूस पैदा करते हैं।

बशीर की ग़ज़लों में तिलिस्मी दुनिया है। शाम, रेत, पुल, धूप, आंसू, पहाड़, सुबह, सायरन, मौसम, दरख़्त, बच्चे, बारिश, कश्ती, समन्दर, जुगनू, चराग़ ये सारे प्रतीक बशीर की शायरी का सरमाया हैं।

बशीर सिर्फ़ और सिर्फ़ ग़ज़ल के शायर हैं। वो मक़बूल और मेयारी शायर हैं। उन्होंने नए प्रयोग करने का साहस दिखाया। ये नए प्रयोग ज़िद की हद तक किए।

अपने पहले ग़ज़ल संग्रह 'इकाई' से लेकर 'आमद' तक एक बाज़िद और बाशऊर, प्रयोगधर्मी शायर, अपनी आधुनिकता के साथ नई ग़ज़ल के आधुनिक बोध को निरन्तर विस्तार देता रहा है।

बशीर के दुरूह और जटिल प्रतीक बेहद लोकप्रिय हुए हैं। अवाम ने उनको न सिर्फ़ पसन्द किया बल्कि अपनी चेतना में बसा लिया। सातवें दशक में जब बशीर बद्र ने कहा–उजाले अपनी यादों के हमारे पास रहने दो। न जाने किस गली में ज़िन्दगी की शाम हो जाए–तो यह शेर तब से लेकर अब तक हज़ारों-हज़ार बार सुना-सुनाया जाता रहा।

बशीर बद्र प्रेम, प्रकृति के तो शायर हैं ही, वो ज़िन्दगी के भी शायर हैं। आख़िर सारी हलचल ज़िन्दगी की ही तो हलचल है। उन्हीं की ग़ज़ल का एक शेर है–

कभी धूप दे कभी बदलियाँ दिलो-जां से दोनों कुबूल हैं
मगर उस महल में न कैद कर जहाँ ज़िन्दगी की हवा न हो

बशीर बद्र ने बेहद लम्बी बहरों की इस तरह संरचना की है जैसे वो ग़ज़ल की साधना कर रहे हैं। उन्होंने तवील से तवील तर और छोटी बहरों में प्रबल भावनाओं और मन की गहराइयों के साथ ग़ज़लें लिखीं। उनकी ग़ज़लों के प्रतीक, जीवित किरदार जैसे! और बिम्ब, दृश्यों में गूंजते हुए।

बशीर बद्र अपनी शायरी में 'मैं' पात्र ख़ुद शायर के ज़रिये, दुनियावी सवालों से उलझते हैं। सवाल पैदा करना उनका मकसद है। उनकी शायरी में कशमकश का बीहड़ है। उनकी शायरी में ज़िन्दगी के अन्तर्विरोध निरन्तर ध्वनित होते हैं। ऐसा प्रतीत होता है ज़िन्दगी के एक पाले में मैं पात्र खड़ा है, दूसरे पाले मैं कशमकश का संसार। कुछ शेर–

अजब चराग़ हूँ दिन रात जलता रहता हूँ
मैं थक गया हूँ हवा से कहो बुझाए मुझे

–

वो समझ के धूप का देवता मुझे आज पूजने आए हैं
मैं चराग़ हूँ तेरी शाम का ये कभी किसी को ख़बर न हो

–

बेवक़्त अगर जाऊँ सब चौंक पड़ेंगे
इक उम्र हुई दिन में कभी घर नहीं देखा

–

अजीब शख़्स है नाराज़ होके हंसता है
मैं चाहता हूँ ख़फ़ा हो तो वो ख़फ़ा ही लगे

–

वो इन्तज़ार की चौखट पे सो गया होगा
किसी से वक़्त तो पूछें कि क्या बजा होगा

बशीर की शायरी के ये काव्यानुभव समाज और जीवन के कोने कंतरों से छनकर आए हैं। लेकिन बशीर इन साधारण अनुभवों को अपने अन्दाज़े-बयाँ से उच्च संस्कारित बनाकर प्रस्तुत करते हैं। उनकी ग़ज़लगोई का बड़ा हिस्सा इश्क़ जैसे भावनात्मक विषय को समर्पित है। वहाँ मूर्त और अर्मूत काव्यानुभव हैं। वहाँ शायर ने प्रतीक इतने गूढ़ चुने कि कई बार तो अर्थ की सम्भावना ही समाप्त हो गई। बेशक, शेर अपने बिम्ब में कुछ कहता हुआ नज़र आया।

बशीर बद्र सूक्ष्म अनुभूतियों को व्यक्त करते हुए 'अकथ' को किसी पर्दे की तरह इस्तेमाल करते हैं। वो जो कहते हैं और जो नहीं कहते–एक दुनिया वहाँ भी होती है। बेहद मानीख़ेज़ दुनिया जहाँ इश्क़ की अव्यक्त, अबूझ और अस्पष्ट जिज्ञासाएँ होती हैं। जहाँ इन्तज़ार और तलाश दो ऐसे तत्व होते हैं जहाँ चाहतों की मुंडेर पर भावनाओं के ज़ख्मी जज़ीरे, अकेलेपन की शिकस्ता कश्तियों से खेलते प्रतीत होते हैं।

बशीर की ग़ज़लों में ज़िन्दगी की मुँहफट आकांक्षाओं के विपरीत, कुछ लज्जालू ध्वनियाँ सुनाई देती हैं। बशीर प्रेम केन्द्रित ग़ज़लें लिखते हुए जिस प्रबल और विराट अनुभूतियों के संसार में होते हैं, वहाँ स्त्री, महज स्त्री नहीं होती, वो सम्पूर्ण सृष्टि होती है। 'मैं' और 'तुम' के रिश्ते में भी एक अकथ सृष्टि है–बशीर उस सृष्टि के शायर हैं। कुछ शेर ग़ौरतलब हैं–

मेरे बचपन के मन्दिर की वो मूरती धूप के आसमां पे खड़ी थी मगर
एक दिन जब मेरा क़द मुक़म्मल हुआ उसका सारा बदन धूप में धंस गया

बशीर की ग़ज़लगोई में न खुरदरापन है न करख़्तगी। यहाँ प्रेम हो या समाज, हर बात, हर विषय, अपने उच्चतम जीवन मूल्यों के साथ व्यक्त होता है।

कुछ शेर जो विभिन्न विषय केन्द्रित हैं लेकिन लहजों में कितनी शाइस्तगी है और अभिव्यक्ति में कितनी विनम्रता–

दुश्मनी का सफ़र इक क़दम दो क़दम
तुम भी थक जाओगे हम भी थक जाएंगे

–

जिस तरह वापिस कोई ले जाएँ अपनी चिट्ठियाँ
जाने वाला इस तरह से कर गया तन्हा मुझे

—

शोहरत की बुलन्दी भी पलभर का तमाशा है
जिस डाल पे बैठे हो, वो टूट भी सकती है

उपरोक्त अश्आर में नए समय की पद्चाप सुनाई देती है। यहाँ बदलते हुए जीवन मूल्यों को गूड़ संकेतों में व्यक्त किया गया है। यही बशीर की ग़ज़लगोई की विशेषता है। वैमनस्य और शत्रुता पर बहुत बार शेर कहे गए हैं। लेकिन यहाँ दुश्मनी की बात कुछ और अन्दाज़ में है। यहाँ दुश्मनी से ज़्यादा उसके नतीजे पर बात है—तुम भी थक जाओगे, हम भी थक जाएंगे। शायर के इस शेर में सम्बोधन है। वो अपने सामने खड़े किसी प्रतिद्वन्द्वी को बड़ी आत्मीयता से समझा रहे हैं—दुश्मनी का क़दम इक क़दम दो क़दम...। एक अन्य शेर में अपने रफ़ीक से हैरान होकर पूछ रहे हैं—रूक गए राह में हादसा देखकर! तुम अभी शहर में क्या नए आए हो? क्योंकि यहाँ हादसे को देखकर कोई नहीं रूकता। संवेदना का जो तत्व था इस शहर में वो समाप्त हो चुका है। शहर की निस्संगता पर कटाक्ष है! लेकिन कहने में जो सौन्दर्य है, वही बशीर का अन्दाज़े बयाँ है।

बशीर अपनी शायरी में अपने जिस संसार को रचते हैं वो फंतासीनुमा प्रतीत होता है।

डॉ. गोपीचन्द नारंग के अनुसार : उनकी ग़ज़लों की पहली किताब 'इकाई' ने हमारे अदब में तहलका मचा दिया था। इकाई से लेकर आमद तक इनका सफ़र, फूलों का रास्ता नहीं है। वो बड़ी-बड़ी आज़माइशों से गुज़रे हैं।

बशीर बद्र की अब तक की प्रकाशित पुस्तकें इकाई (1969) इमेज (1973) आमद (1985) आसमान (1990) तथा आहट (1994) हैं। हिन्दी में भी उनकी प्रकाशित किताब—कल्चर यकसाँ जो रचनावली के रूप में है। निदा फ़ाज़ली ने भी बशीर बद्र की शायरी को केन्द्र में रखकर एक पुस्तक सम्पादित की है।

बशीर बद्र का पूरा नाम सैयद मोहम्मद बशीर तख़ल्लुस बद्र है। बशीर बद्र ने अलीगढ़ मुस्लिम विश्वविद्यालय से एम.ए पीएचडी की।

'आस' बशीर बद्र की रचनात्मकता का उत्कर्ष है। इसी किताब पर बशीर बद्र को साहित्य अकादमी सम्मान से नवाज़ा गया।

बशीर बद्र अपने समय के बेहद लोकप्रिय और अवाम में मक़बूल किए जाने वाले शायर रहे हैं। न सिर्फ़ देश में बल्कि विदेश (मसलन अमेरिका, पाकिस्तान, कनैडा, दुबई, शारजाह, मस्कट, दोहा आदि) में भी उन्होंने अपनी शायरी के ज़रिये प्रभावित किया।

यह बात बड़े यकीन से कह सकते हैं कि बशीर, मन की कैफ़ियत को बड़ी बारीक़ी से अपने अश्आर में व्यक्त करने वाले ऐसे शायर हैं जो 'अव्यक्त' के लिए भी 'स्पेस' बनाकर रखते हैं। उनकी शायरी में प्रेम के बहुत सारे अनसुलझे प्रश्नों की अकथ कथाएँ हैं। बशीर, दरहक़ीकत, अव्यक्त भावनाओं को व्यक्त करने वाले, मौलिक प्रतीकों को रचने वाले, संवेदन लय से भरपूर शायर हैं।

अहमद कमाल परवाज़ी

अहमद कमाल 'परवाज़ी' मुशायरे के शायर नहीं थे। शायद यही वजह है कि 'परवाज़ी' की शायरी समकालीन शायरों से मुख़्तलिफ़ है। तीक्ष्ण है। पैनी है। अर्थवान है। समकालीन है। यर्थाथ के पस:मंज़र जो यर्थाथ होता है, अहमद कमाल परवाज़ी की दृष्टि उसे भेदती है। उस ज़िन्दगी के छुपे हुए यर्थाथ से रू-ब-रू होती है और यहीं से ज़िन्दगी से वार्तालाप का सिलसिला बनता चला जाता है।

शेर है–

शुरू में मैं भी इसे रोशनी समझता था
ये ज़िन्दगी है इसे हाथ मत लगा लेना

ये जो ज़िन्दगी को समझने का अबोधपन होता है, और सम्भवत: हर किसी में होता है। शायर सचेत करता है–'शुरू में मैं भी इसे रोशनी समझता था यानी, वो रोशनी जिसमें मैत्री का भाव होता है। लेकिन ज़िन्दगी वो नहीं। कुछ और है। दुरूह। जटिल। अव्यक्त और कष्टप्रद। और इम्तेहान लेनेवाली। और न समझ आनेवाली! एक और शेर है–

जो खो गया है कहीं ज़िन्दगी के मेले में
कभी-कभी उसे आँसू निकल के देखते हैं

शेर में यहाँ भी ज़िन्दगी है। लेकिन कैफ़ियत भिन्न है। यहाँ ज़िन्दगी का मेला है ओर किसी का (किसी आत्मीय का) बिछुड़ना है। वो तो खो गया है। लेकिन उसे देखते हैं। वो आँसू हैं जो देखते हैं। ज़िन्दगी के मेल में खो गए किसी अपने को। शायर ख़ुद नहीं देखता। आँसू देखते हैं। आँसुओं का देखना मुहावरा बन जाता हे शेर में।

प्रेम करने वाला बिछुड़ जाए तो वो तड़प उम्रभर की होती है।

बिछुड़ने जाने और अकेला हो जाने की अनुभूति इस शेर में भी है।

मेरी तरह से ट्रेन भी सुनसान हो गई
एक-एक करके सारे मुसाफ़िर निकल गए

रेल, या रेलगाड़ी को केन्द्र में रखकर, बहुत शेर कहे गए हैं।

अहमद कमाल 'परवाज़ी' ज़िन्दगी को मेला समझते हैं। ज़िन्दगी की लीलाएँ उनकी शायरी में, ग़ज़ल कथन के रूप में उभरती हैं। वो नये से नये प्रयोग करते हैं। हर बार एक नयी लीला और हर बार एक नयी रचनात्मक मुठभेड़।

वो कहते हैं 'मेरी तरह से ट्रेन भी सुनसान हो गई–यानी, मैं भी ट्रेन जैसा था जिसकी तमाम बोगियाँ ख़ाली-ख़ाली हो चुकी थीं। अब ट्रेन! जिसके सारे मुसाफ़िर, एक-एक करके उतरते चले गए।

ट्रेन एक रूपक की तरह है। जीवन रूपी ट्रेन से एक-एक करके सारे साथी उतरते चले गए। और 'मैं' पात्र अकेला होता चला गया।

यही जीवन लीला है। यही रेल लीला भी है कि मुसाफ़िर उतरकर चले जाते हैं। जीवन, रेल की वो लीला है जिसमें हमसफ़र मिलते हैं। फिर अचानक हाथ छुड़ाकर चले जाते हैं। और शेष! जीवन रूपी ख़ाली बोगी।

परवाज़ी की घनी, गाढ़ी, महीन और प्रतीकात्मक शायरी, अन्र्तमन की प्रबल भावना को संकेतों में व्यक्त करती है।

तेरे ख़िलाफ़ गवाही तो दे रहा हूँ मगर
दुआएँ माँग रहा हूँ तेरी रिहाई की

इस शेर में जो व्याकुलता है, वही शेर का विषय है। यहाँ दो तत्व अहम हैं। पात्र (मित्र) के ख़िलाफ़ गवाही और रिहाई की दुआ। यह अन्तर्द्वन्द्व शेर की आत्मा है।

अहमद कमाल परवाज़ी इश्क़ जैसे विषय को पीछे छोड़ते हुए, मुफ़लिसी, सामाजिक तानाबाना, अकेलापन, जीवन के कष्ट, संघर्ष जैसी व्यापक दुनिया में प्रविष्ठ होते हैं। यह नायाब शेर–

खिलौने बाद में पहले तू इस रसीद से खेल
ऐ मेरे लाल, तेरी फ़ीस भर के आया हूँ

शेर चाक्षुष है। दिखाई देता हुआ। शेर वर्तमान में है। शेर में कथा है। निर्धन पिता की कथा। कथा में बेबसी। और बेबसी में पिता। पिता जो बेटे की फ़ीस भरकर आया है। पिता घर में आया है। पुत्र ने खिलौने की ज़िद की है। पिता ने स्कूल की फ़ीस की रसीद बेटे को देते हुए कहा है–'तू इस रसीद से खेल।' इस व्यंजना में कितनी मार्मिकता है और अभाव का कष्ट।

परवाज़ी के शेर का एक मिसरा है–'वो तो अन्दर की उदासी ने बचाया वरना।'

अन्दर की उदासी! शायर के पास जो सबसे अनमोल शय होती है वो उदासी होती है।

नासिर ने कहा था कि वो शायरी के ज़रिये अपने अहद (युग) को उदास होना सिखा रहे हैं।

चुटकुले व्यर्थता का बोध पैदा करते हैं। दो क़दम चलकर समाप्त हो जाते हैं। लेकिन उदासी का साथ देर तक रहता है। उदासी की कला का सौन्दर्य जीवन का तप बन जाता है।

शायर की शायरी में उदासी एक ऐसा किरदार होती है जिसकी भूमिका बड़ी होती है।

बिल्कुल यहीं परवाज़ी कहते हैं–

'प्यार तो डूब के मरने के लिए होता है।'

परवाज़ी कहते हैं–

ग़म के बगैर जश्न मुकम्मल न हो सका
ऐसा लगा कि कोई मचलने से रह गया

ज़िन्दगी के पण्डाल में बेशक रौनकों की ज़रूरत होती हो, शायर की बस्ती में, ग़म भी, जश्न की तरह आते हैं।

अहमद कमाल परवाज़ी की शायरी, मन की ऐसी अर्न्तयात्रा है जिसमें अतर्कथाएँ, स्मृतियों की गूँज के साथ, दबे पाँव चलती हैं।

प्रतीकों और इमेजिस के मिलाप से कहा गया ये शेर, परवाज़ी के तसव्वुर और कहन का उच्च रूप है। शेर है–

घाव की शक्ल में निकलता है
चाँद बरसात के ज़माने में

अहमद कमाल परवाज़ी ने उच्च स्तरीय शायरी की और अपना नया ग़ज़ल कथन क्रिएट किया।

उनका जन्म 11 मार्च 1944 को उज्जैन में हुआ। पढ़ाई की। एमए एलएलबी की डिग्री हासिल की। सहकारी केन्द्रीय बैंक अकदोने ब्राँच में नौकरी करने लगे। नौकरी और शायरी साथ-साथ चलती रही। वो हमेशा अपने सिरहाने पेन, काग़ज़ रजिस्टर रखे रहते। रात-बेरात ज़ेहन में जब कोई शेर की सूरत में ख़्याल उभरता, वो रजिस्टर में नोट कर लेते।

परवाज़ी ने बेशक बहुत उच्च स्तरीय ग़ज़लें लिखीं। लेकिन शायरी को जो सम्मान मिलना चाहिए था, वो नहीं मिला। इसका एक बड़ा कारण यह भी था कि

वो मुशायरे के शायर नहीं थे। वो शायर हमेशा नुक़सान में जिन्होंने मुशायरे का त्याग किया बेशक शायरी ऊँचे दर्जे की करते रहे।

29 दिसम्बर 2007 को दिल का दौरा पड़ने से अहमद कमाल परवाज़ी की मृत्यु हुई।

अहमद कमाल परवाज़ी की उर्दू में दो किताबें प्रकाशित हुईं। 1988 में 'मुख़्तलिफ़' और 2005 में 'बरकरार'। देवनागरी लिपि के चाँदी का वरक़ नाम से किताब छपी जो उनकी मृत्यु के बाद 2009 में प्रकाशित हुई।

परवाज़ी की ग़ज़लों से ये शेर–

एक पागल है जो दिनभर यही चिल्लाती है
मेरे भारत के लिए कौन-सी बस जाती है

सुदर्शन फ़ाकिर

सुदर्शन फ़ाकिर, जालन्धर रेडियो स्टेशन पर नौकरी करते थे। उन दिनों सुप्रसिद्ध ग़ज़ल गायिका बेगम अख़्तर, आई जी जालन्धर के निमन्त्रण पर लखनऊ से जालंधर आईं। आई.जी. अश्विनी कुमार शायर थे। ग़ज़लें लिखते थे। बेगम अख़्तर को उन्होंने आमन्त्रित भी इस दृष्टि से किया था कि बेगम अख़्तर, अश्विनी कुमार, आई जी की रेडियो स्टेशन जालन्धर पर कुछ ग़ज़लें गायें। बेगम अख़्तर ने ग़ज़लें गायीं भी थीं। और आख़िर में, उन्होंने एक ग़ज़ल सुदर्शन फ़ाकिर की भी पकड़ा दी। अश्विनी कुमार ने यह समझा कि कम उम्र का यह लड़का, क्या तो लिखता होगा और क्या उसकी ग़ज़ल को बेगम अख़्तर गाएँगी।

सुदर्शन फ़ाकिर की ग़ज़ल की धुन बनाई गई। बेगम अख़्तर जब उस ग़ज़ल को गाने लगीं तो उस ग़ज़ल के शब्द प्रयोग से बेहद प्रभावित हुईं। उस ग़ज़ल को, बेगम अख़्तर ने कई अन्दाज़ में गाया और बार-बार गाया। वो आई थीं, आई जी अश्विनी कुमार की ग़ज़लें गानें, लेकिन प्रभावित हुईं वो सुदर्शन फ़ाकिर की ग़ज़ल से। जाते वक़्त वो बेशकीमती उद्‌गार भी फ़ाकिर के लिए कह गयीं, "सुदर्शन, तुम्हारी इस ग़ज़ल ने मेरा जालन्धर आना सार्थक कर दिया।" यह बात यूँ ही नहीं कही गयी थी। इसके सन्दर्भ थे और अर्थ थे।

यह ग़ज़ल बाद में, बेगम अख़्तर की गायी सबसे मशहूर ग़ज़लों में शुमार हुई और बेहद लोकप्रिय भी हुई। उस ग़ज़ल की लोकप्रियता में अब भी कोई कमी नहीं आई। ग़ज़ल के शब्द गूँजते हैं। तार झंकरित होते हैं। एक हूक-सी उठती है। ग़ज़ल के कुछ शेर–

कुछ तो दुनिया की इनायात ने दिल तोड़ दिया
और कुछ तल्ख़िए-हालात ने दिल तोड़ दिया

हम तो समझे थे कि बरसात में बरसेगी शराब
आई बरसात तो बरसात ने दिल तोड़ दिया

दिल तो रोता रहे और आँख से आँसू न बहे
इश्क़ की ऐसी रवायात ने दिल तोड़ दिया

आपको प्यार है मुझसे के नहीं है मुझसे
ऐसे बेकार सवालात ने दिल तोड़ दिया

सुदर्शन फ़ाकिर की यह ग़ज़ल एक सम्मोहक वातावरण निर्मित करती है। रदीफ़–'दिल तोड़ दिया', ग़ज़ल के शेरों में रिपीट होता है और हर बार श्रोता इसी–'दिल तोड़ दिया' के लिए इन्तज़ार में रहता है। इस–'तोड़ दिया' में जो कातरता है, शिकायत है, दोस्ताना नाराज़गी है, वो लाजवाब है। हम जब ग़ज़ल को पढ़ चुकते हैं। और कुछ पल बाद उसे फिर से पढ़ने की चेतना जागृत होती है। बहुत साधारण अन्दाज़ में लिखी गई ग़ज़ल बहुत असाधारण असर पैदा करती है। बहुत आसान ग़ज़ल। यही आसान होना इस ग़ज़ल का सौन्दर्य है। बरसात, शराब, इश्क़, हालात आँसू–जैसे जीवन दर्शन और जीवन यात्रा के अध्याय खुल रहे हों।

सुदर्शन फ़ाकिर ने जब ग़ज़लें लिखना शुरू किया था तो यह ग़ज़ल लिखी थी। उन्हें क्या मालूम था कि शुरूआती दौर में लिखी गई ग़ज़ल अमर रचना हो जाएगी। इसका श्रेय बेगम अख़्तर को जाता है। उन्होंने इस ग़ज़ल को गाकर, फ़र्श से अर्श पर पहुँचा दिया।

बेगम अख़्तर ने यह बात बड़े तपशि भरे अन्दाज़ में सुदर्शन फ़ाकिर से कही थी कि तुम्हारी इस ग़ज़ल ने मेरा जालन्धर में आना सार्थक कर दिया।

बिल्कुल इसी ज़मीन पर लिखी गई सुदर्शन फ़ाकिर की एक और ग़ज़ल भी है। वही वेदना, वही ख़लिश, वही तड़प। एक ग़ज़ल में दिल के टूटने की बहुत मद्धम-सी आवाज़ें हैं तो दूसरी ग़ज़ल में 'रोना' है। ज़िन्दगी में बहुत बार मन की कैफ़ियत ऐसी होती है कि जी चाहता है, रोया जाए। उदासी अगर अनुभूति होती है तो रोना अभिव्यक्ति।

ग़ज़ल के ये शेर–

इश्क़ में ग़ैरते-जज़्बात ने रोने न दिया
वर्ना क्या बात थी, किस बात ने रोने न दिया

आप कहते थे कि रोने-से न बदलेंगे नसीब
उम्रभर आपकी इस बात ने रोने न दिया

रोनेवालों से कहो उनका भी रोना रो लें
जिनको मजबूरी-ए-हालात ने रोने न दिया

उनसे मिलकर हमें रोना था बहुत रोना था
तंगी-ए-वक़्त-ए-मुलाक़ात ने रोने न दिया

ग़ज़ल में रोने की प्रबल भावना है लेकिन त्रासदी यह है कि पात्र चाहने के बावजूद, कारणवश, स्थितिवश, हालातवश रो नहीं पा रहा। और जो रोने की लज़्ज़त है, उसे हासिल नहीं कर पा रहा।

शायरी में उदासी का चिन्तन होता है। जब स्मृति आती है तो वो अकेले नहीं आती, उदासी उसके साथ आती है। रोना अक्सर नहीं होता। लेकिन वो होता है। इश्क़ में टूटने की आवाज़ें, रोने में छुप जाती हैं।

सुदर्शन फ़ाकिर की शायरी में न रो पाने की ख़राशें हों या 'दिल तोड़ दिया' जैसी उठती हूक हो, समय की पद्चाप, सुदर्शन फ़ाकिर की शायरी में अक्सर सुनाई देती है। ये शेर–

न मुहब्बत न दोस्ती के लिए
वक़्त रूकता नहीं किसी के लिए
तथा
तेरे जाने में और आने में
हमने सदियों का फ़ासला देखा

पात्र के जाने और आने के बीच जो इन्तज़ार है, वो लम्बी महसूस होती है, जैसे सदियाँ गुज़र गई हों।

और यह शेर–

ये शीशे से सपने ये रिश्ते ये धागे
किसे क्या ख़बर है कहाँ टूट जाएँ

कहाँ टूट जाएँ? समय यहाँ भी है। आनेवाले वक़्त में पता नहीं कब हाथ छूटे, कब सपना टूटे...यह जो रहस्य है, यही जीवन लीला है।

सुदर्शन फ़ाकिर का जन्म 1934, फ़िरोज़पुर में हुआ। फ़िरोज़पुर के रेतवाला गाँव में जन्में सुदर्शन फ़ाकिर, प्राइमरी पढ़ाई के बाद फ़िरोज़पुर शहर में, आगे की पढ़ाई के सिलसिले में चले आए। पिता डॉ. कामरा चाहते थे बेटा पढ़ लिखकर उनकी तरह डॉक्टर बने।

लेकिन सुदर्शन फ़ाकिर फ़िरोज़पुर में रहते हुए जिस लड़की से प्रेम करने लगे, उसके पिता ने लड़की की कहीं और शादी कर दी।

सुदर्शन फ़ाकिर असफल प्रेम का दर्द लेकर बाक़ी की पढ़ाई कि लिए जालन्धर आ गए। आए थे उच्च शिक्षा हासिल करने लेकिन इश्क़ की तड़प और यादों ने

उन्हें फ़कीर जैसा बना दिया। वो शराब पीने लगे और सुदर्शन 'फ़ाकिर' नाम से शायरी करने लगे।

सुदर्शन फ़ाकिर ने जो कमरा किराये पर लिया वो पहली मंज़िल पर था। ऊपर कमरा। नीचे ढाबा। कमरे में एक दरी थी जिस पर सिगरेटों से हज़ारों शिगाफ़ हो चुके थे। पूरे कमरे में शराब सिगरेट की गन्ध। वो तो थी ही। कमरे के एक कोने में ख़ाली बोतलों का ढेर था। सुदर्शन फ़ाकिर का यह कमरा, शायरों, संगीतकारों, लेखकों का जैसे मुसाफ़िरख़ाना हो। जालन्धर स्टेशन से जो उतरता, सुदर्शन फ़ाकिर के इस ठीये पर चला आता। उन आने वालों में जगजीत सिंह भी थे। वो ऐसा दौर था जब सब दोस्त बड़ा होना चाहते थे। बड़े-बड़े दबाव देखते थे। जगजीत सिंह ने कहा था कि वो अगर कामयाब हुए तो सुदर्शन फ़ाकिर के गीत-ग़ज़लें ज़रूर गाएँगे और बाद वक़्त, जगजीत सिंह ने सुदर्शन फ़ाकिर की लगभग सभी गीत ग़ज़ल और भजन गाए।

और बेगम अख़्तर के वादे की बात करें तो उन्होंने अपना वादा निभाया। सुदर्शन फ़ाकिर की ग़ज़ल को रिकार्ड करवाते वक़्त सुदर्शन को फ़ोन करके मुम्बई बुला लिया। ये 1969 की बात है। मुम्बई में सुदर्शन फ़ाकिर की बड़ी हस्तियों से मुलाक़ात हुई। ख़य्याम के संगीत निर्देशन में, सुदर्शन की ग़ज़ल–इश्क़ में ग़ैरते जज़्बात ने रोने न दिया, बेगम अख़्तर ने गायी और वो ख़ूब मक़बूल हुई।

ज़िन्दगी मेरे घर आना–दूरियाँ फ़िल्म का गीत सुदर्शन फ़ाकिर ने लिखा। और पहले गीत को ही फ़िल्मफ़ेयर अवार्ड मिला।

अब्बास ताबिश

उर्दू ग़ज़लकारों ने अपनी शायरी में दो बड़े काम ये किए हैं कि एक तो उन्होंने दूसरे को (दूसरे व्यक्ति को) उपस्थित किया है और दूसरी बात ये है कि एक ऐसी कल्पनाशील दुनिया का सृजन किया है जो शब्दों से, भावनाओं से, प्रतीक्षा से, प्रेम से, प्रेम के विघटन से, आन्तरिक दुख की लय से तामीर होती है। नासिर काज़मी जब कहते है–'क्या तुझे हो गया बता तो सही।' तो वो अपने भीतर के उस दूसरे नासिर से बात कर रहे होते हैं।

शायरों ने किसी अकेले कोने में बैठ कर जब ग़ज़लें लिखीं तो उन्होंने अपने सामने, अपने जैसे किसी शख़्स को बैठा हुआ महसूस किया और उसे अपना 'क़लाम' सुनाया। वो दूसरा कौन? शायद रूह। शायद मन। शायद स्मृति। शायद प्रेम। शायद साया। शायद अव्यक्त।

अब्बास ताबिश की शायरी पर बात करते हैं। अपनी ग़ज़लों में 'वो' पात्र का सृजन करते हुए अपनी रचना को ही नहीं, अपने अन्तर्द्वन्द्व को भी रचते हैं–

जी चाहता है रोऊँ उसे जाँ से मारकर
आँखें छलक पड़ीं तो इरादा बदल दिया

अपने रचना संसार, या कहें कि शायरी में पैदा किया गया 'वो', इतना अज़ीज़तर होता है कि उसकी हत्या के सोचने भर से आँखों में पानी उतर आता है। यहाँ सारा खेल सोचने का है। महसूस करने का है। तसव्वुर का है। तसव्वुर के तार अनुभूति में झंकरित होते हुए शब्द यात्रा पर निकल पड़ते हैं–

हम हैं सूखे हुए तालाब पे बैठे हुए हंस
जो तअलुक़ को निभाते हुए मर जाते हैं

शेर कितना चाक्षुष है। दिखाई देता हुआ। सूखा तालाब और सूखे तालाब पर बैठे हुए हंस। यहाँ न जल का लालच है न मछली का। यहाँ तअलुक़, यानी रिश्ता,

यानी वो पुराना रिश्ता निभाने की ज़िद, जब तालाब में पानी था और अब सूखा हुआ तालाब और किनारे पर बैठा मैं रूपी हंस। मर जाने की हद तक रिश्ता निभाने का एहतराम।

एक शेर का मिसरा है–

'जुगनुओं की चाल चलिए रौशनी बन जाइए।'

यहाँ भी रिश्ता निभाने की जुस्तजू है–जुगनू बनकर। यहाँ किसी फ़ानूस का नकार है। यहाँ जुगनू की रौशनी का सान्निध्य है।

सूखे तालाब के किनारे बैठे हंस और अन्धेरे जुगनू की रौशनी बन जाने की दिलकश जुस्तजू।

यह जो दुनिया है, यह वो दुनिया है जिसका न होना है, लेकिन उस दुनिया के होने का इमकान तो हमेशा रहता है।

जैसे की यह शेर–

गली में खेलते बच्चों के हाथों का मैं पत्थर हूँ
मुझे इस सहन का ख़ाली शजर अच्छा नहीं लगता

शायर की अभिव्यक्ति का सलीका देखिए। वो सूखे तालाब पर मर जाने की हद तक बैठे हंसों की बात कर रहा है। वो अन्धेरी रात में जुगनू बन जाने का मश्विरा दे रहा है। वो तो है। लेकिन इस शेर में वो पत्थर है। बच्चों के हाथों का पत्थर। यहाँ तक बात साधारण है। बात दूसरे मिसरे में है। सहन (यानी आँगन) में जो दरख़्त खड़े हैं वो ख़ाली हैं। उन पर फल नहीं। अब पत्थर की व्याकुलता देखिए। वो ख़ाली दरख़्तों का क्या करे? वो तो भरे-पूरे दरख़्तों पर उछलता रहा है।

ये शेर पत्थरों को ज़ुबान देता है और उन मासूम (अदृश्य) बच्चों को भी शामिल कर लेता है। बच्चों के हाथ में पत्थर हों और वो फलदार दरख़्तों पर उछल पड़ें–यह खेल था, जो अब नहीं है।

अब्बास ताबिश, ज़िन्दगी की बहुत साधारण यात्रा करते हुए, छोटी-छोटी चीज़ों को चुनते हुए, बड़े शेर कह देते हैं–

पानी आँख में भरकर लाया जा सकता है
अब भी जलता शहर बचाया जा सकता है

आँख के पानी से जलते शहर को नहीं बचाया जा सकता। लेकिन, असम्भव में, सम्भव हमेशा निहित रहता है। दूसरी बात। आँख का पानी क्या है? वो नगर को बचाने की प्रबल संवेदना है।

अब्बास ताबिश के शेर का एक मिसरा है–

कि रात उसकी भी कट जाती है जिसका घर नहीं होता

एक बेघर की बेबसी का मार्मिक आख्यान है यह शेर का मिसरा। इसे बार-बार पढ़ते रहें और बेघरी के दुख में डूबते चले जाएँ। रात को किसी आसरे की तलाश में भटकते बेघर की व्याकुलता। जो दुनिया के लाखों बेघरों का किस्सा बन जाता है।

शेर है–

कोई गठरी तो नहीं है कि उठाकर चल दूँ
शहर का शहर मुझे रख़्ते-सफ़र लगता है

शहर छोड़कर जानेवाला कितनी बड़ी कशमकश में है। गठरी होती तो उठाकर चल देता। लेकिन यहाँ तो शहर है। वो सारे शहर को कैसे उठाकर ले जाए। लेकिन शहर छोड़कर जानेवाले का सबसे बड़ा दुख ये है कि वो शहर से जाए तो क्या छोड़कर जाए। शहर का हर ख़ित्ता, हर गोशा, हर गली, तो उसकी अपनी थी। चाहने वाले भी तो अपने थे और हाथ मिलानेवाले भी अपने।

शेर के भीतर, इस तरह कथा तत्व शामिल हो जाते हैं।

बिछुड़ने की बात एक शेर में है लेकिन कितनी फ़नकारी के साथ–

कि जैसे उससे मुलाक़ात फिर नहीं होगी
वो सारी बातें इकट्ठी बताना चाहता है

अब्बास ताबिश! लाहौर के पास छोटे से गाँव में रहनेवाले। पन्द्रह साल की उम्र में शेर कहने शुरू किए। उस्ताद नज़ीर साहब से इस्लाह लेते रहे। शायरी में, शायरी के गुण और शेरीयत पैदा हुई।

वर्ष 1977 में अब्बास ताबिश की ग़ज़ल जब महताब रिसाले में छपी तो उनकी उम्र 16 साल थी। 1978 में दूसरी ग़ज़ल छपी, पाकिस्तान के मशहूर रिसाले-माहे-नौ में। और माहे-नौ से 29 रुपये बतौर पारिश्रमिक डाकिया, मनिआर्डर के ज़रिये देकर गया।

गुलाम अब्बास से अब्बास ताबिश की जीवन यात्रा और शायरी का सफ़र इतना कामयाब रहा है कि इस महाद्वीप में अब्बास ताबिश, एक उच्च कोटि के शायर के रूप में प्रसिद्ध हो चुके थे।

लाहौर के रोज़नामचा अखबार में प्रूफरीडर की नौकरी करने लगे। लाहौर में उस्ताद ख़ालिद अहमद से इस्लाह लेने लगे। उनकी शायरी ने उत्कृष्टता प्राप्त की। पहली शायरी की किताब 'तमहीद' क्या प्रकाशित हुई कि अब्बास 'ताबिश' पाकिस्तान में मशहूर तरीन शायरों में गिने जाने लगे।

'तम्हीद' के बाद अब्बास ताबिश की पाँच किताबें शायरी की प्रकाशित हुईं– 'आसमाँ', 'मुझे दुआओं में याद रखना' 'परों में शाम ढलती है', रक्से दरवेश तथा शजर तस्बीह करते हैं'।

इन किताबें के साथ-साथ उनकी कुलियात (रचनावली) 'इश्क़ आबाद' भी छप चुकी है।

लाहौर में 'रावी' रिसाले का सम्पादन, उर्दू से एमए और बाद में लाला मूसा कॉलेज, जहाँ से एमए की थी, लैक्चरर लग गए।

वो कितनी सादगी से कितनी अर्थपूर्ण अनुभूति, शेरों में व्यक्त करते हैं, उदाहरण के तौर पर ये शेर–

हमारे दुख न किसी तौर जब ठिकाने लगे
हम अपने घर में परिन्दों के घर बनाने लगे

तथा

ये तेरे बाद खुला है कि जुदाई क्या है
मुझसे अब कोई अकेला नहीं देखा जाता

तथा

मैं अपने बाद बहुत याद आया करता हूँ
तुम अपने पास न रखना कोई निशानी मिरी

तथा

ये मुहब्बत की कहानी नहीं मरती लेकिन
लोग किरदार निभाते हुए मर जाते हैं

इन शेरों को पढ़ते हुए महसूस होता है जैसे ज़िन्दगी के उजड़े हुए किसी खण्डहर में बैठा कोई क़िस्सागो जो यादों की गर्द झाड़ रहा हो, ज़ख़्मों को पुचकार रहा हो, तन्हाइयों को निमर्मता से खेल रहा हो। वो अज्ञात नगर में रफ़्ता-रफ़्ता चल रहा हो और क़दीमी यादें, उसके पीछे-पीछे चल रही हों।

मुहब्बत में किरदार निभाते हुए मर जाना भी ज़िन्दा हो जाने जैसा होता है। तभी तो शायर कहता है–'मैं अपने बाद बहुत याद आया करता हूँ।'

'माँ' पर बहुत शेर कहे गए हैं और आने वाले समय में शेर कहे जाते रहेंगे। लेकिन अब्बास 'ताबिश' का माँ पर कहा गया शेर, माँ की अन्तरआत्मा का शेर हो जैसे। शेर है–

एक मुद्दत से मेरी माँ नहीं सोई 'ताबिश'
मैंने इक बार कहा था मुझे डर लगता हैं

मैं पात्र ने एक बार कभी कहा था अपनी माँ से कि रात को उसे डर लगता है। इसी डर की अभिव्यक्ति पर माँ एक मुद्दत तक जागती रही।

माँ की चिन्ताएँ कितनी पवित्र हैं। माँ का किरदार कितना उज्ज्वल है। माँ केवल माँ ही नहीं, वो अपने बच्चे के लिए यकीन है। वो स्वयं जाग-जाग कर रात गुज़ार सकती है, लेकिन अपने बच्चे के भय का सामना कर सकती है, बिल्कुल निहत्थी होने के बावजूद।

हमारे समय के जीवित युग—गुलज़ार

मीर के दौर के लोगों ने, मीर के होने पर फ़ख़्र महसूस किया। ग़ालिब के दौर के लोगों ने, ग़ालिब के होने पर गर्व किया। फ़िराक़ के दौर में, लोगों ने फ़िराक़ का एहतराम किया।

और हमने गुलज़ार सॉब को दिलो-जाँ से चाहा। उनको ख़ुशआम्दीद कहा। गुलज़ार जैसी हस्ती, जो बिल्कुल हमारे समय में है, हमने उनको और उनके समय को आदाब कहा है।

गुलज़ार एक युग हैं। एक असमाप्त युग। वो एक ऐसी तवील नज़्म की तरह हैं, जिसे हर कोई सुनना चाहता है।

हर दौर में बड़े अदीब हुए हैं, और हर दौर के अदीब का समय, रचनात्मक सरोकारों का साँस लेता समय हो जाता है।

गुलज़ार की अज़मत ग़ैरमामूली है। वो चकित करते हैं।

मीर के उस्लूब को मीरीयत कहते हैं।

तो हम गर्व से, गुलज़ार के सुदीर्घ रचनात्मक सफ़र को गुलज़ारीयत कहना चाहेंगे।

गुलज़ार के बारे में सोचें तो सोचते रह जाएँ। उनके रचनात्मकता के किस क्षेत्र को चुनें। किस पर लिखें। जितना लिखें वो सब अधूरा होगा, यक़ीनन।

अपने जीवनकाल में हमने गुलज़ार जैसी कोई अदबी शख़्सियत नहीं देखी। वो कवि हैं। वो नज़्म निगार हैं। वे ग़ज़ल लेखक हैं। वो लोकगीतों के रचयिता, आधुनिक कविता और उत्तरआधुनिक शायर। वो अफ़साना निगार हैं। वो पटकथा लेखक हैं। फ़िल्म निदेशक हैं और किताबों के लेखक। वे हर पल के लेखक हैं। हर क्षण को नज़्मों में रचने वाले, बेमिसाल कवि।

गुलज़ार जो नज़्में शब्दों में लिखते हैं। वो बिम्ब बनकर दिखाई भी देने लगती हैं।

गुलज़ार गहरी सम्वेदना, नयी शब्दावली और सृष्टि के अव्यक्त को व्यक्त करने वाले महाकवि हैं।

वो जीवन में जीवन की लीलाएँ रचने वाले कवि हैं। वो गीतों में तिलिस्म रचते हैं।

इतने बड़े लेखक के होने में ईश्वर की प्रतिभा का ज़रूर हाथ रहा होगा, जिसने गुलज़ार को गाड़ियाँ पेंट करने से लेकर, फ़िल्मी दुनिया का और हिन्दी साहित्य का बड़ा लेखक बना दिया।

गुलज़ार मुम्बई जा पहुँचे। वो शुरुआती दिन थे। ऐक्सीडेंटल गाड़ियों की रिपेयर के बाद उनको बिल्कुल सही पेंट करना होता था। यह काम गुलज़ार को दिया जाता था। गैराज का नाम था 'विचारे मोटर्स'। गुलज़ार वहाँ काम करते और काम के बाद, साखी होटल से, चार आने में दो पाव, दो कबाब और एक पोदीने का गुच्छा मिलता था, ले आते थे।

गुलज़ार जब नौजवान थे और प्रगतिशील लेखक संघ की बैठकों में जाया करते थे।

गुलज़ार को बचपन के दिन बेहद याद आते हैं। सरहद के उस पार का बचपन! झेलम ज़िले के दीना (अब पाकिस्तान में) की वो गलियाँ, जो उनके होने का वजूद, उस मिट्टी से तय करती थी, सब याद हैं उन्हें।

माँ सुजान कौर और पिता सरदार माखन सिंह कालरा का दुलारा 'पुन्नी' ! सम्पूरन सिंह कालरा! हमारे गुलज़ार साब!

तब उनकी उम्र आठ साल थी और वो साल 1942 था जब पाकिस्तान का दीना छूटा।

वो बच्चा जो दीना में छूट गया। वो बच्चा दिल्ली में जवान हुआ। इसके बावजूद, गुलज़ार, दीना (कस्बा पाकिस्तान में था) को कभी नहीं भूले।

मुम्बई में जो प्रगतिशील लेखकों की नशिस्त होती थी गुलज़ार भी वहाँ शिरकत करते थे। अपनी नज़्में भी सुनाते थे। हमवतन नज़्म उन्होंने उस दौर में लिखी। नज़्म की ये पक्तियाँ–

आँखों को वीज़ा नहीं लगता
सपनों की सरहद होती नहीं

बन्द आँखों से रोज़ मैं सरहद पार चला जाता हूँ
मिलने मेहदी हसन से!

गुलज़ार स्मृतियों के शायर हैं। वे रिश्तों के टूट जाने की वेदना के शायर हैं। वो गुज़िश्ता वक़्त के आतिशदान की बुझ चुकी राख में, इश्क़ की आँच तलाश करने वाले शायर हैं।

एक गीत में वो कहते हैं–

दिन ख़ाली-ख़ाली बरतन है
और रात है जैसे अँधा कुआँ!

बेहद तन्हा और मुहब्बत में हार चुके प्रेमी के दुख की सदायें उनकी नज़्मों/गीतों में, गूढ़ार्थ के साथ व्यक्त होती हैं।

गुलज़ार की एक नज़्म है, आओ फिर नज़्म कहें–

फिर किसी दर्द को सहला के सुजा लें आँखें
फिर किसी दुखती हुई रग से छुआ लें नश्तर
या किसी भूली हुई राह पे मुड़कर इक बार
नाम लेकर किसी हमनाम को आवाज़ ही दे लें

फिर वो कहते हैं–

जीने के लिए सोचा ही नहीं
दर्द सँभालने होंगे।

गुलज़ार ठीक ही कहते हैं। गीत बूढ़े नहीं होते। उनके चेहरे पर झुर्रियाँ नहीं गिरतीं। वो पलते रहते हैं। चलते रहते हैं।

चालीस पचास साल पहले बन्दिनी फिल्म का लिखा उनका एक गीत। गीत में जो शब्द रचना है वो लोकगीत जैसा स्पन्दन पैदा करती है।–इसी गीत को जो स्त्री पात्र गा रही है। एक पंक्ति है–

तोहे राहू लागे बैरी
राहू लागे–ऐसे शब्दों का प्रयोग देखा है कहीं?

इसी गीत के आरम्भ की कुछ लाइनें हैं–

मोरा गोरा रंग लइके/मोरे शाम रंग दयीके

यहाँ रंगों के बदलने की भोली-सी जो लीला है, वही तो प्रेम लीला है।

ऐसे गीतों की पदचाप को सैकड़ों साल बाद भी सुना जा सकता है।

जब वो लिखते हैं–हज़ार राहें मुड़ के देखीं
कहीं से कोई सदा न आई ···
यहाँ मुड़ कर देखना है, धुँधली-सी उम्मीद के साथ।
और किसी भी आवाज़ का सुनाई न पड़ना–

यह जो व्याकुलता है। उस व्याकुलता की छवि गीत में सुनाई पड़ती है। दिखाई भी पड़ती है।

एक अन्य गीत में भी अकेलेपन की मार्मिक-सी गूँज सुनाई पड़ती है–

कोई होता जिसको अपना हम अपना कह लेते यारो
पास नहीं तो दूर ही होता, लेकिन कोई मेरा अपना

लेकिन! पर जो बात है, जो शर्त है–लेकिन कोई मेरा

अपना! ··· पात्र उसीसे तो वंचित है।

गुलज़ार को लेकर बहुत सारी बातें विशेष हैं। यहाँ तक कलफ़ चढ़ी उनकी सफ़ेद पोशाक भी। उनकी लोचदार और क़दीमी क़िस्सों को बयान करती आवाज़ भी।

लेकिन जो विशेष है, वो ये है कि गुलज़ार हर साल 14 अगस्त, आज़ादी की पूर्व सन्ध्या पर बाघा बार्डर जाते हैं। जब बारह बजते हैं तो शम्आएँ जलाते हैं।

आनन्द फ़िल्म का यह गीत, जीवन जीने का उल्लास और मस्ती इस गीत में है–

जनम जनम से आँखें बिछायीं तेरे लिए इन राहों ने

आँखें कौन बिछा रहा है, पात्र आँखें नहीं बिछा रहा। आँखें जो बिछा रही हैं वो राहें हैं।

गुलज़ार के गीत और नज़्म का मिज़ाज और मुहावरा चकित कर देनेवाला होता है।

बेकली और मन का अवसाद क्या होता है, उसे इस गीत की पंक्तियों से जाना जा सकता है–

कई चाँद उठकर जलाए-बुझाये
बहुत हमने चाहा ज़रा नींद आये

अब तक ग़ज़ल में या नज़्म में चराग़ जलाए-बुझाये जाते थे। ये गुलज़ार हैं जो चाँद को जलाने-बुझाने की बात करते हैं। नींद कहाँ चली जाती है? वो क्यों नहीं आती? तमाम रात, जाग-जाग कर चाँद क्यों जलाने-बुझाने पड़ते हैं।

वो एक अन्य कविता में कहते हैं–

मेरे सरहाने जलाओ सपने
मुझे ज़रा-सी तो नींद आये

गुलज़ार की नज़्मों का किरदार कितन बेचैन है। कभी चाँद जलाता-बुझाता है तो कभी सपने!

गुलज़ार की एक सिफ़्त यह भी है कि वो आधुनिकताबोध के कवि हैं। आधुनिक जीवन की दृश्यात्मकता उनकी नज़्मों, गीतों में लक्षित होती है। वो तो है। लेकिन वो लोकगीतकार भी हैं। वो इसलिये सम्भव हो पाया कि बचपन से लेकर जवानी तक, वो वारिसशाह की 'हीर' सुनते रहे। वो बुल्लेशाह, शाह लतीफ़ के पद सुनते। साधू-फ़कीर के डेरों की धूनियों से उन्होंने अपने लोकगीत तत्त्व को पकाया।

उनके एक गीत की कुछ पंक्तियाँ प्रस्तुत हैं–

फिर से आइयो बदरा बिदेसी
तेरे पंखों पे मोती जड़ूँगी
भर के जाइयो हमारी तलैया
मैं तलैया के किनारे मिलूँगी
तुझे मेरे काली कमली वाले की सौं!

प्राय : हर सुननेवाले श्रोता और इस गीत को पढ़नेवाले पाठक ने इस गीत को यक़ीनन बार-बार सुना होगा।

गीत क्या है, मौसम है। गीत क्या है मन का पर्यावरण है। गीत क्या है, लोकगीत है। स्त्री पात्र के मन की छवि!

और सौं किसकी? काली कमलीवाले की!

क्या कभी किसी हिन्दी कवि ने ऐसा प्रयोग किया होगा–शायद नहीं।

इसी तरह का एक अन्य गीत है। उपरोक्त गीत में लोकरंजना और लोक की भाव भूमि है। लेकिन प्रस्तुत गीत में महानगरीय मंज़र है। प्रेम के होने, न होने की तड़प है और प्रेमिका, प्रेमी से अपना सामान वापिस मांग रही है। सामान क्या है? वो कई पदार्थ रूप नहीं है।

गीत है–

मेरा कुछ सामान
तुम्हारे पास पड़ा है
सावन के कुछ भीगे-भीगे दिन रक्खे हैं
और मेरे इक ख़त में लिपटी रात पड़ी–
वो रात बुझा दो
मेरा वो सामान लौटा दो

यहाँ, गीत में शिकवा है। शिकायत है। यहाँ गीत में स्त्री पात्र की कश्मकश की ध्वनियाँ हैं।

सम्बन्धों के टूटने की महीन आवाज़ें सुनाई देती हैं।

और सामान!

यही तो हैं वो सामान/ स्मृतियाँ/प्रेम/अपनत्व/ और ख़त/ और ख़त में लिपटी रात!

रात बुझा दो। समाप्त कर दो सब!

बानी (मनचन्दा) के शेर का एक मिसरा है–

वोटूटतेहुएरिश्तोंकाहुस्ने-आख़िरथा।
हुस्ने-आख़िर इस नज़्म में भी है।

गुलज़ार की नज़्मों में जो शब्द आते हैं। वे गुलज़ार के हो जाते हैं। काली कमली वाले की सौं हो या फिर ख़त में लिपटी रात हो या –मेरा कुछ सामान तुम्हारे पास पड़ा या फिर-हज़ार राहें मुड़ के देखीं।

गुलज़ार पंजाब से आये। दिल्ली के रोशनआरा पार्क के पास रहे। फिर बम्बई चले गये। एक गैराज में काम किया। कारों पर रंगरोगन।

वे कहते हैं–'हिन्दुस्तान की जो महक है, वे आज भी अपनी ख़ुशबू से जकड़े हुए है।'

वो (गुलज़ार) कहते हैं, "मेरी नज़्मों में नास्टैलिजया और अपने अतीत को जीने का मायना साफ़-साफ़ नज़र आता है। एक जो सब-कांशस मांइड है, उस पर बचपन की इतनी सारी ख़राशें पड़ी हुई हैं कि उसे छूने से भी डर लगता है। वह है और अपने उसी बचपने को मैं, अपने लिखे हुए में, फिर से दोहराता हूँ और जीता हूँ।"

गुलज़ार रोशनआरा बाग, सब्ज़ीमण्डी में रहते थे। घण्टाघर उसके अपोज़िट था। वे जवाहरनगर साइकिल सीखने जाते थे।

जब वे कहते हैं कि वे जवाहर नगर (कमला मार्केट के पास) साइकिल सीखने जाते थे—ऐन उस वक़्त वे किसी मासूम किशोर जैसे लग रहे होते हैं।

गुलज़ार बांग्ला साहित्य से हद दर्जे तक जुड़े रहे। यहाँ तक कि फ़िल्मी दुनिया की कई हस्तियाँ उन्हें बंगाली समझती थीं।

वो कहते हैं–"मुझे लगता है कि कहीं न कहीं मेरा माज़ी (अतीत) बंगाल की कहानियों से अटैच्ड है। वो ये भी कहते हैं कि मानवीय रिश्तों के तनाव/कशमकश को सूक्ष्मता से पकड़ने की परम्परा बंगाली लिटरेचर में है।

गुलज़ार उर्दू के महान शायर ग़ालिब के ऐरोगेंस पर कहते हैं, "ग़ालिब में एक बेहद ख़ूबसूरत बात थी, जिसे मैं ऐरोगेंस कहता हूँ, चूंकि वह इगो से थोड़ी-सी ऊँची है और इसलिये वो इगो बहुत कमाल की थी।" (पुस्तक-गुलज़ार साब, वाणी प्रकाशन सम्पादक यतीन्द्र मिश्र)

यतीन्द्र मिश्र जी ने गुलज़ार साहब से पूछा–क्या लिखे हुए शब्द बचेंगे? तो उन्होंने कहा, "यह ज़रूर लगता है कि शब्द बचेंगे और किताबें भी।"

गुलज़ार अपनी गीत रचना के सिलसिले में कहते हैं, "मैं ख़ुशनसीब हूँ कि मैंने हमेशा अपने दिल और जज़्बात की सुनी और वैसा लिखने की कोशिश की। मेरे लिए सत्तर के दशक में जिस तरह आँधी, मौसम, किनारा और परिचय के गीत लिखते हुए आनन्द आया है, ठीक उसी तरह, मुझे बाद के दशकों में, मुझे, सदमा, एक पल, मासूम, इजाज़त गीत लिखने में कोई दिक्कत नहीं आई।

गुलज़ार अपने जीवन, अपने अदबी सफ़र और अपने व्यक्तित्व के मद्देनज़र कहते हैं, "ज़िन्दगी और कला, दोनों में ही, हासिल किया हुआ कम है, छूटा हुआ ज़्यादा है। एक आदमी के जीवन में जो जान लिया गया है, उससे ज़्यादा अनजाना रह जाता है।

गुलज़ार को जो सम्मान मिले वे उनके व्यक्तित्व को बुलन्द नहीं करते। व्यक्तित्व तो उनका बहुत ऊँचा है। उन्हें, जय हो गीत के लिए ग्रैमी अवॉर्ड मिला। 2010, 2004 पद्म भूषण, दादा साहब फालके—2013 इन्दिर गांधी राष्ट्रीय एकता पुरस्कार-2012

उन्हें फिल्मफेयर अवॉर्ड इतने मिले हैं कि स्वयं उन्हें भी याद न हों।

फ़िल्में-मेरे अपने, परिचय, कोशिश, अचानक, ख़ुशबू, आँधी, मौसम, किनारा, किताब, मीरा, अंगूर, नमकीन, इजाज़त, लेकिन, माचिस और सीरियल में मिर्ज़ा ग़ालिब प्रमुख हैं।

किताबों की बात करें तो 1962 (चौरस रात) से लेकर 2021 तक करीब 60 किताबें लिखीं जो गीत, नज़्मों, ग़ज़लों, संस्मणों, फिल्म सम्बन्धी भी हैं।

गुलज़ार का जन्म 18 अगस्त 1934 को हुआ। इस समय वो 89 वर्ष के हैं। सेहतमन्द हैं और निरन्तर गातिशील रहते हैं।

जब रवीन्द्र कालिया नया ज्ञानोदय सम्पादित कर रहे थे तो वो अपने सम्पादकीय के बाद, गुलज़ार की नज़्में छापते थे। शीर्षक था– चप्पा-चप्पा!

एक बड़ा संपादक, एक बड़े अदीब (गुलज़ार) का किस तरह एहतराम करता है यह ज्ञानोदय पढ़ने वाले ज़रूर जानते होंगे।

उसी नया ज्ञानोदय के अंक-जनवरी-2014 से कविता का अंश–

महाज़े-शब अभी तक हिचकियों पर है
न कोई ज़ख़्म की पट्टी बदलने आया और न ही दवा बदली
तो क्या बदला था कि तारीख़ बदली है, बरस बदला?

एक अन्य कविता की ये पंक्तियाँ–

ख़ाली काग़ज़ पे क्या तलाश करते हो?
एक ख़ामोश-सा जवाब तो है
सामने रोशनी के रख के देखो
सूखे पानी की कुछ लकीरें बहती हैं

न्यूयॉर्क पर कविता के अंश

तुम्हारे शहर में ऐ दोस्त क्यूंकर
च्यिूंटियों के घर नहीं हैं
अगरचे फ़र्श पर चीनी भी डाली
पर कोई च्यिूंटी नहीं आई
तुम्हारे शहर में लेकिन
हर इक बिल्डिंग इमारत ख़ूबसूरत है
मगर ऐ दोस्त जाने क्यों
सभी तन्हा-से लगते हैं
तुम्हारे शहर में कुछ रोज़ रह लूँ
तो बड़ा सुनसान लगता है

(नया ज्ञानोदय जून 2008)

सुप्रसिद्ध गायक/ग़ज़ल गायक

ये वे ग़ज़ल गायक हैं, जिन्होंने अपनी मुतरन्नुम आवाज़ में ग़ज़ल जैसी सिन्फ़ में आकर्षण पैदा किया और अपनी गायकी से ऊँचाई प्रदान की।

मोहम्मद रफ़ी

मोहम्मद रफ़ी का जन्म 24 दिसम्बर 1924 को कोटला सुलतानपुर सिंह (पंजाब) में हुआ। उनकी मृत्यु 31 जुलाई 1980 मुम्बई में हुई।

मोहम्मद रफ़ी के संगीत शिक्षक, उस्ताद अब्दुल वाहिद ख़ान तथा पण्डित जीवन लाल मटटू और फ़िरोज़ निज़ामी थे।

ऐसा कहा जाता है कि एक नाई की दूकान पर एक फ़कीर रोज़ पहुँचते। वहाँ बैठकर वो ख़ूब गाते। उनके चले जाने के बाद, मोहम्मद रफ़ी जो उन दिनों किशोर अवस्था में थे, नाई की दूकान पर जाते और उस फ़कीर जैसा गाने की कोशिश करते। उसी फ़कीर ने मोहम्मद रफ़ी को गाने की प्रेरणा दी।

मोहम्मद रफ़ी को आवाज़ का जादूगर कहा जाता है। उन्हें दुनिया शहंशाह-ए-तरन्नुम से भी याद करती है। हिन्दी सिनेमा के वो चहेते गायक थे। उनकी आवाज़ में एक ख़ास तरह का मीठापन था जैसे सौ मीठे झरनों का पानी, उनकी आवाज़ में समा गया हो। वो भारतीय उपमहाद्वीप के महानतम गायकों में से एक थे। उनकी आवाज़ की रेंज तो अद्‌भुत थी ही, रफ़ी साहब का यह गुण भी उत्कर्ष पर था कि वो ग़ज़ल, भजन, कव्वाली, ठुमरी तथा अन्य भाषाओं में भी बहुत कुशलता से गा सकते थे।

मोहम्मद रफ़ी को छह फ़िल्म फेयर अवार्ड तथा एक राष्ट्रीय फ़िल्म पुरस्कार मिला। 1967 में उन्हें पद्‌मश्री सम्मान से सम्मानित किया गया।

मोहम्मद रफ़ी स्वभाव से विनम्र और लबो-लहजे से दोस्ताना मिज़ाज वाले थे।

उन्होंने 1940 से 1980 तक पाँच हज़ार गाने गाये। अपने जीवनकाल में सात हज़ार गाने गाये। उन्होंने कई गाने बिना पैसे लिए या बहुत कम पैसे लेकर भी गाए।

हिन्दी के अलावा, कोंकणी, असमिया, भोजपुरी, ओड़िया, बंगाली, मराठी तथा सिंधी में भी गाने गाये।

मोहम्मद रफ़ी ने शास्त्रीय संगीत आधरित अनेक भजन और ग़ज़लें गाईं। नौशाद के संगीत निर्देशन में उन्होंने अनेक अमर भजनों को मुतरन्नुम आवाज़ दी।

- इन्साफ़ का मन्दिर है ये भगवान का घर है
- तू गंगा की मौज मैं जमुना का धारा हो रहेगा मिलन...
- राधिके तूने बंसरी चुराई...
- सुख के सब साथी दुख में न कोये
- ओ दुनिया के रखवाले
- बड़ी देर भई नन्दलाला...
- मन रे तू काहे न धीर धरे...

मोहम्मद रफ़ी ने भजन, ग़ज़ल, कव्वाली, शबद नात, तथा शास्त्रीय गीत गाये।

जहाँ तक ग़ज़ल गायिकी का प्रश्न है तो उन्होंने बहुत सारी फ़िल्मी और ग़ैर फ़िल्मी ग़ज़लें गायीं।

यह कहना कठिन है कि उनकी आवाज़ भजनों के लिए श्रेष्ठ थी या ग़ज़लों के लिए, दुख भरे गीतों के लिए या चुहल पैदा करते, उत्सवधर्मी गीतों के लिए।

रफ़ी साहब की आवाज़ हर क्षेत्र में, गायन के हर ख़ित्ते में प्रभाव पैदा करती थी।

उन्होंने जो ग़ज़लें गायीं उन्हें आज भी सुना जाता है। सराहा जाता है।

मोहम्मद रफ़ी की गायी हुई फ़िल्मी/ग़ैर फ़िल्मी ग़ज़लें, मौसीकी की दुनिया में सरमाय की तरह हैं।

उनकी गायी हुई कुछ ग़ज़लें–

कभी ख़ुद पे कभी हालात पे रोना आया
बात निकली तो हर एक बात पे रोना आया

–

हम बेख़ुदी में तुमको पुकारे चले गये
सागर में ज़िन्दगी को उतारे चले गये

–

रंग और नूर की बारात किसे पेश करूँ
ये मुरादों की हँसी रात किसे पेश करूँ

–

न किसी की आँख का नूर हूँ न किसी के दिल का क़रार हूँ
जो किसी के काम न आ सके मैं वो एक मुश्ते-गुबार हूँ

–

उनके ख़्याल आए तो आते चले गये
दीवाना ज़िन्दगी को बनाते चले गये

–

दूर रहकर न करो बात करीब आ जाओ

–

कोई सागर दिल को बहलाता नहीं
बेख़ुदी में भी क़रार आता नहीं

–

तू इस तरह से मेरी ज़िन्दगी में शामिल है
जहाँ भी जाऊँ ये लगता है तेरी महफिल है

31 जुलाई 1980 को महान गायक मोहम्मद रफ़ी का हृदयगति रुकने से देहान्त हुआ।

लता मंगेशकर

लता मंगेशकर के गीत, ग़ज़ल, भजन और प्रार्थनाओं में, मीठी-सी आवाज़ गूँजती है जो हमारी आत्मा को छू जाती है। चेतना को स्पर्श करती है। हर शख़्स दूसरे जैसा हो सकता है और हर कलाकार जैसे दूसरा कलाकार। लेकिन लता जैसे दूसरी लता का जन्म असम्भव है।

लता अमर हैं और उनकी गायकी अमर है। वो गाती हैं तो महसूस होता है जैसे लय के रेशमी धागे में शब्दों को पिरो रही हैं। उनके गीत ग़ज़लें सुनें तो महसूस होता है जैसे हम स्पर्शों के संसार में चले आए हों। लता जी को सुनना जैसे मन के शिवाले में आस्था के दीप जल उठे हों। लता जी के स्वर में निष्ठा है। तप है। ध्यान है। एकाग्रता है। अनुशासन है। सुदीर्घ अभ्यास का व्रत है।

उनकी आवाज़ का सम्मोहन, जैसे सरस्वती जी उनके स्वर में निवास कर रही हों। उनकी आवाज़ जैसे किसी अजनबी रास्ते पर जलता हुआ दीप। जैसे राह दिखा रहा हो वो आवाज़ का जलता दीप, पथ भूले मुसाफ़िरों को।

कितना सधा हुआ गाती हैं लता। शुद्ध भारतीयता। शुद्ध शास्त्रीयता।

ग़ालिब के शेर का एक मिसरा है–'कुछ तो पैग़ामे-ज़बानी और है।' यह जो पैग़ामे-ज़बानी है, यही अव्यक्त है। यही लता जी की आवाज़ है–अव्यक्त। हम लाख चाहें उनकी आवाज़ पर तबसरा करें। नहीं कर पाएँगे। जैसे हम लाख कोशिशों के बावजूद, सृष्टि को पूर्ण रूप से व्यक्त नहीं कर पाते। बिल्कुल वैसे, लता जी की आवाज़ वो 'सृष्टि' है जिसे पूर्ण रूप से व्यक्त नहीं किया जा सकता।

कितनी मधुर आवाज़ है लता जी की और कितना संघर्षों से भरा उनका जीवन। लता जी ने सिद्ध कर दिखाया कि जीवन में हर दिन मुठभेड़ है और उस मुठभेड़ से किसी विजेता की भाँति तप कर निकलना है।

लता जी ने निरन्तर संघर्ष किए। अपनी अनथक निष्ठा और प्रतिभा के ज़रिये वो लोकप्रियता के शिखर पर पहुँचीं। लता जी के मधुरतम गायन पर तो अनेक किताबें लिखी जा सकती हैं। उनके जीवन संघर्षों पर भी ख़ूब लिखा जा सकता है। (प्रसिद्ध

कवि, लेखक, जीवनीकार और संगीत के ज्ञाता यतीन्द्र मिश्र ने लता जी पर एक किताब लिखी है सुर लता जिसे वाणी प्रकाशन ने प्रकाशित किया है।)

लता जी की लोकप्रियता, अकेलापन, नाम-दाम, धन और शोहरत। ऐसे शिखर पुरुषों, स्त्रियों के साथ-साथ, अनेक मनघड़ंत क़िस्से, विवाद चलते रहते हैं।

इन सब बातों को दरकिनार करते हुए वो गाती रहीं। वो दिल से गातीं और सुनने वालों के दिल के तार झंकृत हो उठते। आएगा आनेवाला, आएगा...आएगा...कैसी तड़प, कशिश और इन्तज़ार है। और वो–कहीं दीप जले कहीं दिल। और ज्योति कलश चमके और वो ग़ज़ल/गीत–ये शाम की तन्हाइयाँ ऐसे में तेरा ग़म/पत्ते कहीं खड़के हवा आई तो चौंके हम...। और वो...ख़ामोशी की नज़्म। और वो बेकसी, प्रतीक्षा और स्मृति में डूबा गीत–तुम्हें याद करते-करते जाएगी उम्र सारी/तुम ले गए हो...नींद भी हमारी/और वो ग़ज़ल, आप क्यूँ रोये जो हमने दास्ताँ अपनी सुनाई। इनके अतिरिक्त उनकी गाई ग़ज़लें–

यूँ हसरतों के दाग़ मुहब्बत में धो दिए
जुर्मे उल्फ़त पे हमें लोग सज़ा देते हैं
उनको ये शिकायत है कि हम कुछ नहीं कहते
दुनिया करे सवाल तो हम क्या जवाब दें
है इसी में प्यार की आबरू, वो जफ़ा करे मैं वफ़ा करूँ
नग्मा-ओ-शेर की सौग़ात किसे पेश करूँ
आज सोचा तो आँसू भर आए

ये कुछेक ग़ज़लों के मिसरे हैं। उन्होंने बेशुमार गाया और उत्कृष्ट गाया। जीते जी किंवदन्ती बन जानेवाली लता जी की लोकप्रियता, विदेश तक जा पहुँची थी। लन्दन का अल्बर्ट हाल खचाखच भरा हुआ। लता गा रही थीं और श्रोता (विदेशी/देसी) मन्त्रमुग्ध होकर सुन रहे थे।

टाइम पत्रिका ने 1959 में उन्हें, भारतीय पार्श्वगायन की निर्विवाद और अपरिहार्य साम्रागी माना था।

लता जी का जन्म इन्दौर में हुआ। पिता दीनानाथ प्रसिद्ध शास्त्रीय गायक थे। उनकी नाटक कम्पनी भी थी। उनका एक बेटा और चार बेटियाँ थीं। लता सबसे बड़ी थीं। 13-14 वर्ष की उम्र में उन्होंने गाना शुरू किया। और बाद में विधिवत शास्त्रीय संगीत की शिक्षा प्राप्त की।

लता जी ने गाना आरम्भ किया और फिर पीछे मुड़कर नहीं देखा। संगीतकार, अनिल विश्वास, नौशाद, हुसनलाल भगत राम, खेमचन्द्र प्रकाश, शंकर जयकिशन, रोशन, मदनमोहन इत्यादि के संगीत निर्देशन में लता जी ने गीत, ग़ज़ल तथा भजन गाए।

उन्हें बहुत सारे सम्मान प्राप्त हुए। गिनीज़ बुक ऑफ रिकार्ड में उनका नाम आया।

उन्हें दादा साहब फ़ालके सम्मान, पद्म भूषण, पद्म विभूषण, महाराष्ट्र रत्न, फ़िल्म फेयर अवार्ड पाँच बार प्राप्त हुआ।

2001 में लता जी को भारत रत्न सम्मान से नवाज़ा गया।

वो भारतीय सिनेमा की सबसे लोकप्रिय और आदरणीय पार्श्व गायिका थीं, जिन्हें 'भारत कोकिला' भी कहा जाता था।

लता मंगेशकर की मृत्यु 6 फ़रवरी 2022 को मुम्बई में हुआ।

जगजीत सिंह

जगजीत की आवाज़ रेशमी आवाज़ थी। उनका जन्म 8 फ़रवरी-1941 को श्रीगंगानगर में तथा मृत्यु 10 अक्तूबर 2011 को मुम्बई में हुई।

जगजीत सिंह बेहद लोकप्रिय गायकों में शुमार किये जाते हैं। उन्हें ग़ज़ल किंग कहा जाता है।

उनका पहले नाम जगजीवन सिंह था। बाद में उन्होंने इसे जगजीत सिंह कर लिया।

उनकी पढ़ाई जालंधर में हुई। अपने कैरियर की शुरुआत, उन्होंने ऑल इंडिया रेडियो में गाने से की।

उनके उस्ताद, शुरुआती शिक्षक पण्डित छगन लाल शर्मा तथा उस्ताद जमाल ख़ान थे।

1965 में जगजीत सिंह, अपने परिवार को बताये बिना मुम्बई आ गये। बहुत संघर्षों के बाद, हिन्दी सिनेमा में गाने का अवसर मिला।

उन्हीं दिनों उनकी मुलाक़ात, चित्रा दत्ता से हुई। चित्रा दत्ता शादीशुदा थीं। दोनों एक दूसरे को पसन्द करने लगे। 1969 में चित्रा दत्ता ने अपने पति को तलाक़ दे दिया और जगजीत सिंह से शादी कर ली। आरम्भ में, दोनों एक साथ कंसर्ट करते थे और बहुत सारी एलबम भी साथ-साथ आयीं।

1980 तक आते-आते जगजीत ने ग़ज़ल गायकी में अपना उच्च स्थान अर्जित कर लिया था। उस दौर में उनके एलबम आये कई फ़िल्मों में भी उनके गायन की चर्चा होने लगी। ख़ास तौर से—तुम इतना जो मुस्करा रहे हो/क्या ग़म है जिसको छुपा रहे हो।

उनका एकमात्र पुत्र विवेक था। बीस साल की उम्र में, एक सड़क दुर्घटना में उसकी मौत हो गयी। दोनों, पति-पत्नी ग़म में इतना डूबे कि गाना बन्द हो गया।

लेकिन धीरे-धीरे उन्होंने संगीत की दुनिया में फिर वापसी की लेकिन चित्रा सिंह उनकी पत्नी ने फिर कभी न गाया।

भारत सरकार की तरफ़ से उन्हें वर्ष 2003 में पद्‌म भूषण सम्मान से सम्मानित किया गया।

अनफारगेटेबल के पहले दौर मे जगजीत ने 3EP बनाये।

उस दौर में जगजीत सिंह ने जो ग़ज़लें गाईं बहुत लोकप्रिय हुईं। ख़ासतौर से बात निकलेगी तो फिर दूर तलक जायेगी। इस बीच उनकी पंजाबी एलबम–'बिरहा दा सुलतान' और उसके बाद ग़ज़लों की 'माइल स्टोन' ने बाज़ार में नये रिकार्ड स्थापित किये।

ख़ुशवन्त सिंह ने जगजीत सिंह के बारे में लिखा-"वो मेहदी हसन से बेहतर गाते हैं और दिलीप कुमार से बेहतर दिखते हैं।"

प्रेमगीत, साथ-साथ और अर्थ जैसी फ़िल्मों की ग़ज़ल गायकी ने जगजीत सिंह को बुलंदी प्रदान की।

उन्होंने मिर्ज़ा ग़ालिब तथा कहकशां धारावाहिकों के लिए संगीत तैयार किया।

ग़ालिब की ग़ज़लें पहले भी पढ़ी-सुनी जाती थीं, लेकिन मिर्ज़ा ग़ालिब सीरियल में जगजीत सिंह की आवाज़ ने जो विस्मयकारी आकर्षण पैदा किया, वो बेमिसाल है।

जगजीत सिंह को संगीत के क्षेत्र में डी लिट, साहित्य कला, संगीत नाटक अकादमी, ग़ालिब अकादमी, मध्यप्रदेश सरकार द्वारा लता मंगेशकर पुरस्कार प्रदान किये गये।

उनके द्वारा गायी गयी कुछ बहुत प्रसिद्ध ग़ज़लें–

तुम इतना जो मुस्करा रहे हो
क्या ग़म है जिसको छुपा रहे हो

–

हज़ारों ख़्वाहिशें ऐसी कि हर ख़्वाहिश पे दम निकले
बहुत निकले मेरे अरमान लेकिन फिर भी कम निकले

ग़ालिब

कल चौदहवीं की रात थी शबभर रहा चर्चा तेरा
कुछ ने कहा ये चाँद है कुछ ने कहा चेहरा तेरा

इब्ने इंशा

ये तेरा घर ये मेरा घर किसीको देखना हो गर
तो पहले आके माँग ले मेरी नज़र तेरी नज़र

–

कोई ये कैसे बताये कि वो तन्हा क्यूँ है
वो जो अपना था किसी और का लगता क्यूँ है

–

दिल-ए-नादाँ तुझे हुआ क्या है
आख़िर इस दर्द की दवा क्या है

ग़ालिब

जगजीत सिंह ने ग़ज़लों के अतिरिक्त भजन और शब्द भी बहुत महीन, मुलायम और सिल्की आवाज़ में गाये।

वो अब इस संसार में नहीं हैं। लेकिन उनकी ग़ज़लों की मधुर आवाज़, हमारे आसपास अब भी गूँजती रहती है।

प्रसिद्ध भजन और ग़ज़ल गायक

अनूप जलोटा

प्रसिद्ध भजन और ग़ज़ल गायक अनूप जलोटा का जन्म 29 जुलाई 1953 को नैनीताल में हुआ।

अनूप जलोटा एक ऐसे भारतीय गायक और संगीतकार हैं, जिन्हें अपनी अनूठी भजन शैली के लिए जाना जाता है। उन्हें भारत सरकार ने 2012 में पद्मश्री से भी सम्मानित किया था।

उनके पिता पुरुषोत्तम दास जलोटा भी अपने समय के प्रसिद्ध भजन गायक थे।

उनका मीराँ पर गाया गया भजन—ऐसी लागी लगन...बेहद प्रसिद्ध है।

गणेश चालीसा को भी उन्होंने बड़े भक्तिभाव से गाया है।

इन भजनों के अतिरिक्त अनूप जलोटा ने कुछ ग़ज़लें भी गायी हैं।

- जब तुमने ग़ज़ल सुनायी
- दिल लगाने की बात करते हो
- ये न थी हमारी क़िस्मत के विसाले यार होता
- तेरे लब को हँसने की आदत है
- दिल-ए-नादाँ तुझे हुआ क्या है।
- हज़ार आँधियाँ आयीं...
- कोई सबब ज़रूर था

भजन

- आरती श्रीकृष्ण कन्हैया की...
- भक्ति न जाने पूजा न जाने...
- ॐ जय गणपति देवा...
- जगजननी जय जय...
- जय जय गणपति...

- ठुमक चलत रामचन्द्र...
- मैं नहीं माखन खायो
- जग में सुन्दर हैं दो नाम...
- चदरिया झीनी रे झीनी...

अनूप जलोटा पंजाब के शाम चौरीसी घराने से ताल्लुक रखते हैं।

व्यक्तिगत जीवन की बात करें तो उन्होंने कई शादियाँ कीं, तलाक़ भी लिये। इन कारणों से वे काफ़ी चर्चा में रहे।

पंकज उधास

पंकज उधास का जन्म 17 मई 1951, जेतपुर, नवागढ़ में हुआ और उनकी मृत्यु 26 फ़रवरी 2024 को मुम्बई में हुई।

पंकज उधास ने ख़ूब ग़ज़लें गायीं। लेकिन उनको प्रसिद्धी चिट्ठी आयी है, आयी है चिट्ठी आयी है, फ़िल्मी गीत से मिली।

वर्ष 2006 में पंकज उधास को पद्मश्री से सम्मानित किया गया।

फ़िल्म इंडस्ट्री में उनकी गायकी का आरम्भ 1972 से हुआ।

उन्होंने फ़रीदा नामक महिला से, बहुत विरोध के बावजूद, प्रेम विवाह किया और सफल जीवन जीया।

उनकी गायी हुई कुछ प्रसिद्ध ग़ज़लें तथा नज़्में

- चिट्ठी आयी है आयी है चिट्ठी आयी है...
- चाँदी जैसा रंग है तेरा सोने जैसे बाल
- एक तरफ़ उसका घर एक तरफ़ मयक़दा
- थोड़ी-थोड़ी पीया करो
- साया बनकर साथ चलेंगे
- छुपाना भी नहीं आता...

पंकज उधास की मृत्यु लम्बी बीमारी के कारण ब्रीच कैंडी अस्पताल, मुम्बई में 26 फ़रवरी 2024 को हुई।

भूपेन्द्र सिंह

भूपेन्द्र सिंह का जन्म 1939, पटियाला में हुआ। उनकी मृत्यु 18 जुलाई 2022 को 83 वर्ष की आयु में हुई।

भूपेन्द्र सिंह गायक तो थे ही। बहुत अच्छा गिटार भी बजाते थे। उनकी पत्नी मिताली सिंह भी ग़ज़ल गायिका रही हैं।

भूपेन्द्र सिंह द्वारा गायी गयी कुछ श्रेष्ठ और लोकप्रिय ग़ज़लें–

बुत बने बैठे हैं कुछ बात बनाते भी नहीं
और ये ग़ुस्सा कि मैं रूठूँ तो मनाते भी नहीं

–

हम भी मिट जाते कोई ज़ख़्म-ए-तमन्ना बनकर

–

हुए नामाबर बेनिशाँ कैसे-कैसे
ज़मीं खा गयी आसमाँ कैसे-कैसे

भूपेन्द्र सिंह की गहरी, लोचभरी और भारी आवाज़ एकदम भिन्न थी। हक़ीक़त फ़िल्म की एक नज़्म की कुछ पंक्तियाँ उन्होंने गायी और वे चर्चा में आ गये।

दिल ढूँढ़ता है फिर वही फुरसत के रात दिन...ग़ज़ल को उन्होंने ऐसे गाया जैसे सचमुच वे कुछ ढूँढ़ रहे हों।

हरिहरन

3 अप्रैल 1955 को मुम्बई में जन्मे हरिहरन भारतीय पार्श्व गायक, भजन गायक के साथ-साथ एक ग़ज़ल गायक भी हैं। हिन्दी फिल्मों के कई मशहूर गीत उन्होंने गाये हैं। 2004 में उन्हें 'पद्मश्री' से सम्मानित किया गया।

अपने करियर की शुरुआत में हरिहरन ने कई कॉन्सर्ट किये और टीवी पर भी प्रदर्शन किया। उन्होंने कई टीवी धारावाहिकों (जैसे, 'जुनून') के लिए गाया। 1977 में, उन्हें संगीत निर्देशक जयदेव द्वारा उनकी हिन्दी फ़िल्म 'गमन' (1978) में गाने के लिए अनुबन्धित किया गया था।

हरिहरन ने 1992 में नवोदित संगीत निर्देशक ए.आर. रहमान के साथ तमिल फिल्मों की दुनिया में प्रवेश किया। यह मणिरत्नम की फ़िल्म 'रोज़ा' थी। 1998 में, हरिहरन ने अनु मलिक द्वारा संगीतबद्ध हिन्दी फ़िल्म 'बॉर्डर' के गीत 'मेरे दुश्मन मेरे भाई' के लिए सर्वश्रेष्ठ पार्श्व गायक का 'राष्ट्रीय पुरस्कार' जीता। हरिहरन को 'जोगवा' के मराठी गीत 'जीव रंगला' के लिए एक और 'राष्ट्रीय पुरस्कार' मिला जिसे वर्ष 2009 में अजय अतुल ने बनाया था।

हरिहरन के गाये भक्ति एल्बम भी काफ़ी लोकप्रिय हुए हैं, जिनमें कुछ प्रमुख हैं–'हनुमान चालीसा', 'रामधुन', 'हे शम्भु बाबा मेरे भोलेनाथ' आदि।

हरिहरन ग़ज़ल गायक और संगीतकार भी हैं जिनके तीस से अधिक एल्बम हैं। शुरुआती करियर में, उनकी कई सफल ग़ज़ल एल्बम जारी हुए जिनमें से अधिकांश को उन्होंने स्वयं संगीत दिया। हरिहरन की पहली ग़ज़ल एल्बम में से एक थी 'आशा-ए-ग़ज़ल', जिसमें आशा भोसले उनके साथ थीं। एक और उत्कृष्ट ग़ज़ल एल्बम 'गुलफ़ाम' थी। उनके द्वारा अन्य प्रमुख ग़ज़ल एल्बम हैं-'हाज़िर', 'जश्न', 'हल्का नशा', 'पैग़ाम', 'काश', 'लाहौर के रंग हरि के संग' आदि। उनकी लाइव कॉन्सर्ट रिकॉर्डिंग में 'हरिहरन इन कॉन्सर्ट', 'सप्तऋषि' और 'स्वर उत्सव' सफल रहीं। हरिहरन तबला वादक ज़ाकिर हुसैन के साथ अपने एल्बम 'हाज़िर' में काम कर चुके हैं।

बेगम अख़्तर

बेगम अख़्तर के नाम से प्रसिद्ध, अख़्तरी बाई फ़ैज़ाबादी भारत की प्रसिद्ध गायिका थीं, जिन्होंने, ग़ज़ल, ठुमरी, दादरा में महारत हासिल की।

बेगम अख़्तर का जन्म 7 अक्टूबर 1914 को फ़ैज़ाबाद और मृत्यु 30 अक्टूबर 1974 को अहमदाबाद में हुई।

उन्हें भारत सरकार ने पहले पद्मश्री तथा बाद में, उनकी मृत्यु के बाद 1975 में पद्म भूषण से सम्मानित किया गया।

उन्हें मलिका-ए-ग़ज़ल के ख़िताब से भी नवाज़ा गया।

उनका जन्म फ़ैज़ाबाद, उत्तर प्रदेश में हुआ।

उन्होंने ग़ज़ल गायकी को नया आयाम दिया। उनकी आवाज़ में, दर्द, तड़प और करुणा के तत्त्वों की मौजूदगी ने आकर्षण पैदा किया।

उनकी कर्मभूमि मुम्बई, लखनऊ जैसे शहर रहे।

उन्होंने नाटकों में काम किया और शोहरत हासिल की। अमीना, रोटी, दानापानी तथा जलसाघर उनके प्रमुख नाटक थे।

उन्होंने फ़िल्मों में भी काम किया। 'जवानी का नशा', 'नसीब का चक्कर' तथा 'अमीना' फ़िल्मों में अभिनय किया।

इश्तिआक अहमद अब्बासी, से जो पेशे से वकील थे, बेगम अख़्तर का निकाह हुआ और अख़्तरी बाई फ़ैज़ाबादी से बेगम अख़्तर बन गयीं।

बेगम अख़्तर की गायी कुछ अमर ग़ज़लें–

- वो जो हममें तुममें करार था तुम्हें याद हो कि न याद हो

(शायर-मोमिन)

- ये न थी हमारी क़िस्मत के विसाले यार होता

(शायर-ग़ालिब)

- मेरे हमनफ़स मेरे हमनवा, मुझे दोस्त बनके दग़ा न दे

(शायर-शकील बदायूनी)

- उलटी हो गयीं सब तदबीरें कुछ न दवा ने काम किया

(शायर-मीर तक़ी मीर)

- कुछ तो दुनिया की इनायत ने भरम तोड़ दिया

(शायर-सुदर्शन फ़ाकिर)

- दीवाना बनाना है तो दीवाना बना दे...

(शायर-बहज़ाद लखनवी)

- इश्क़ में ग़ैरत-ए-जज़्बात ने रोने न दिया
  वरना क्या बात थी किस बात ने रोने न दिया

(शायर-सुदर्शन फ़ाकिर)

तमाम बड़े गायक जो इस दुनिया से विदा हो गये। वे भी अब हमारे बीच नहीं हैं। लेकिन उनकी गायन शैली, शास्त्रीयता, उनकी आवाज़ का जादू, हमारे आसपास अब भी मौजूद है। बेगम अख़्तर उनमें से एक हैं–मलिका-ए-ग़ज़ल!

ग़ुलाम अली

पाकिस्तान के प्रसिद्ध ग़ज़ल गायक ग़ुलाम अली का जन्म 1940 में सियालकोट के पास हुआ। सियालकोट अब पाकिस्तान में है। वे हिन्दुस्तानी शास्त्रीय संगीत और पटियाला घराने के जाने माने ग़ज़ल गायक थे।

उन्होंने उस्ताद बड़े ग़ुलाम अली ख़ान साहब से संगीत की तालीम हासिल की।

ग़ुलाम अली के हिन्दुस्तान में चाहने वालों की संख्या लाखों में है। वे निरन्तर भारत आते रहे और अपना कार्यक्रम प्रस्तुत करते रहे।

उन्होंने जो ग़ज़लें गायीं ख़ूब गायीं। ऐसा प्रतीत होता है जैसे गायक ग़ुलाम अली का जन्म ग़ज़ल गाने के लिए ही हुआ। उनकी आवाज़ की कशिश और ग़ज़लों का चयन, ग़ुलाम अली को उच्चता प्रदान करता रहा। वे ग़ज़ल विद्वानों के ही नहीं मध्यमवर्गीय लोगों में भी मकबूल रहे।

उनकी गायी गयी कुछ बेहद प्रसिद्ध ग़ज़लें–

- चुपके-चुपके रात-दिन आँसू बहाना याद है
- हमको तेरी आश्की का वो ज़माना याद है

–

- हम तेरे शहर में आए है मुसाफ़िर की तरह

–

- कल चौदहवीं की रात थी, शब भर रहा चर्चा तेरा

(इब्ने इंशा)

- अपनी धुन में रहता हूँ
- मैं भी तेरे जैसा हूँ

नासिर काज़मी

- आवारगी
- उसने कहा तू कौन है, मैंने कहा-आवारगी

(मोहसिन नक़वी)

- बेचैन बहुत फिरना घबराये हुए रहना

(मुनीर नियाज़ी)

- चमकते चाँद को टूटा हुआ तारा बना डाला

(आनन्द बख्शी)

- दिल धड़कने का सबब याद आया

(नासिर काज़मी)

- दिल में इक लहर-सी उठी है अभी

(नासिर काज़मी)

- फिर सावन रूत की पवन चली, तुम याद आये

(नासिर काज़मी)

इनके अतिरिक्त उन्होंने हीर (वारिस शाह) को बड़े मार्मिक अन्दाज़ में गाया है।

'ग़ज़ल विज़ार्ड-ग़ुलाम अली' शीर्षक से ग़ुलाम अली के जीवनवृत्त को दो भारतीय लेखकों भवेश सेठ तथा साधना जेजुरिका ने क़लमबद्ध किया है।

नूरजहाँ

पाकिस्तान की प्रसिद्ध गायिका नूरजहाँ का जन्म 21 सितम्बर 1926 को कसूर, पाकिस्तान में हुआ। उनकी मृत्यु 23 दिसम्बर 2000 कराची, पाकिस्तान में हुई।

नूरजहाँ ने अपनी दिलकश आवाज़ और प्रभावशाली अभिनय से चार दशकों तक श्रोताओं और दर्शकों के दिलों पर राज किया।

वे फ़िल्म अभिनेत्री थीं। साथ ही वे गायिका थीं और वे फ़िल्म निर्माता भी थीं।

उनकी गायी हुई कुछ प्रसिद्ध ग़ज़लें–

- दिल धड़कने का सबब याद आया

–

आशियाने की बात करते हो
दिल जलाने की बात करते हो

कभी किताबों में फूल रखना
कभी दरख़्तों पे नाम लिखना

–

आवाज़ दे कहाँ है दुनिया मेरी जवाँ है
आबाद मेरे दिल में उम्मीद का जहाँ है

नूरजहाँ ने उर्दू हिन्दी, पंजाबी तथा सिन्धी में गीत गाये हैं। उन्होंने कुछ युद्ध गीत भी गाये।

उन्हें क्वीन ऑफ़ मेलोडी कहा गया।

मुम्बई में नूरजहाँ के गायन का कार्यक्रम था। दिलीप कुमार सदारत कर रहे थे। वहाँ कहा गया—जैसे एक चाँद है। एक सूरज है। वैसे ही एक नूरजहाँ है।

दूसरा खण्ड

ग़ज़ल और मुशायरा

मुशायरे की परम्परा अमीर ख़ुसरो के ज़माने से चली आ रही है।

शायरों के एक समूह का एक मंच पर इकट्‌ठा होना जहाँ सुननेवाले सामीन (श्रोता) भी होते हैं, उसे मुशायरा कहते हैं। मुशायरे की एक ख़ास तहज़ीब रही है। जिस शायर को कलाम पढ़ना होता, शम्अदान उसके आगे रख दिया जाता। इसके दो कारण थे। एक कलाम पढ़ने के लिए आमन्त्रित शायर को सम्मान दिया जाता। दूसरी बात यह थी कि शायर अगर अपना कलाम लिखकर लाया हो तो उसे पढ़ने में सुविधा रहे।

मुशायरे में बड़ा शायर सदारत करता था। जो भी शायर कलाम सुनाने के लिए तैयार होता वो मुशायरे के 'सदर' से, विनम्रतापूर्वक इजाज़त लेता। बहुत अदब और सलीके के साथ, ग़ज़ल सुनाता। उसे किसी शेर पर दाद मिलती तो नवाज़िश, शुक्रिया, करम, जैसे शब्द बोलते हुए दूसरा-तीसरा शेर पढ़ता।

कम प्रसिद्ध और नौजवान शायरों को पहले पढ़ने का मौक़ा दिया जाता।

मुशायरे के आख़िर में वरिष्ठतम शायर अपना कलाम पढ़ता।

यह रिवायत थी। यह अदब था।

एक मुशायरे में क्रम बदल गया। हुआ यूँ कि जलंधर के उस मुशायरे में साहिर लुधियानवी उपस्थित थे और अन्य नामवर शायरों के अतिरिक्त, उस्ताद शायर मेला राम 'वफ़ा' भी मौजूद थे।

मुशायरा जब अपने चरम पर पहुँचा और सुनानेवाले दो शायर रह गए, साहिर और मेला राम 'वफ़ा'!

आयोजकों ने सोचा कि मेला राम 'वफ़ा' बेशक उस्ताद शायर हैं लेकिन साहिर जितने प्रसिद्ध नहीं है। मेला राम 'वफ़ा' को पहले पढ़वा देते हैं। बाद में देर तक लोग साहिर को सुनते रहेंगे। आयोजकों को ये विचार अच्छा लगा और उस्ताद शायर को

कलाम पढ़वा दिया गया। बिल्कुल आख़िर में जब साहिर लुधियानवी को आमन्त्रित किया गया तो उन्होंने कलाम पढ़ने से यह कह कर मना कर दिया कि उस्ताद और मोतबर शायर के कलाम के बाद, रिवायत के मुताबिक, मुशायरा ख़त्म हो जाता है। वो कलाम नहीं पढ़ेंगे।

आयोजकों के पसीने छूट गए। मंच के सामने बैठे श्रोता बेताब थे साहिर को सुनने के लिए और साहिर अड़ गए कि वो मेला राम 'वफ़ा' साहब वरिष्ठतम शायर के बाद कलाम नहीं पढ़ेंगे।

कुछ दानिशमंदों ने एक रास्ता निकाला। मुशायरा फिर शुरू हुआ। हर शायर, अपने क्रम के अनुसार खड़ा होता। अपनी ग़ज़ल का शेर सुनाता। फिर दूसरा फिर तीसरा शायर...।

और इस तरह साहिर लुधियानी ने उस्ताद मेला राम 'वफ़ा' से पहले अपना कलाम सुनाया। देर रात तक, ताजमहल नज़्म से लेकर तल्ख़ियाँ तक और जंग के विरोध में नज़्में–साहिर तो साहिर थे। साहिर यानी जादू, अपना जादू दिखाकर और मुशायरे की अदबी रिवायत को बरकरार रखते हुए सुर्ख़रू हुए।

लाल किला के मुशायरे तो ऐतिहासिक दर्जा हासिल कर चुके है जहाँ ग़ालिब, मोमिन, ज़ौक, ने अपना कलाम सुनाया। वो मुगलिया हुकूमत को आख़िरी बादशाह-बहादुर शाह ज़फ़र का ज़माना था।

मुशायरे की परम्परा जीवित रही और इसी मुशायरे ने न सिर्फ़, ग़ज़ल जैसी विधा को ज़िन्दा रखा बल्कि उसे उत्कर्ष पर भी पहुँचाया। मुशायरे के शायरों ने भी ख़ूब प्रसिद्धी हासिल की।

विभाजन के बाद दिल्ली, लखनऊ, आगरा तथा अन्य शहरों में छोटे-बड़े मुशायरे–हर दौर में और हर मौसम में होते रहे।

लालकिला का मुशायरा और इंडोपाक मुशायरा बहुत प्रसिद्ध हुए। भारत और पाकिस्तान के नामवर शायर मुशायरे में शिरकत करते। पाकिस्तान और हिन्दुस्तान के शायरों में, आपस में मिलने की व्याकुलता इस बात का एहसास कराती कि बंटवारा ज़मीनों का हो सकता है, भावनाओं का नहीं।

वो दौर, शायराना दौर, जब दरियों के ऊपर सफ़ेद चादरें बिछी होतीं। शम्अदान घूमता रहता। मिश्री, इलायची, थाली में होती। सिगरेट दूसरी किसी थाली में। गॉव तकिये होते। सारे शायर अर्धव्यास में बैठे होते। बीच में सदारत करने वाले विशिष्ट शायर विराजमान होते।

समय बदल चुका है। अब सोफ़े पर आठ दस शायर होते हैं। वाह वाह होती है। अच्छी, आधुनिक ग़ज़लें भी होती हैं। इसके बावजूद, वो जज़्बाती रिवायत ज़रूर कुछ, कम-कम महसूस होती है।

नशिस्त (ग़ज़ल की नशिस्त)

नशिस्त का अर्थ है बैठक! एक बार की बैठक। दो या तीन लोग एक साथ बैठकर कलाम सुनाएँ तो उसे बैठक या नशिस्त कहा जाएगा।

जहाँ, जिस बैठक में, ग़ज़लें सुनी-सुनाई जाती हैं उसे शेरी-नशिस्त कहा जाता है।

जिस बैठकख़ाने या कमरे में नशिस्त आयोजित होती है, उसे नशिस्त-गाह कहा जाता है।

मुशायरे और नशिस्त में ख़ास तरह का अन्तर होता है। मुशायरा बड़े स्तर पर, बड़े मंच पर, माइक, लाउड स्पीकर के अतिरिक्त, हाज़रीन यानी श्रोताओं की उपस्थिति में होता है। दाद और वाह-वाह का सिलसिला, जितना मुशायरे के मंच से होता है उससे अधिक श्रोताओं की तरफ़ से होता है। भावना की एक लहर मंच की तरफ़ से, तो दूसरी लहर श्रोताओं की तरफ़ से उठती है।

लेकिन नशिस्त में ऐसा नहीं होता। शायरी की नशिस्त किसी बड़े हॉल में या किसी शायर के घर में भी हो सकती है।

ग़ौरतलब है भारतेन्दु हरिशचंद्र 'रसा' अपने घर में ग़ज़ल-नशिस्तें आयोजित कराया करते थे।

शायरी की नशिस्तों के विषय में, शायरों को पोस्टकार्ड भेजकर सूचित कर दिया जाता और शायर, नज़दीक से या दूर से, अपना ख़र्च करके नाम-पता पूछते-पूछते, नशिस्त स्थल पर पहुँचते थे।

मुशायरों की तरह, नशिस्तों में पहुँचनेवाले और अपना कलाम पढ़नेवाले शायरों को कोई आर्थिक लाभ या पारिश्रमिक नहीं दिया जाता था और अब भी जो दिल्ली के आसपास शेरी-नशिस्तें होती हैं, वहाँ सब शायर, शायरी की गरज़ से जाते हैं न कि आर्थिक लाभ के लिए।

दिल्ली में, स्कूलों, पंचायत भवनों, समुदायिक भवनों में, शायरी की नशिस्तें होती रही हैं। लेकिन अधिकांश नशिस्तें, शायरों या अदब शनास लोगों के घरों में होती रही है।

कभी बड़े कमरों में या फ्लैट की छतों पर भी हमने नशिस्तें होती देखी हैं।

ऐसा भी देखा गया है कि कई बार मुशायरे सफल नहीं होते। लेकिन शायरी की नशिस्तें हमेशा सफल रही हैं। इसका बड़ा कारण ये है कि यहाँ उत्कृष्ट कलाम सुना-सुनाया जाता है। श्रोताओं से दाद लूटने या तालियों के बजने की कामना नहीं होती। शायरी की नशिस्त में सब शायर होते हैं। स्तर और मेयार का फ़र्क बेशक हो लेकिन किसी नये शायर को भी पूरी तवज्जो से सुना जाता है और अच्छे शेरों पर दाद भी दी जाती है।

शायरों के बैठने का अन्दाज़ भी थोड़ा भिन्न होता है। मुशायरों में शायर अर्ध व्यास की शक़्ल में बैठते हैं तो नशिस्त में, कमरे की चारों दीवारों के साथ शायर बैठते चले जाते हैं। कोई गिनती नहीं होती। किसी नशिस्त में तीस शायर तो किसी में साठ!

ऐसी शेरी नशिस्तों में, अधिकांश शायर अपना नया कलाम (नयी ग़ज़ल) लिखकर लाते हैं और उसे सुनाते हैं।

नशिस्तों में तरन्नुम के साथ पढ़नेवाले कम ही होते हैं, लेकिन होते हैं।

दिल्ली में कई संस्थाएँ, महीने में एक बार या महीने में दो बार नशिस्तें आयोजित करती रही हैं। आर के पुरम, पश्चिम विहार, मुनीरका, राजोरी गार्डन और शकूरबस्ती में, शायरी की नशिस्तें, तीस-चालीस साल से निरन्तर मुनक़्क़द होती रही हैं।

इन नशिस्तों में, मनचन्दा 'बानी', कुमार पाशी, अफ़सर आज़री, मतीर होशियारपुरी, जाँबाज़ पानीपती, जय मुनी सरशार, रिफ़अत सरोश, रमेश रंजक, सतपाल ख़्याल तथा उस्ताद शायर ज़ार अल्लामी, प्रीतम लाल 'अरमान' जैसे उच्च कोटि के शायर शरीक हो चुके हैं।

नशिस्तों के शायरों की विडम्बना यह रही है कि अपनी उच्च कोटि की ग़ज़लों के बावजूद उन्हें वो प्रसिद्धी नहीं मिलती जो मुशायरे के शायरों को हासिल होती है।

दिल्ली की कुछ संस्थाएँ–

हल्का-ए-तिशनगाने अदब

ख़ुमख़ाना अदब

अदबी जहान

अदबी संगम

ग़ौरतलब है कि हल्का-ए-तिश्नगाने-अदब ने अपनी चारसौवीं नशिस्त आयोजित की थी।

सच्चे अदीब अपना काम ख़ामोशी के साथ करते चले जाते हैं। यही तो होते हैं जो अदब को ज़िन्दा रखते हैं।

कवि सम्मेलन

कवि सम्मेलनों की सुदीर्थ और बड़ी संस्कारी परम्परा रही है। महादेवी वर्मा, सुमित्रानन्द पन्त, मैथिली शरण गुप्त, रामधारी सिंह दिनकर, हरिवंश राय बच्चन, निराला, त्रिलोचन बाद के दिनों में शिवमंगल सिंह सुमन, मुकुर बिहारी सरोज, नीरज और कुंवर बेचैन गीतकार के रूप में, कवि सम्मेलनों में अपनी रचनाएँ पढ़ते रहे। अधिकांश गीतकर, गाकर रचना पाठ करते थे।

दुष्यन्त की ग़ज़लों ने ऐसा प्रभाव उत्पन्न किया कि उस दौर के अधिकांश गीतकार ग़ज़लें लिखने लगे और मंच पर ग़ज़लें सुनाने लगे।

कारवाँ गुज़र गया गुबार देखते रहे–जैसा प्रबल भाव और गहरी संचेतना पैदा करनेवाला गीत, नीरज ने लिखा। मंचों पर गाया और ख़ूब प्रसिद्धी हासिल की। उन्होंने भी गीत की रविश छोड़ दी, ग़ज़लकार बन गए। ग़ज़लें लिखीं। कवि सम्मेलनों के मंचों पर ख़ूब गायीं। हिन्दी में गीत विधा का क्षरण हुआ। लेकिन मंच पहले की तरह रहा अपने जलवे बिखेरता। पहले गीतकारों के गीत थे। अब उन्हीं गीतकारों की ग़ज़लें थीं। कुंवर बेचैन, नीरज, सन्तोष आनन्द, नूतन कपूर, रामअवतार त्यागी, शेर जंग गर्ग, विजय किशोर मानव, ओम निश्चल यहाँ तक कि अदम गोंडवी भी कवि सम्मेलनों में अपनी ग़ज़लें सुनाते रहे और उन्हें दाद भी ख़ूब मिलती रही।

उर्दू नशिस्तों की तर्ज पर कवि गोष्ठियों का भी कुछ अरसे तक प्रचलन रहा। लेकिन कवि सम्मेलनी आकर्षण और आर्थिक मानदेय इत्यादि ने कवि गोष्ठियों को समाप्त कर दिया। कवि गोष्ठियाँ, हिन्दी ग़ज़ल के लिए स्कूलिंग का कार्य भी करती थीं, जो समाप्त हो गयीं।

ग़ज़ल और तरन्नुम

ग़ज़ल एक वाचिक विधा रही है। ग़ज़लें एक-दूसरे को सुनी-सुनाई जाती थीं और

यह सिलसिला कायम रहता था। कुछ शायर तरन्नुम में तो कुछ ग़ैर तरन्नुम में अपना कलाम (ग़ज़ल) सुनाते।

मुगलिया सल्तनत के आख़िरी बादशाह जब लाल किले में मुशायरे का आयोजन करवाते तो वहाँ शामिल शायर भी, अपना-अपना कलाम, तरन्नुम और ग़ैर तरन्नुम में सुनाते।

हर शायर का शेर पढ़ने का अपना अन्दाज़ और लबो-लहजा होता है। कुछ शायर गाकर अपना कलाम(ग़ज़ल) पढ़ते हैं तो कुछ तहत में, यानी पढ़कर शेर सुनाते हैं। हक़ीकत यह भी है कि अनुभवी शायर, ग़ज़लों में ऐसा शब्द प्रयोग करते हैं कि पढ़कर सुनाई ग़ज़ल भी, गाई हुई ग़ज़ल प्रतीत होती है। ग़ज़ल में सारा खेल शब्द और भावना का होता है।

लेकिन इस बात से इंकार नहीं किया जा सकता कि तरन्नुम का प्रभाव अधिक होता है। मुशायरे में एक ही शायर कोई ग़ज़ल तरन्नुम में सुनाते हैं तो दूसरी कोई ग़ज़ल ग़ैर-तरन्नुम में। इस तरह शायर, अपनी शायरी के दोनों प्रभाव देख लेता है।

तरन्नुम यानी स्वर माधुर्य। यानी लय। यानी ख़ुश इलहानी।

मुशायरों में तरन्नुम में पढ़नेवालों की लम्बी फेहरिस्त रही है।

पुराने अदबी अनुभव ये भी बताते हैं कि कुछ नामवर शायरों का कलाम इतना प्रभावशाली और प्रबल भावना से लबरेज़ होता है कि उन्हें तरन्नुम की ज़रूरत ही नहीं पढ़ती। ग़ालिब, फ़ैज़ अहमद फ़ैज़, फ़िराक गोरखपुरी, हबीब जालिब, अहमद फ़राज़, बानी, जोन एलिया, कुमार पाशी, निदा फ़ाज़ली, शह्रयार, यहाँ तक कि गुलज़ार भी ग़ैर तरन्नुम में अपना कलाम पढ़ते रहे हैं।

समय बेशक आगे निकल गया हो, नामवर शायरों की ग़ज़लें, शेर यहाँ तक कि शेर के मिसरे भी, स्मृति के आतिशदान में मौजूद हैं।

यहाँ कुछ शेर तरन्नुम और ग़ैर तरन्नुम में पढ़ने वाले शायरों के उदाहरण के तौर पर दिए जा रहे हैं–

तरन्नुम में पढ़ने वाले शायरों के शेर–

देख तो दिल की जाँ से उठता है
ये धुआँ-सा कहाँ से उठता है

तथा

फ़कीराना आए सदा कर चले
मियाँ, ख़ुश रहो हम दुआ कर चले

मीर तक़ी मीर

मीर के इन शेरों पर ध्यान दें। कितनी सादा ज़बान और कितनी कशिश है शेरों में।

लाई हयात आए कज़ा ले चली चले
अपनी ख़ुशी से आए न अपनी ख़ुशी चले

इब्राहीम ज़ौक

तुम मेरे पास होते हो गोया
जब कोई दूसरा नहीं होता

मोमिन

हुए नामवर बेनिशाँ कैसे-कैसे
ज़मीं खा गई आसमाँ कैसे-कैसे

अमीर मीनाई

ले चला जान मेरी रूठ के जाना तेरा
ऐसे आने से तो बेहतर था न आना तेरा

दाग़ देहलवी

कभी ऐ हकीकते मुंतज़िर नज़र आ लिबासे मजाज़ में
के हज़ारों सजदे तड़प रहे हैं मेरी जबीने नयाज़ में

इक़बाल

दिल में किसी की राह किए जा रहा हूँ मैं
कितने हँसी गुनाह किए जा रहा हूँ मैं

मजरूह सुलतान पुरी

मुझे सहल हो गई मंज़िलें के हवा के रूख भी बदल गए
तेरा हाथ-हाथ में आ गया कि चिराग़ राह में जल गए

मजरूह सुलतानपुरी

यहाँ उन शायरों के शेर दिए जा रहे हैं जिन्होंने तरन्नुम में ग़ज़लें पढ़ीं और अपना रुतबा कायम किया।

तरन्नुम में कलाम पढ़ने के कई कारण होते हैं। कुछेक शायर इसलिए तरन्नुम में पढ़ते हैं कि अपने आरम्भिक दौर से रियाज़ करते रहते हैं और जब मुशायरे में शामिल होते हैं तो गायकी में परिपक्व हो चुके होते हैं।

दूसरा कारण यह भी है कि तरन्नुम में पढ़ने वाले शायरों की आवाज़ साफ़ होती है। साँस पर नियंत्रण होता है। आवाज़ में उतार-चढ़ाव का वे गाते हुए ख़ास ख़्याल रखते हैं।

शायरी में प्रभाव ज़माने तथा श्रोताओं से तुरन्त सम्बन्ध बनाने के लिए भी तरन्नुम का सहारा लिया जाता है। कुछ शायरों की शायरी का रिश्ता, श्रोताओं के साथ, तरन्नुम के साथ ऐसा जुड़ जाता है कि सुनने वालों की हार्दिक इच्छा होती है कि शायर गाकर ग़ज़लें सुनाए। जैसे बशीर बद्र, जैसे गोपाल दास नीरज, जैसे बेकल उत्साही, जैसे बलबीर सिंह रंग। जैसे खुमार बाराबंकी।

एक कारण यह भी होता है कि कुछ शायर जिनकी ग़ज़लें परिपक्व नहीं होतीं, वो गाकर अपनी रचना के ऐब को छुपा लेते हैं।

ग़ज़ल और तहत (ग़ैर तरन्नुम)

दूसरा पक्ष उन शायरों का है जिन्होंने अपना कलाम मुशायरों में, ग़ैर तरन्नुम में प्रस्तुत किया।

ऐसे शायरों को अपने कलाम (ग़ज़ल) पर पूर्ण विश्वास होता है। रचनात्मकता का यह विश्वास शायर को अपनी रचना, किसी भी रूप में पढ़ने के लिए तैयार रखती है। फ़ैज़, साहिर, फ़िराक़, निदा फ़ाजली, जोन एलिया, शह्रयार, गुलज़ार। इन्हें, अपना कलाम ग़ैर तरन्नुम में पढ़ते हुए भी ख़ूब दाद मिलती रही।

शायर का रूतबा और प्रसिद्धी भी बड़ा कारक होती है। फ़ैज़ तरन्नुम में तो बिल्कुल भी नहीं पढ़ते थे। लेकिन ग़ैर तरन्नुम में भी वो अच्छा नहीं पढ़ते थे। इसके बावजूद, मुशायरे में उनको सुनने वाले, उनकी बारी का इन्तज़ार करते रहते।

फ़िराक़ गोरखपुरी रिवायती आदाब के साथ ग़ज़लें सुनाते। लेकिन कई बार ऐसा भी होता कि वो शेर का दूसरा मिसरा भूल जाते। तुरन्त, मुशायरे में मौजूद, शायर, दूसरा मिसरा सुनाकर, शेर पूरा करते। लेकिन न फ़ैज़ का रूतबा कभी कम हुआ न फ़िराक़ का।

यह भी सच है कि लम्बे अन्तराल के बाद, लोगों को ग़ज़ल या उसके शेर तो याद रह जाते हैं, शायर की गायकी भूल जाते हैं।

ग़ैर तरन्नुम में पढ़ने वाले शायरों के शेर-मिसाल के तौर पर, कि वो कितना गहरा प्रभाव श्रोताओं पर छोड़ते थे–

ग़ालिब–

हज़ारों ख़्वाहिशें ऐसी कि हर ख़्वाहिश पे दम निकले
बहुत निकले मेरे अरमान लेकिन फिर भी कम निकले

तथा

कोई दिन गर ज़िन्दगानी और है
अपने जी में हमने ठानी और है

ग़ौरतलब है, मुशायरों में ग़ालिब अपना कलाम तरन्नुम में नहीं कहते थे। लेकिन बाद में, और उस दौर में भी, उनकी अधिकांश ग़ज़लों को, उच्च कोटि के गायकों ने गाया।

फ़िराक़ गोरखपुरी–

बहुत पहले से उन क़दमों की आहट जान लेते हैं
तुझ ऐ ज़िन्दगी, हम दूर से पहचान लेते हैं

तथा

सुकूते-शाम मिटाओ बहुत अँधेरा है
सुख़न की शम्आ जलाओ बहुत अँधेरा है
यही समाँ था कि ऐसे में बुझ गए थे चिराग़
सितारो होश में आओ बहुत अँधेरा है

फ़िराक़ गोरखपुरी की अज़मत ही ऐसी थी कि उनका मुशायरे में शिरकत करना बड़ी घटना हो जाती थी। वो तहत में पढ़ते। वो शेर पढ़ते और वाह-वाह की गूँज सुनाई देती। ऐसा प्रतीत होता जैसे हिन्दोस्तान की अज़ीम-तरीन हस्ती न सिर्फ़ ग़ज़ल का पाठ कर रही है बल्कि, ग़ज़ल जैसी सिन्फ़ को ज़िन्दा भी रख रही है।

फ़ैज़ अहमद फ़ैज़–

चकित करनेवाली बात ये है कि फ़ैज़ अपनी नज़्में और ग़ज़लें, तरन्नुम में नहीं सुनाते थे। लेकिन सबसे अधिक उनकी शायरी को, गायकों/गायिकाओं ने गाया। नज़्मों की बात करें तो–मुझसे पहली-सी मुहब्बत मेरे महबूब न मांग तथा हम देखेंगे–बहुत प्रसिद्ध नज़्में हैं जिन्हें लाखों बार सुना गया। उनकी ग़ज़ल की जो भावभूमि है और प्रेम की अव्यक्त-सी तान है उसका अपना सौन्दर्य है। उनकी ग़ज़ल के दो शेर–

शामे-फ़िराक़ अब न पूछ आई और आके टल गई
दिल था कि फिर बहल गया, जाँ थी कि फिर संभल गई
आख़िरे-शब के हमसफ़र, फ़ैज़ न जाने क्या हुए
रह गई किस जगह सबा, सुबह किधर निकल गई

कुछ और शायर जिन्होंने अपनी ग़ज़लों को ग़ैर तरन्नुम अन्दाज़ में सुनाया और प्रसिद्धी पाई।

मुनीर नियाज़ी–

आदत-सी बना ली है तुमने तो 'मुनीर' अपनी
जिस शहर में भी रहना उक्ताए हुए रहना

कृष्ण बिहारी 'नूर'

मैं जिसके हाथ में काग़ज़ का फूल दे आया
उसीके हाथ का पत्थर मेरी तलाश में है

कैसरूल जाफ़री–

रस्ते भर रो-रो के पूछा, हमसे पाँव के छालों ने
बस्ती कितनी दूर बसा ली, दिल में बसने वालों ने

इब्ने इंशा–

इंशा जी उठो अब कूच करो, इस शहर में जी का लगाना क्या
वहशी को सुकूँ से क्या मतलब, जोगी का नगर में ठिकाना क्या

अहमद फ़राज़–

अभी कुछ और करिश्मे ग़ज़ल के देखते हैं
फ़राज़ अब ज़रा लहजा बदल के देखते हैं

तथा

रंजिश ही सही दिल ही दुखाने के लिए आ
आ, फिर से मुझे छोड़के जाने को लिए आ

जोन एलिया–

कौन इस घर की देखभाल करे,
रोज़ इक चीज़ टूट जाती है।

तथा

वजूद एक तमाशा था हम जो देखते थे
वो अब भी एक तमाशा है अब भी आ जाओ

बड़े शायरों के शेर पढ़ने का अन्दाज़ भी चकित करता रहा है। अहमद फ़राज़ हाथ में सिगरेट लेकर ग़ज़ल सुनाते। ख़ूब सुनाते। जोन एलिया अपने लम्बे बालों को झटकते हुए शेर सुनाते। उनकी आवाज़ गतिशील रहती और उनका जिस्म भी।

बानी (मनचंदा) बड़े शायर थे। लेकिन उन्होंने मुशायरे में कम ही शिरकत की। वो तरन्नुम के शायर नहीं थे। शेर पढ़ने का उनका अन्दाज़ आकर्षक था। उनकी ग़ज़लों में प्रेम के विखण्डन और टूटने-बिखरने की व्याकुलता है। वो कठिन शायर थे। डॉ. शम्सुर्रहमान फ़ारूकी और डॉ. गोपीचन्द नारंग के प्रिय शायर थे। उनकी ग़ज़लों की जदीदियत मानीख़ेज़ है।

उनकी ग़ज़लों से शेर–

जाने वो कौन था और किसको सदा देता था
उससे बिछुड़ा है कोई इतना पता देता था

तथा

मोड़ था कैसा तुझे था खोने वाला मैं
रो ही पड़ा हूँ कभी न रोने वाला मैं

शकेब जलाली–

युवा शायर शकेब जलाली हमेशा बेचैन रहे। उन्होंने नयी तरह की ग़ज़लें लिखीं। पाकिस्तान में थे और ख़ूब चर्चा बटोरी। उन्होंने अपना कलाम कभी गाकर नहीं पढ़ा था। अफ़सोस की बात ये है कि उन्होंने भरी जवानी में आत्महत्या कर ली थी।

उनकी ग़ज़ल का बहुत प्रसिद्ध शेर प्रस्तुत है–

तूने कहा न था कि मैं कश्ती पे बोझ हूँ
आँखों को अब न ढाँप मुझे डूबते भी देख

शह्रयार–

शह्रयार नफ़ासतपंद शायर थे। अपनी ग़ज़लें कभी गा भी लेते थे। वरना ग़ैर-तरन्नुम में ग़ज़लें सुनाते। उनकी कई सारी ग़ज़लें फ़िल्मों में ली गईं। बाज़ार फ़िल्म में उनकी ग़ज़लें ख़ूब लोकप्रिय हुई। उनकी ग़ज़ल से शेर–

सभी को ग़म है समन्दर के ख़ुश्क होने का
कि खेल ख़त्म हुआ कश्तियाँ डुबोने का

शीन काफ़ निज़ाम–

एक दिन फिर लौटकर मैं आऊँगा कहता था वो
मंज़रों में आँख-सा बस जाऊँगा कहता था वो

निदा फ़ाज़ली–

निदा फ़ाज़ली अपनी ग़ज़लें गाकर नहीं सुनाते थे। लेकिन, गाकर सुनाने वालों से ज़्यादा प्रभाव पैदा करते थे। वो ग़ज़लें, नज़्में, दोहे तो लिखते ही थे। उन्होंने गद्य भी बहुत सुन्दर लिखा।

उनकी ग़ज़लों से दो शेर–

दुश्मनी लाख सही ख़त्म न कीजे रिश्ता
दिल मिले या न मिले हाथ मिलाते रहिए

तथा

घर से मस्जिद है बहुत दूर चलो यूँ कर लें
किसी रोते हुए बच्चे को हँसाया जाए

ग़ज़ल की गतिशीलता और मक़बूलियत

मुशायरों और शेरी-नशिस्तों में ग़ज़ल ने धूम मचाई। जिस शायर ने मुशायरे में ग़ज़ल पढ़ी वो तो प्रसिद्ध हुआ ही, जिस शायर ने ग़ज़ल की नशिस्तों और ग़ज़ल गोष्ठियों में अपनी ग़ज़लें सुनायी वो भी प्रसिद्ध हुआ। यहाँ तक कि इदरीस देहलवी द्वारा प्रकाशित शम्आ (और सुषमा) मैगज़ीन में जिस शायर की ग़ज़ल प्रकाशित हुई, उसे भी मकबूलियत हासिल हुई।

यह ग़ज़ल विधा का सौन्दर्य है और शक्ति भी कि चार सौ सालों से कही जा रही ग़ज़ल की तपिश कम नहीं हुई। आज भी ग़ज़ल के चाहने वाले लाखों-करोड़ों हैं।

ग़ज़ल का गतिशील चरित्र यह है कि यह मुशायरों तक सीमित नहीं रही। ग़ज़ल विधा का फ़िल्मों में बहुत प्रयोग हुआ।

जहाँ, ग़ज़ल जैसी सिन्फ़ ने फ़िल्मों में आकर, फ़िल्मों को ऊँचाई प्रदान की, वहीं, ग़ज़ल गायकों ने भी स्टेज पर आकर ग़ज़ल की बज़्म, महफ़िल, नशिस्त को चार चाँद लगाए।

फ़िल्मों में ग़ज़ल ने फ़िल्मों के ज़रिये लोकप्रियता हासिल की तो कंसर्ट में गायकों/गायिकाओं द्वारा गाई गई ग़ज़लों के कैसेट-सीडी, लाखों की संख्या में बिके। स्टुडियो में भी ग़ज़लों के कैसेट/सीडी तैयार किए गए।

यहाँ फ़िल्मी तथा ग़ैर फ़िल्मी ग़ज़लों की चर्चा उदाहरण सहित प्रस्तुत है।

फ़िल्मी ग़ज़लें

फ़िल्म संगीत, ग़ज़ल और गीत केन्द्रित रहा है। भजन केन्द्रित सीन (दृश्य) गीत केन्द्रित रहे हैं। बेशक, ग़ज़ल केन्द्रित भी रहे हैं। कुछ ऐसे गीतकार जिन्होंने फ़िल्मों के लिए गीत लिखे और गीतनुमा ग़ज़लें लिखीं, उन्होंने फ़िल्म संगीत को भरपूर योगदान दिया। फ़िल्मों ने ऐसे गीतों/भजनों/ग़ज़लों से सफलता अर्जित की।

कुछ गीतकार–भरतव्यास, कवि प्रदीप, शैलेन्द्र, शकील बदायूँनी, योगेश, नीरज, आनन्द बख्शी, साहिर लुधियानवी, सन्तोष आनन्द, अभिलाश इत्यादि।

बेशक, फ़िल्मों में संगीत, ग़ज़ल केन्द्रित अधिक रहा है। फ़िल्मी भजन, फ़िल्मी कव्वालियाँ और बिछुड़ने-मिलने के दृश्य भी ग़ज़ल के ज़रिये व्यक्त होते रहे हैं।

फ़िल्मों में ग़ज़ल विधा का बहुत बड़ा योगदान रहा है। कुछेक ग़ज़लों का ज़िक्र ज़रूरी है जिन्होंने न सिर्फ़ फ़िल्मों की सफलता में सहयोग दिया बल्कि वर्षों तक उस शायरी पर, ग़ज़ल गायकी पर, चर्चा होती रही है।

फ़िल्म–'माई सिस्टर' (मेरी बहन–1944)

ऐ क़ातिबे-तक़दीर मुझे इतना बता दे
क्यूँ मुझसे ख़फ़ा है तू क्या मैंने किया है

औरों को ख़ुशी मुझको फ़कत दर्दो रंजो-ग़म
दुनिया को हंसी और मुझे रोना दिया है

हिस्से में सबके आईं हैं रंगीन बहारें
बदबख़तियाँ लेकिन मुझे शीशे में उतारें

पीते हैं लोग रोज़-ओ-शब मस्सरतों की मय
मैं हूँ कि सदा ख़ूने-जिगर मैंने पिया है

था जिनके दम-क़दम से ये आबाद आशियाँ
वो चहचहाती बुलबुलें जाने गई कहाँ

जुगनू की चमक है न सितारों की रौशनी
क्या थी ख़ता कि जिसकी सज़ा तूने मुझको दी

क्या था गुनाह कि जिसका बदला मुझसे लिया है

गायक : के एल सहगल
शायर : पण्डित भूषण
संगीत : पंकज मलिक

ग़ज़ल–'शाहजहाँ' (1946)

ग़म दिए मुस्तकिल कितना नाज़ुक है दिल ये न जाना
हाय हाय ये ज़ालिम ज़माना

दे उठे दाग़े-लौ, उनसे ऐ माह-ऐ-नौ कह सुनाना
हाय हाय ये ज़ालिम ज़माना

दिल के हाथों से दामन छुड़कर, ग़म की नज़रों से नज़रें बचा कर
उठ के वो चल दिए, कहते ही रह गए हम फ़साना

हाय हाय ये ज़ालिम ज़माना...

कोई मेरी ये रूदाद देखे ये मुहब्बत की बेदाद देखे
फुंक रहा है जिगर पड़ रहा है मगर मुस्कुराना...

हाय हाय ये ज़ालिम ज़माना

गायक : के एल सहगल
शायर : मजरूह सुलतानपुरी
संगीत : नौशाद

फ़िल्म–'कनीज़'

उम्मीदों पर उदासी छा गई क्या तुम न आओगे
मेरे दिल की कली मुरझा गई क्या तुम न आओगे

बहारें जाँ-फ़िज़ा, बुलबुल के नग्में चाँदनी रातें
हरेक शय आने वाली आ गई क्या तुम न आओगे

तुम्हारी दीद ही मक़सद रहा है जिन निगाहों का
वो चश्मे-मुंतज़िर पथरा गई क्या तुम न आओगे

गायिका : सुरेन्द्र कौर
शायर : हरिचन्द अख़्तर
संगीत : उस्ताद गुलाम हैदर

फ़िल्म–'हमारी याद आएगी' (1961)

कभी तन्हाइयों में यूँ हमारी याद आएगी
अंधेरे छा रहे होंगे कि बिजली कौंध जाएगी

ये बिजली राख कर जाएगी तेरे प्यार की दुनिया
न फिर तू जी सकेगा और न तुझको मौत आएगी

गायिका : मुबारक बेगम
शायर : केदारनाथ शर्मा
संगीत : स्नेहल भटकर

फ़िल्म–'बारादरी'

ग़ज़ल

तस्वीर बनाता हूँ तस्वीर नहीं बनती
इक ख़्वाब-सा देखा है ताबीर नहीं बनती

बेदर्द मुहब्बत का इतना-सा है अफ़साना
नज़रों से मिलीं नज़रें मैं हो गया दीवाना

अब दिल के बहलने की तदबीर नहीं बनती
तस्वीर बनाता हूँ तस्वीर नहीं बनती

दम भर के लिए मेरी दुनिया में चले आओ
तरसी हुई आँखों को फिर शकल दिखा जाओ
मुझसे तो मेरी बिगड़ी तकदीर नहीं बनती

गायक : तलत महमूद
शायर : नौशाद
संगीत : ख़ुमार बाराबंकी

फ़िल्म–'आरज़ू' (1950)

ग़ज़ल

ऐ दिल मुझे ऐसी जगह ले चल जहाँ कोई न हो
अपना पराया मेहरबाँ, न-मेहरबाँ कोई न हो

जाकर कहीं खो जाऊँ मैं नींद आए और सो जाऊँ मैं
दुनिया मुझे ढूँढे मगर मेरा निशाँ कोई न हो

गायक : तलत महमूद
शायर : अनिल बिसवास
संगीत : मजरूह सुलतानपुरी

फ़िल्म–'फुटपाथ'

ग़ज़ल

शामे-ग़म की कसम आज तन्हा है हम
आ भी जा आ भी जा, आज मेरे सनम

अब तो आ जा के अब रात भी सो गई
ज़िन्दगी ग़म के सहराओं में खो गई

ढूँढती है नजर तू कहाँ है मगर
देखते-देखते आया आँखों में दम

गायक : तलत महमूद
शायर : मजरूह सुलतानपुरी
संगीत : ख़य्याम

फ़िल्म–'जहाँआरा'

ग़ज़ल

तेरी आँख के आँसू पी जाऊँ ऐसी मेरी तकदीर कहाँ
तेरे ग़म में ख़ुद को सहलाऊँ ऐसी मेरी तकदीर कहाँ

क्या तेरी जुल्फ़ का लहरा है अब तक वही सुनहैरा
क्या अब तक तेरे दर पे देती हैं हवाएँ पहरा

लेकिन है ये ख़ामख़्याली, तेरी ज़ुल्फ़ बनी है सवाली
मोहताज है एक कली भी इक रोज़ थी फूलों वाली

वो ज़ुल्फ़े-परीशाँ महकाऊँ ऐसी मेरी तकदीर कहाँ
तेरे ग़म में ख़ुद को बहलाऊँ ऐसी मेरी तकदीर कहाँ

गायक : तलत महमूद
शायर : राजेन्द्र कृष्ण
संगीत : मदनमोहन

फ़िल्म–'दिल अपना और प्रीत पराई' (1960)

ग़ज़ल

अजीब दास्ताँ है ये कहाँ शुरू कहाँ ख़तम
ये मंज़िलें हैं कौन-सी, न वो समझ सके न हम

ये रौशनी के साथ क्यूँ धुआँ उठा चिराग़ से
ये ख़्वाब देखती हूँ मैं कि जग पड़ी हूँ ख़्वाब से

मुबारकें तुम्हें कि तुम किसी के नूर हो गए
किसीके इतने पास हो कि सबसे दूर हो गए

गायिका : लता मंगेशकर
शायर : शैलेन्द्र
संगीत : शंकर जयकिशन

फ़िल्म–'उस्तादों के उस्ताद' (1963)

ग़ज़ल

सौ बार जनम लेंगे सौ बार फ़ना होंगे
ऐ जाने वफ़ा फिर भी हम तुम न जुदा होंगे

किस्मत हमें मिलने से रोकेगी भला कब तक
इन प्यार की राहों में भटकेगी वफ़ा कब तक

कदमों के निशाँ ख़ुद ही मंज़िल का पता होंगे
सौ बार जनम लेंगे सौ बार फ़ना होंगे

ये कैसी उदासी है जो हुस्न पे छाई है
हम दूर नहीं तुमसे कहने को जुदाई है

अरमान भरे दो दिल फिर एक जगह होंगे

गायक : मोहम्मद रफ़ी
शायर : असद भोपाली
संगीत : रवि

फ़िल्म–'उपकार' (1967)

ग़ज़ल

दीवानों से ये मत पूछो दीवानों पे क्या गुज़री है
हाँ, उनके दिलों से ये पूछो अरमानों पे क्या गुज़री है

औरों को पिलाते रहते हैं और ख़ुद प्यासे रह जाते हैं
ये पीनेवाले क्या जानें, मेहमानों पे क्या गुज़री है

मालिक ने बनाया इंसा को, इंसान मुहब्बत कर बैठा
वो ऊपर बैठा क्या जाने इंसानों पे क्या गुज़री है

गायक : मुकेश
शायर : कमर जलालाबादी
संगीत : कल्याण जी, आनन्द जी

फ़िल्म–'दिल एक मन्दिर' (1963)

ग़ज़ल

याद न जाए बीते दिनों की
जाके न आए वो दिन, दिल क्यूँ भुलाए उन्हें

तस्वीर उनकी छुपा के रख लूँ जहाँ जी चाहे
मन में बसी है ये मूरत कहने को फिर भी पराए

दिन जो पखेरू होते पिंजरे में मैं रख लेता
पालता उनको जतन से मोती के दाने देता

सीने से रहता लगाए

गायक : मुकेश
शायर/गीतकार : शैलेन्द्र
संगीत : शंकर जयकिशन

फ़िल्म–'मधुमती'

ग़ज़ल

टूटे हुए ख्वाबों ने हमको ये सिखाया है
दिल ने, दिल ने जिसे पाया था आँखों ने गँवाया है

हम ढूँढते हैं उनको जो मिलके नहीं मिलते
रूठे हैं न जाने क्यूँ मेहमाँ वो मेरे दिल के

क्या अपनी तमन्ना थी क्या सामने आया है

लौट आई सदा मेरी टकरा के सितारों से
उजड़ी हुई दुनिया के सुनसान किनारों से

पर अब ये तड़पना भी कुछ काम न आया है
दिल ने, दिल ने जिसे पाया था आँखों ने गँवाया है

गायक : मोहम्मद रफ़ी
ग़ज़ल/गीत : शैलेन्द्र
संगीत : सलिल चौधरी

फ़िल्म–'ग़ज़ल'

ग़ज़ल

रंग और नूर की बारात किसे पेश करूँ
ये मुरादों की हँसी रात किसे पेश करूँ

मैंने जज़्बात निभाए हैं उसूलों की जगह
अपने अरमान पिरो लाया हूँ फूलों की जगह

तेरे चेहरे की ये सौग़ात किसे पेश करूँ
ये मुरादों की हँसी रात किसे पेश करूँ

ये मेरे शेर मेरे आख़री नज़राने हैं
मैं उन अपनों में हूँ जो आज से बेगाने हैं

ये तआल्लुक़-सी मुलाक़ात किसे पेश करूँ
ये मुरादों की हँसी रात किसे पेश करूँ

कौन कहता है कि चाहत पे सभी का हक़ है
तू जिसे चाहे तेरा प्यार उसीका हक़ है

मुझसे कह दे मैं तेरा हाथ किसे पेश करूँ
ये मुरादों की हँसी रात किसे पेश करूँ

गायक : मोहम्मद रफ़ी

शायर : साहिर लुधियानवी

संगीत : मदन मोहन

फ़िल्म–'बातों-बातों में' (1979)

ग़ज़ल

कहाँ तक ये मन को अंधेरे छलेंगे
उदासी भरे दिन कभी तो ढलेंगे

कभी सुख कभी दुख यही ज़िन्दगी है
ये पतझड़ का मौसम घड़ी दो घड़ी है

नये फूल कल फिर डगर में खिलेंगे
उदासी भरे दिन कभी तो ढलेंगे

भला तेज़ कितना हवा का हो झोंका
मगर अपने मन में तू रख ये भरोसा

जो बिछड़े सफ़र में तुझे फिर मिलेंगे
उदासी भरे दिन कभी तो ढलेंगे

गायक : किशोर कुमार
शायर : योगेश
संगीत : राजेश रोशन

फ़िल्म–'तीन देवियाँ' (1973)

ग़ज़ल

कहीं बेख़्याल होकर, यूँ ही छू लिया किसीने
कई ख़्वाब देख डाले यहाँ मेरी बेखुदी ने

मेरे दिल में कौन है तू कि हुआ जहाँ अंधेरा
वहीं सौ दीये जलाए तेरे रूख की चाँदनी ने

गायक : मोहम्मद रफ़ी
शायर : मजरूह सुलतानपुरी
संगीत : एस डी बर्मन

फ़िल्म–'आकाश दीप' (1965)

ग़ज़ल

मुझे दर्द-दिल का पता न था मुझे आप किस लिए मिल गए
मैं अकेला यूँ ही मज़े में था मुझे आप किस लिए मिल गए

न मैं चाँद हूँ किसी शाम का न चिराग़ हूँ किसी बाम का
मैं तो रास्ते का हूँ इक दीया, मुझे आप किस लिए मिल गए

गायक : मोहम्मद रफ़ी
शायर : मजरूह सुलतानपुरी
संगीत : चित्रगुप्त

फ़िल्म–'धुंध' (1972)

ग़ज़ल

संसार की हर शय का इतना ही फ़साना है
इक धुंध से आना है इक धुंध में जाना है

ये राह कहाँ से है ये राह कहाँ तक है
ये राज़ कोई राही समझा है न जाना है

इक पल की पलक पर है ठहरी हुई ये दुनिया
इक पल के झपकने तक हर खेल सुहाना है

क्या जाने कोई किस पल किस मोड़ पे क्या बीते
इस राह में ऐ राही, हर मोड़ बहाना है

गायक : महेन्द्र कपूर
शायर : साहिर लुधियानवी
संगीत : रवि

फ़िल्म–'शगुन' (1964)

ग़ज़ल

तुम अपना रंजो-ग़म अपनी पशेमानी मुझे दे दो
तुम्हें ग़म की कसम इस दिल की वीरानी मुझे दे दो

मैं देखूँ तो सही, दुनिया तुम्हें कैसे सताती है
कोई दिन के लिए अपनी निगहेबानी मुझे दे दो

गायिका : जगजीत कौर
शायर : साहिर लुधियानवी
संगीत : ख़ैय्याम

फ़िल्म–'वो कौन थी'

ग़ज़ल

आप क्यूँ रोये जो हमने दास्ताँ अपनी सुनाई
तबाही तो हमारे दिल पे आई...

हमारा दर्दो ग़म है ये इसे क्यूँ आप सहते हैं
ये क्यूँ आँसू हमारे आपकी आँखों से बहते हैं

ग़मों की आग हमने ख़ुद लगाई...

गायिका : लता मंगेशकर
शायर : राजा मेहदी अली ख़ान
संगीत : मदन मोहन

फ़िल्म–'आबे हयात' (1955)

ग़ज़ल

मैं ग़रीबों का दिल हूँ वतन की ज़बाँ
बेकसों के लिए प्यार का आसमाँ

मैं जो गाता चलूँ साथ महफ़िल चले
मुझे राहें दिखाती चलें बिजलियाँ

कारवाँ ज़िन्दगानी का रूकता नहीं
चाँद तारों से आगे मेरा आशियाँ

गायक : हेमन्त कुमार
शायर : हसरत जयपुरी
संगीत : सरदार मलिक

फ़िल्म–'दो बदन'

ग़ज़ल

रहा गर्दिशों में हरदम मेरे इश्क़ का सितारा
कभी डगमगाई कश्ती, कभी खो गया किनारा

कोई दिल से खेल देखे के मुहब्बतों की बाज़ी
वो क़दम-क़दम पे जीते, मैं क़दम-क़दम पे हारा

पड़े जब ग़मों से पाले, रहे मिट के मिटनेवाले
जिसे मौत ने न पूछा, उसे ज़िन्दगी ने मारा

गायक : मोहम्मद रफ़ी
शायर : शकील बदायूनी
संगीत : रवि

फ़िल्म–'उमर क़ैद' (1961)

ग़ज़ल

मुझे रात दिन ये ख़्याल है वो नज़र से मुझको गिरा न दे
मेरी हसरतों के चराग़ को ये ग़मों की आँधी बुझा न दे

मेरे दिल के दाग़ न जल उठें कहीं मेरे सीने की आग से
ये घुटी-घुटी मेरी आह भी कहीं होश मेरे गँवा न दे

किसे अपना हाल सुनाऊँ मैं मेरा दिल भी ग़ैर का हो चुका
बड़ी उलझनों में घिरा हूँ मैं ये फ़साना कोई बना न दे

गायक : मुकेश
शायर : हसरत जयपुरी
संगीत : इक़बाल कुरैशी

फ़िल्म–'हमराज़'

ग़ज़ल

नीले गगन के तले धरती का प्यार पले
ऐसे ही जग में आती हैं सुबहें ऐसे ही शाम ढले

शबनम के मोती फूलों पे बिखरे दोनों की आस फले
नीले गगन के तले धरती का प्यार पले

बलखाती बेलें मस्ती में खेलें पेड़ों से मिलके गले
नीले गगन के तले धरती का प्यार पले

नदिया का पानी दरिया से मिलके सागर की ओर चले
नीले गगन के तले धरती का प्यार पले

गायक : महेन्द्र कपूर
शायर : साहिर लुधियानवी
संगीत : रवि

फ़िल्म–'साथ-साथ' (1992)

ग़ज़ल

तुमको देखा तो ये ख़्याल आया
ज़िन्दगी धूप तुम घना साया

तुम चले जाओगे तो सोचेंगे
हमने क्या खोया, हमने क्या पाया

आज फिर दिल ने इक तमन्ना की
आज फिर दिल को हमने समझाया

हम जिसे गुनगुना नहीं सकते
वक़्त ने ऐसा गीत क्यूँ गाया

गायक : जगजीत सिंह
शायर : जावेद अख़्तर
संगीत : कुलदीप सिंह

फ़िल्म–'बाज़ार' (1982)

ग़ज़ल

फिर छिड़ी रात बात फूलों की
रात है या बरात फूलों की

फूल के हार फूल के गजरे
शाम फूलों की रात फूलों की

आपका साथ, साथ फूलों का
आपकी बात, बात फूलों की

गायक : लता मंगेशकर तथा तलत अज़ीज
शायर : मोइउद्दीन मख़दूम
संगीत : ख़ैय्याम

फ़िल्म-'गमन' (1978)

ग़ज़ल

सीने में जलन आँखों में तूफ़ान-सा क्यूँ है
इस शहर में हर शख़्स परेशान-सा क्यूँ है

दिल है तो धड़कने का बहाना कोई ढूँढे
पत्थर की तरह दिल ही तो बेजान-सा क्यूँ है

तन्हाई की ये कौन-सी मंज़िल है रकीबो
ता-हद्दे-नज़र एक बियाबान-सा क्यूँ है

गायक : सुरेश वाडेकर
शायर : शह्‌रयार
संगीत : जयदेव

फ़िल्मों में प्रयोग की गई ग़ज़लें ग़ैर मामूली हैं। यहाँ जो कुछ फ़िल्मी ग़ज़लों को प्रस्तुत किया गया है, वो इस दृष्टि से है कि शायरों ने कितनी उच्च कोटि की ग़ज़लें फ़िल्मों के लिए लिखीं।

शायरों ने फ़िल्मों के लिए जिन ग़ज़लों को लिखा वो कहीं से भी आरोपित प्रतीत नहीं होतीं। बल्कि इन फ़िल्मी ग़ज़लों ने फ़िल्म संगीत को उच्चता प्रदान की। फ़िल्मी ग़ज़लों ने दृश्यात्मकता पैदा की। स्पेस का सृजन किया। पात्रों के अकथ और अव्यक्त को फ़िल्मी ग़ज़लों के ज़रिये, सुरूचिपूर्ण और कलात्मक ढंग व्यक्त किया गया। जहाँ फ़िल्मों में दृश्य ज़रूरी थे। पात्रों के संवाद ज़रूरी थे। बिल्कुल वहाँ वातावरण की रचना के लिए ग़ज़ल भी ज़रूरी थी। फ़िल्मों में ग़ज़लें कभी बोझ की तरह नहीं रहीं। बल्कि कई बार ऐसा भी हुआ कि फ़िल्म की कमज़ोर पटकथा को, फ़िल्मी ग़ज़लों ने सहारा दिया।

यह भी फ़िल्मी ग़ज़ल का सौन्दर्य, आकर्षण और भाव प्रबलता है कि चालीस-पचास साल पुरानी फ़िल्म के दृश्य और कहानी बेशक न याद हो, फ़िल्म में गूँजती हुई ग़ज़लें अब भी याद आ जाती हैं।

ग़ज़ल की गतिशीलता को महसूस कीजिए कि मुशायरे और नशिस्तों से सफ़र करती हुई फ़िल्मों में अवतरित हुई। इतना ही नहीं, उच्च कोटि के ग़ज़ल गायकों ने स्टेज और स्टुडियो में ग़ज़लें गायीं। एलबम बने। कैसेट बने और सीडी, एम पी थ्री बने।

फ़िल्मी ग़ज़लों के अतिरिक्त, ऐसी ग़ैर-फ़िल्मी ग़ज़लों पर चर्चा ज़रूरी है जिन ग़ज़लों ने महफ़िलों में रंग जमाया। एलबम और सीडी ख़ूब बिके।

बेगम अख़्तर

ग़ज़ल

इश्क़ में ग़ैरते-जज़्बात ने दिल तोड़ दिया
वरना क्या बात थी किस बात ने दिल तोड़ दिया

आप कहते थे कि रोने से न बदलेंगे नसीब
उम्र भर आपकी इस बात ने दिल तोड़ दिया

उनसे मिलकर हमें रोना था बहुत रोना था
तंगी-ए-वक़्त-ए-मुलाकात ने दिल तोड़ दिया

हम तो समझे थे कि बरसात में बरसेगी शराब
आई बरसात तो बरसात ने दिल तोड़ दिया

दिल तो रोता रहे और आँख से आँसू न बहें
इश्क़ की ऐसी रवायात ने दिल तोड़ दिया

वो मेरे हैं मुझे मिल जाएँगे, आ जाएँगे
ऐसे बेकार ख़्यालात ने दिल तोड़ दिया

आपको प्यार है मुझसे के नहीं है मुझसे
जाने क्यूँ ऐसे सवालात ने दिल तोड़ दिया

गायिका : बेगम अख़्तर
शायर : सुर्दशन फ़ाकिर

बेगम अख़्तर

ग़ज़ल

ऐ मुहब्बत तेरे अंजाम पे रोना आया
जाने क्यूँ आज तेरे नाम पे रोना आया

यूँ तो हर शाम उम्मीदों में गुज़र जाती थी
आज कुछ बात है जो शाम पे रोना आया

कभी तकदीर का मातम कभी दुनिया का सिला
मंज़िले-इश्क़ में, हर गाम पे रोना आया

जब हुआ ज़िक्र ज़माने में मुहब्बत का 'शकील'
सबको अपने दिले-नाकाम पे रोना आया

गायिका : बेगम अख़्तर
शायर : शकील बदायूनी

बेगम अख़्तर

ग़ज़ल

वो जो हममे तुममें करार था, तुम्हें याद हो के न याद हो
वही, यानी वादा निबाह का तुम्हें याद हो कि न याद हो

वो नये गिले वो शिकायतें, वो मज़े-मज़े की हिकायतें
वो हरेक बात पे रूठना तुम्हें याद हो के न याद हो

कभी हममें तुममें भी चाह थी कभी हमसे, तुमसे भी राह थी
कभी हम भी तुम भी थे आशना, तुम्हें याद हो के न याद हो

गायिका : बेगम अख़्तर
शायर : मोमिन
संगीत : ख़ैय्याम

जगजीत सिंह

ग़ज़ल

आह को चाहिए इक उम्र असर होने तक
कौन जीता है तेरे ज़ुल्फ़ के सर होने तक

आश्की सब्र तलब और तमन्ना बेताब
दिल का क्या रंग करूँ ख़ूने-जिगर होने तक

हमने माना कि तग़ाफ़ुल न करोगे लेकिन
ख़ाक हो जाएँगे हम, तुमको ख़बर होने तक

ग़मे-हस्ती का 'असद' किससे हो जुज़ मर्ग इलाज
शम्आ हर रंग में जलती है सहर होने तक

गायक : जगजीत सिंह
शायर : मिर्ज़ा ग़ालिब
संगीत : जगजीत सिंह

चित्रा सिंह

ग़ज़ल

दिले-नादाँ तुझे हुआ क्या है
आख़िर इस दर्द की दवा क्या है

हम हैं मुशताक और वो बेताब
या इलाही ये माजरा क्या है

जबकि तुझ बिन नहीं कोई मौजूद
फिर ये हंगामा ऐ ख़ुदा क्या है

जान तुम पर निसार करता हूँ
मैं नहीं जानता दुआ क्या है

गायिका : चित्रा सिंह
शायर : मिर्ज़ा ग़ालिब
संगीत : जगजीत सिंह

जगजीत सिंह

ग़ज़ल

हज़ारों ख़्वाहिशें ऐसी कि हर ख़्वाहिश पे दम निकले
बहुत निकले मेरे अरमान, लेकिन फिर भी कम निकले

निकलना ख़ुल्द से आदम का सुनते आए हैं लेकिन
बहुत बेआबरू होकर तेरे कूचे से हम निकले

मुहब्बत में नहीं है फ़र्क जीने और मरने का
उसीको देख कर जीते हैं जिस काफ़िर पे दम निकले

ख़ुदा के वास्ते पर्दा न काबे से उठा ज़ालिम
कहीं ऐसा न हो याँ भी वही काफ़िर सनम निकले

कहाँ मयख़ाने का दरवाज़ा ग़ालिब और कहाँ वाइज़
पर इतना जानते हैं कल वो जाता था कि हम निकले

गायक : जगजीत सिंह
शायर : मिर्ज़ा ग़ालिब

मुस्सरत नज़ीर

ग़ज़ल

चले तो कट ही जाएगा सफ़र आहिस्ता आहिस्ता
हम उसके पास जाते थे मगर आहिस्ता आहिस्ता

अभी तारों से खेलो चाँद की किरनों से इठलाओ
मिलेगी उसके चेहरे की शरर आहिस्ता आहिस्ता

यूँ ही इक रोज़ अपने दिल का क़िस्सा भी सुना देना
इताब आहिस्ता आहिस्ता नज़र आहिस्ता आहिस्ता

गायक : मुस्सरत नज़ीर
शायर : नसीर तुराबी

कुछ और ग़ैर फ़िल्मी ग़ज़लें

उस मोड़ से शुरू करें फिर से ये ज़िन्दगी
हर शय जहाँ हसीन थी हम तुम थे अजनबी

गायक : जगजीत सिंह, चित्रा सिंह
शायर : सुदर्शन फ़ाकिर

गुलाम अली

ग़ज़ल

हमको किसके ग़म ने मारा ये कहानी फिर सही
किसने तोड़ा दिल हमारा ये कहानी फिर सही

नफ़रतों के तीर खाकर दोस्तों के शहर में
हमने किस-किसको पुकारा ये कहानी फिर सही

गायक : गुलाम अली (पाकिस्तान)
शायर : मसूर अनवर

आबिदा परवीन

ग़ज़ल

वो हमसफ़र था मगर उससे हमनवाई न थी
कि धूप छाँव का आलम रहा, जुदाई न थी

अदावतें थीं, तगाफ़ुल था रंजिशें थीं मगर
बिछुड़ने वाले में सब कुछ था, बेवफाई न थी

गायिका : आबिदा परवीन (पाकिस्तान)
शायर : नसीर तुराबी

मेहदी हसन

ग़ज़ल

जिन्दगी में तो सभी प्यार किया करते हैं
मैं तो मर कर भी मेरी जान तुझे चाहूँगा

तू मिला है तो ये एहसास हुआ है मुझको
ये मेरी उम्र मुहब्बत के लिए थोड़ी है

मैं तसव्वुर भी जुदाई का भला कैसे करूँ
मैंने किस्मत की लकीरों से चुराया है तुझे

गायक : मेहदी हसन (पाकिस्तान)
शायर : तारी ख़ान

फ़रीदा ख़ानम

ग़ज़ल

मेरे हमसफ़र मेरे हमनवा मुझे दोस्त बनके दग़ा न दे
मुझे डर है ऐ मेरे चारागर ये चराग़ तू ही बुझा न दे

मेरा अज़्म इतना बलन्द है कि पराये शोलों का डर नहीं
मुझे ख़ौफ़ आतिशे-गुल से है के यही चमन को जला न दे

गायिका : फ़रीदा ख़ानम
शायर : शकील बदायूँनी

पंकज उधास

ग़ज़ल

दीवारों से मिलकर रोना अच्छा लगता है
हम दीवाने हो जाएँगे ऐसा लगता है

तथा

आप जिनके क़रीब होते हैं
वो बड़े ख़ुशनसीब होते हैं

तथा

निकलो न बेनकाब ज़माना ख़राब है
और उसपे ये शबाब ज़माना खराब है

गायक : पंकज उधास

गुलाम अली

ग़ज़ल

हम तेरे शहर में आए हैं मुसाफ़िर की तरह
सिर्फ़ इक बार मुलाक़ात का मौका दे दे

गायक : गुलाम अली (पाकिस्तान)

मुन्नी बेगम

ग़ज़ल

तुम्हारे शहर का मौसम बड़ा सुहाना लगे
मैं एक शाम चुरा लूँ अगर बुरा न लगे

हमारे प्यार से जलने लगी है ये दुनिया
दुआ करो किसी दुश्मन की बद्दुआ न लगे

जो डूबना है तो इतने सुकून से डूबो
कि आसपास की लहरों को भी पता न लगे

गायक : मुन्नी बेगम

मुन्नी बेगम

ग़ज़ल

मैं हूँ बेवतन मुसाफ़िर, मेरा नाम बेबसी है
मेरा कौन हो जहाँ में जो गले लगा के रोये

मेरी दास्ताने हसरत, वो सुना-सुना के रोये
मुझे आज़माने वाले मेरी दास्ताँ पे रोये

कभी मुँह छुपा के रोये, कभी सर झुका के रोये

जो सुनाई अंजुमन ने शबे-ग़म की आपबीती
कई रो के मुस्कराये, कई मुस्करा के रोये

गायिका : मुन्नी बेगम

गुलाम अली

ग़ज़ल

चुपके-चुपके रात दिन आँसू बहाना याद है
हमको अब तक आशि़की का वो ज़माना याद है

दोपहर की धूप में मेरे बुलाने के लिए
वो तेरा कोठे पे नंगे पाँव आना याद है

गायक : गुलाम अली (पाकिस्तान)
शायर : हसरत मोहानी

जगजीत सिंह

ग़ज़ल

प्यार मुझसे जो किया तुमने तो क्या पाओगी
मेरे हालात की आँधी में बिखर जाओगी

गायक : जगजीत सिंह

जगजीत सिंह

ग़ज़ल

कल चौदहवीं की रात थी शबभर रहा चर्चा तेरा
कुछ ने कहा ये चाँद है कुछ ने कहा चेहरा तेरा

इस शहर में किससे मिलें हमसे तो छूटीं महफ़िलें
हर शख़्स तेरा नाम ले, हर शख़्स दीवाना तेरा

कूचे को तेरे छोड़कर, जोगी ही बन जाएँ मगर
जंगल तेरे, परबत तेरे, बस्ती तेरी सहरा तेरा

गायक : जगजीत सिंह
शायर : इब्ने इंशा

जगजीत सिंह

ग़ज़ल

ग़म का ख़ज़ाना तेरा भी है मेरा भी
ये नज़राना तेरा भी है मेरा भी

तू मुझको और मैं तुझको समझाऊँ क्या
दिल दीवाना तेरा भी है मेरा भी

गायक : लता मंगेशकर, जगजीत सिंह

जगजीत सिंह

ग़ज़ल

आदमी-आदमी को क्या देगा
जो भी देगा वही ख़ुदा देगा

मेरा क़ातिल भी मेरा मुंसिफ़ है
क्या मेरे हक़ में फैसला देगा

गायक : जगजीत सिंह, चित्रा सिंह

गुलाम अली

ग़ज़ल

दिल में इक लहर-सी उठी है अभी
कोई ताज़ा हवा चली है अभी

कुछ तो नाज़ुक मिज़ाज हैं हम भी
और ये चोट भी नयी है अभी

भरी दुनिया में जी नहीं लगता
जाने किस चीज़ की कमी है अभी

याद के बेनिशाँ जज़ीरों से
तेरी आवाज़ आ रही है अभी

वक़्त अच्छा भी आएगा 'नासिर'
ग़म न कर ज़िन्दगी पड़ी है अभी

गायक : गुलाम अली
शायर : नासिर काज़मी

जगजीत सिंह

ग़ज़ल

हाथ छूटें भी तो रिश्ते नही छूटा करते
वक़्त की शाख से लम्हें नहीं तोड़ा करते

गायक : जगजीत सिंह
शायर : गुलज़ार

गुलबहार बानो

ग़ज़ल

चाहत में क्या दुनियादारी इश्क़ में कैसी मजबूरी
लोगों को क्या समझाने दो उनकी अपनी मजबूरी

मैंने दिल की बात रखी और तूने दुनियावालों की
मेरी अर्ज़ भी मजबूरी थी, उनका हुक़्म भी मजबूरी

रोक सको तो पहली बारिश की बूंदों को तुम रोको
कच्ची मिट्टी तो महकेगी है मिट्टी की मजबूरी

गायक : गुलबहार बानो
शायर : नैयरा नूर

फ़िल्मी ग़ज़ल और ग़ैर फ़िल्मी ग़ज़लों को किसी भी रूप में सुनें कोई अव्यक्त-सा वातावरण निर्मित होने लगता है। ग़ज़ल का यह संसार, जो प्रेम के औदात्य रूप और स्मृतियों की धुंध से छनकर आता है, सम्मोहित करने में सफल होता है।

कितनी उच्च कोटि की रचनाएँ हुई हैं। शायरों ने कितनी महीन, कितनी सघन, कितनी कशिशभरी भावभूमि का सृजन किया होगा कि रूमानियतभरा माहौल दिलो-दिमाग़ में बनता चला जाता है।

स्टेज पर जो ग़ज़ल गायकी हुआ करती थी, अब बहुत कम हो गई है। जगजीत सिंह का न रहना भी बड़ा कारण है। पाकिस्तान से जो ग़ज़ल गायक हिन्दुस्तान में, ग़ज़लों को तरन्नुम में सुनाने आते थे, वो आदान-प्रदान बंद हो चुका है।

बेशक यह नया समय रैप और फ़्यूजन का समय है लेकिन हक़ीकत यह है कि ग़ज़ल की कशिश कभी कम नहीं हुई। कम होगी भी नहीं। आख़िर को ग़ज़ल विस्मित करने वाली विधा है।

फ़िल्मी भजन और ग़ज़लें

हिन्दी फ़िल्मों में ग़ज़लों का सार्थक उपयोग हुआ। ग़ज़लों ने ज़मीन तैयार की। आकर्षित करने वाला माहौल निर्मित किया। प्रेम परक दृश्यों में ग़ज़लों की भूमिका अहम रही। इतना ही नहीं, जब हिन्दी फ़िल्मों में भजनों को गाया गया तो वो भजन भी ग़ज़ल और गीतनुमा ग़ज़लों से तैयार हुए। कवि प्रदीप और भरत व्यास के बाद, भजन और प्रार्थनाएँ भी ग़ज़ल की भावभूमि पर संगीत बद्ध होती रही हैं।

फ़िल्मी ग़ज़ल, ग़ैर फ़िल्मी ग़ज़ल के अतिरिक्त, धार्मिक भावना केन्द्रित ग़ज़लें न सिर्फ़ स्वयं अमर हुईं उन दृश्यों को भी अमर कर दिया।

फ़िल्म–'अमर' (1954)

ग़ज़ल

इंसाफ़ का मन्दिर है ये भगवान का घर है
कहना है जो कह दे तुझे किस बात का डर है

है पास तेरे जिसकी अमानत उसे दे दे
निर्धन भी है इंसान मुहब्बत उसे दे दे

इस दर पे सभी एक हैं बंदे ये वो दर है
इंसाफ का मन्दिर है ये भगवान का घर है

मायूस न हो हार के तकदीर की बाज़ी
प्यारा है वो ग़म जिसमें हो भगवान भी राज़ी

दुःख दर्द मिले जिसमें वही प्यार अमर है
ये सोच ले हर बात की दाता को ख़बर है

फ़िल्म : अमर
शायर : शकील बदायूनी
संगीत : नौशाद

फ़िल्म–'बैजू बावरा' (1952)

भजन/ग़ज़ल

ओ दुनिया के रखवाले सुन दर्दभरे मेरे नाले

आस निरास के दो रंगों से दुनिया तूने सजाई
नैया संग तूफ़ान बनाया मिलन के साथ जुदाई

लुट गई मेरे प्यार की नगरी अब तो नीर बहा ले
ओ दुनिया के रखवाले सुन दर्द भरे मेरे नाले

आग बनी सावन की बरखा फूल बने अंगारे
नागन बन गई रात सुहानी, पत्थर बन गए तारे

जीवन अपना वापस ले ले जीवन देने वाले
ओ दुनिया के रखवाले सुन दर्द भरे मेरे नाले

चाँद को ढूँढे पागल सूरज, शाम को ढूँढे सवेरा
मैं भी ढूँढू उस प्रीतम को हो न सका जो मेरा

किस्मत फूटी आस न टूटी पाँव में पड़ गए छाले
ओ दुनिया के रखवाले सुन दर्द भरे मेरे नाले

गायक : मोहम्मद रफ़ी
शायर : शकील बदायूनी
संगीत : नौशाद

(नाले-वृत्तान्त)

फ़िल्म–'सीमा' (1955)

भजन

तू प्यार का सागर है तेरी इक बूंद के प्यासे हम
लौटा जो दिया तूने चले जाएँगे जहाँ से हम

हाय रे मन का पागल पंछी उड़ने को बेकरार
पंख हैं कोमल आस है धुंधली, जाना है सागर पार

इधर झूम के गाये जिन्दगी उधर है मौत खड़ी
कोई क्या जाने कहाँ है सीमा उलझन आन पड़ी

कानों में ज़रा कह दे कि जाएँ कौन दिशा से हम
तू प्यार का सागर है तेरी इक बूंद के प्यासे हम

गायक : मनाडे
कवि/शायर : शैलेन्द्र
संगीत : शंकर जयकिशन

फ़िल्म–'गोपी'

भजन/ग़ज़ल

सुख के सब साथी दुःख में न कोई
मेरे राम, तेरा नाम इक साँचा दूजा न कोई

जीवन आनी-जानी छाया, झूठी माया झूठी काया
फिर काहे को सारी उमरिया पाप की गठरी ढोई

बाहर की तू माटी फांके मन के भीतर क्यूँ न झांके
उजले तन पर मान किया और मन की मैल न धोई

न कुछ तेरा न कुछ मेरा ये जाग जोगी वाला फेरा
राजा हो या रंक सभी का अन्त एक-सा होई

गायक : मोहम्मद रफ़ी
शायर : राजेन्द्र कृष्ण
संगीत : कल्याण जी, आनन्द जी

फ़िल्म–'काजल'

भजन/ग़ज़ल आधारित भजन

तोरा मन दरपन कहलाए
भले बुरे सारे करमों को देखे और दिखाए

मन ही देवता, मन ही ईश्वर मन से बड़ा न कोए
मन उजियारा जब-जब फैले जग उजियारा होए

इस उजले दरपन पर प्राणी धूल न जमने पाए
तोरा मन दरपन कहलाए

सुख की कलियाँ दुख के काँटे मन सब का आधार
मन से कोई बात छुपे ना मन के नैन हज़ार

जग से चाहे भाग ले कोई मन से भाग न पाए
तोरा मन दरपन कहलाए

गायिका : लता मंगेशकर
शायर : साहिर लुधियानवी
संगीत : रवि

फ़िल्म–'गुड्डी' (1971)

प्रार्थना

हमको मन की शक्ति देना मन विजय करें
दूसरों की जय से पहले ख़ुद को जय करें

भेदभाव अपने दिल से साफ़ कर चलें
दोस्तों से भूल हो तो माफ़ कर चलें

झूठ से बचे रहें सच का दम भरें
दूसरों की जय से पहले ख़ुद को जय करें

मुश्किलें पड़ें तो हम पे इतना कर बसर
साथ दें तो धर्म का चलें तो धर्म पर

ख़ुद पे हौसला रहे बदी से न डरें
दूसरों की जय से पहले ख़ुद को जय करें

गायिका : वाणी जयराम
शायर : गुलज़ार
संगीत : वसन्त देसाई

फ़िल्म–'लोफ़र' (1973)

भजन/(ग़ज़ल आधारित भजन)

दुनिया में तेरा है बड़ा नाम आज मुझे भी तुझसे पड़ गया काम
मेरी बिनती सुने तो जानूँ मानूँ तुझे मैं राम

राम नहीं तो कर दूँगा सारे जग में तुझे बदनाम

मैं नहीं कहता कहते हैं सारे तूने बनाए चाँद सितारे
तू दु:ख दूर करे तो मेरे मेरी बिगड़ी बनाए तो तेरे गुण गाऊँ सुबह शाम

आदी-जगत में बस इक अपना इस जीवन का आख़री सपना
वो भी तोड़ के दाता न ले, सर पे तू ये इलज़ाम

मजबूरी तेरे दर पे ले आई आशा की मैंने जोत जगाई
मन की बुझती जोत जगा दे आया मैं तेरे धाम

दुनिया में तेरा है बड़ा नाम आज मुझे भी तुझसे पड़ गया काम
मेरी बिनती सुने तो जानूँ मानूँ तुझे मैं राम

गायक : महेन्द्र कपूर
कवि/शायर : आनन्द बख्शी
संगीत : लक्ष्मीकान्त प्यारे लाल

फ़िल्म–'रफ़्तार' (1975)

ग़ज़ल

संसार है इक नदिया दु:ख-सुख दो किनारे हैं
न जाने कहाँ जाएँ हम बहते धारे हैं

कोई भी किसी के लिए अपना न पराया है
रिश्तों के उजाले में हर आदमी साया है

चलते हुए जीवन की रफ़्तार में इक लय है
इक राग में इक सुर में संसार की हर शय है

इक ताल पे गर्दिश में ये चाँद सितारे हैं
न जाने कहाँ जाएँ हम बहते धारे हैं

है कौन वो दुनिया में न पाप किया जिसने
इन उलझे काँटों से है फूल चुने किसने

धरती पे अम्बर की आँखों से बरसती हैं
इक रोज़ यही बूँदें फिर बादल बनती हैं

इस बनने बिगड़ने के दस्तूर में सारे हैं
न जाने कहाँ जाएँ हम बहते धारे हैं

गायक : मुकेश
गायिका : आशा भोसले
शायर : योगेश
संगीत : सोनिक ओमी

उपसंहार

दो मिसरों की आसान-सी प्रतीत होने वाली ग़ज़ल विधा ने हमेशा चकित किया है। ग़ज़ल इतनी आसान कभी नहीं रही, जितनी कि वो अपनी ऊपरी सतह पर दिखाई देती है।

ग़ज़ल एक जटिल विधा है। दो मिसरों, यानी एक शेर में, अपने भाव, कथ्य, विचार को इस तरह व्यक्त करना कि सुनने वाले, बेसख़्ता चौंक जाएँ। अश-अश कर उठें।

यह सौन्दर्य और चुम्बकीय आकर्षण ग़ज़ल में है। एक शेर में एक कहानी जैसी व्यक्त हो जाती है। यहाँ शब्दों का अपव्यय नहीं होता। शेर में सम्पूर्ण विचार व्यक्त करने की चुनौती होती है।

फ़िल्मों में जब, दृश्यों पर ग़ज़ल लिखने की चुनौती शायरों/कवियों के सामने पेश की गई तो उन्होंने उस चुनौती को सहर्ष स्वीकार किया और ऐसी ग़ज़लें, 'फ़िल्म दृश्यों' के लिए लिखीं कि फ़िल्म दृश्य जीवन्त हो उठे।

इसके लिए हुनर से ज़्यादा 'फ़न' की ज़रुरत होती है। ये महान गायक, शायर, फ़िल्म निर्माता बेशक इस दुनिया से रूख़सत हो चुकें हों, यादों के अतिशदान में उनकी आँच कभी कम न होगी।

बेशक, दुनिया का मिज़ाज थोड़ा बदल गया है। स्टेज पर लाइव कंसर्ट का ज़माना भी कम हो गया है। लेकिन जिन्होंने रफ़ी, लता, किशोर, हेमन्त, मुकेश, महेन्द्र कपूर आदि को देखा सुना वो स्वयं को कितना भाग्यशाली समझते होंगे।

और वो ग़ज़ल गायक!

बेगम अख़्तर, मुबारक बेगम, जगजीत सिंह, गुलाम अली, मेहदी हसन, नूरजहाँ, मुन्नी बाई, आबिदा परवीन तथा पंकज उधास को कोई भूल सकता है।

और क्लासिक संगीत!

भीम सैन जोशी का भारी आवाज़ में गाना—आदि-अनन्त शिव। कुमार गांधर्व का झीनी झीनी चदरिया का डूब कर गाना। उतना ही डूब कर पण्डित जसराज का गायन और गुंदेचा भाइयों का ध्रुपद—घन घमंड नभ गरजत गोरा/पीया हीन तरसत मन मोरा।

हिन्दी फ़िल्मों में तथा ग़ैर फ़िल्मों में भजनों का अपना वैभव रहा है।

नुसरस फ़तेह अली की कव्वाली तो हम सबने सुनी होगी—साँसों की माला पे सिमरूँ मैं पी का नाम/अपने मन की मैं जानूँ और पी के मन की राम!

तो फ़िल्मों में राम और कृष्ण जैसे मिथकीय और हमारे देवताओं को केन्द्र में रखकर भजन लिखे गए। फ़िल्माए गए और गाये गये। लगभग सभी भजन, ग़ज़ल आधारित थे। गीत आधारित भी थे बेशक! कवि प्रदीप ने भजन/गीत लिखे। भरतव्यास ने भी गीत लिखे। उनके लम्बे गीतों/भजनों को फ़िल्मों में लिया गया। लेकिन बाद में ग़ज़ल का प्रभाव भजनों पर भी अधिक रहा।

ग़ज़ल एक शाइस्ता और स्मृद्ध सिन्फ़ के रूप में निरन्तर सफ़र करती रही है। शायरों ने मुरस्सा ग़ज़लें लिखीं तो फ़िल्मी गायकों ने ग़ज़ल को और अधिक लय, गूँज और भावनात्मक निकटता प्रदान की।

बात के. एल. सहगल की करते हैं। के एल सहगल गायक और अभिनेता थे। अपने समय के शाहकार। फ़नकार और महान शख़्सियत।

कुन्दन लाल सहगल **(के. एल. सहगल)** (1904-1947) ने फ़िल्मों में ग़ज़ल गायकी को उच्चता प्रदान की। गायकी का नया संस्कार पेश किया। उनकी बुलन्द, भारी, लोचपूर्ण आवाज़ में कशिश थी तो दुःख की एक लकीर भी खिंचती चली जाती थी। उनकी आवाज़ छवियाँ निर्मित करती थी।

वो रेडियो सिलोन का ज़माना और अमीन सयानी का होना। रोज़ाना, अमीन सयानी आठ से साढ़े आठ बजे तक फ़िल्मी गानों को प्रस्तुत करते। प्रसारण रेडियो सिलोन से होता और प्रस्तुतकर्ता अमीन सयानी। साढ़े आठ से पहले पाँच-छः गाने सुनाये जाते। लेकिन आख़िरी ग़ज़ल या गाना हमेशा के एल सहगल का होता।

एक बड़ी शख़्सियत (अमीन सयानी) दूसरी बड़ी शख़्सियत (के. एल. सहगल) का किस निष्ठा से आदर करते थे। किस जज़्बे से उन्हें याद करते थे कि आठ पच्चीस से साढ़े आठ का वक़्त, के. एल. सहगल के गाने के लिए (बतौर स्मृति) मुक़र्रर होता था।

के. एल. सहगल जब गाते हैं—

जुगनू की चमक है न सितारों की रोशनी...
ऊँची, पुरसोज़ आवाज़ और दूसरा मिसरा...
क्या थी ख़ता कि जिसकी सज़ा तूने मुझको दी

क्या थी? पर वे रुकते हैं। यही तो है गायक का मूल्यवान ज़ोन ऑफ़ साइलेंस! और गायकी की नयी तरक़ीब!

उनकी एक और ग़ज़ल शाहजहाँ फ़िल्म (1946) की तो मौसिकी विस्मित करती है। एक अदृश्य धागे से अपनी तरफ़ खींच रही हो जैसे–

ग़म दिए मुस्तकिल, कितना नाज़ुक है दिल, ये न जाना, हाय हाय ये ज़ालिम ज़माना।

प्रगाढ़ वेदना है। विछोह का आलम है। लेकिन यही तो है जो कशिश पैदा कर रहा है–

दिल के हाथों से दामन छुड़कर, ग़म की नज़रों से नज़रें बचाकर उठ के वो चल दिए...

"उठ के वो चल दिए" की कातरता निरन्तर महसूस होती है। ज़माना यानी प्रेम का विरोधी ज़माना।

और प्रतिवाद...हाय हाय ये ज़ालिम ज़माना।

इस ग़ज़ल को मजरूह सुलतान पुरी ने लिखा था और गाया अपनी बुलन्द और कशिशभरी आवाज़ में, के. एल. सहगल ने।

मुबारक बेगम (1936-2016)

"कभी तन्हाइयों में यूँ हमारी याद आएगी"– जैसी ग़ज़ल जो उन्होंने 1961 में 'हमारी याद आएगी' फ़िल्म के लिए गाई थी। जब भी उस ग़ज़ल को सुनते हैं तो यह ग़ज़ल आत्मा को छू लेती है।

ग़ज़ल के शेर जैसे स्मृति आख्यान हों। यहाँ एक शिकायत है। लेकिन शिकायत में स्त्री पात्र की जो मार्मिकता है। वो किसी ज़ख्मी परिन्दे की फड़फड़ाहट की आवाज़ हो जैसे। और मुबारक बेगम की आवाज़ दूर शहरों से आवाज़ का मुसाफ़िर कह रहा हो जैसे।

इस ग़ज़ल को सुनें तो यादों के दफ़्तर खुलने लगते हैं।

तलत महमूद (1924-1998)

हिन्दी सिनेमा जगत में दो गायकों की आवाज़ को 'रेशमी आवाज़' कहा गया है– तलत महमूद और जगजीत सिंह।

तलत महमूद की भरभराती आवाज़ कशिश पैदा करती है। कोई चिराग़ जैसे तेज़ हवा में प्रकम्पित हो रहा हो और फिर भी रौशनी बिखेर रहा हो। वही रौशन

आवाज़ तलत महमूद की है। पुराने दानिशमन्द, क़िस्सागो और फ़िलासफ़रों ने तलत को ख़ूब सुना तो उस दौर के युवाओं को भी तलत की आवाज़ ने बांधे रखा..."दम भर के लिए मेरी दुनिया में चले आओ" यह तो आमन्त्रण है और इस आमन्त्रण के पसमंज़र जो व्याकुलता है, तलत की आवाज़ जैसे उस व्याकुलता के लिए बनी हो। उस व्याकुलता का जैसे अनुवाद हो।

तलत ने फ़िल्मों के लिए ख़ूब ग़ज़लें गायीं तो मजाज़ की नज़्म–"ऐ ग़मे दिल क्या करूँ ऐ वहशते दिल क्या करूँ" भी बड़े मन, बड़ी फ़िक्र के साथ गायी। एक भटके हुए मायूस शख़्स के हावभाव की अभिव्यक्ति यह नज़्म!

मोहम्मद रफ़ी (1924-1980)

रफ़ी आवाज़ के देवदूत थे। वो गाते थे और सुननेवालों पर जैसे किसी जादूगर ने अपना असर छोड़ दिया हो। वो विनम्र स्वभाव के थे। दयालु और लजालु। वो सभी संगीत निर्देशकों के प्रिय थे, नौशाद के सबसे ज़्यादा प्रिय। उनके गाये सभी गाने उत्कृष्ट, संगीत की ऊँचाइयाँ छूते हुए। सभी फ़िल्मी, गाने, अमर गाने! अमर ग़ज़लें। अमर भजन "इंसाफ़ का मन्दिर है ये भगवान का घर है" गीत रचना या "ओ दुनिया के रखवाले" या फिर "राधिके तूने बंसरी बजाई" या फिर "बहारो फूल बरसाओ मेरा महबूब आया है" या फिर "कहीं बेख़याल होकर, यूँ ही छू लिया किसे ने"

यकीनन, हिन्दी फ़िल्मों को सफलता प्रदान करने में मोहम्मद रफ़ी की गायकी का भी बड़ा योगदान है।

लता मंगेशकर (1929-2022)

और उतना बड़ा योगदान लता मंगेशकर का है। लता मंगेशकर ने हर तरह के गीत/फ़िल्मी ग़ज़लें, भजन गाये। उनकी आवाज़ का माधुर्य ईश्वर की देन है। "ज्योति कलश चमके", कहीं दीप जले कहीं दिल" या फिर "अजीब दास्ताँ है ये कहाँ शुरू कहाँ ख़तम!" करीब छः दशकों तक वो गाती रहीं–एक अनथक जीवन्त स्वर। भारत रत्न जैसा विशिष्ट सम्मान लता मंगेशकर को प्राप्त हुआ। उन्हें स्वर कोकिला कहा जाता था। उन्होंने दो हज़ार से अधिक भारतीय फ़िल्म के साउंड ट्रैक के लिए गाने रिकॉर्ड किए। और 12 अन्य भाषाओं सहित गाने रिकॉर्ड किए गए। कुल 40 हज़ार गाने।

ऐ मेरे वतन के लोगो...
पीया तोसे नैना लागे रे...

उठाए जा उनके सितम...
दुनिया में हम आए हैं तो जीना ही पड़ेगा
वन्दे मातरम...
जब प्यार किया तो डरना क्या
तुझसे नाराज़ नहीं ज़िन्दगी हैरान हूँ मैं
एहसान तेरा होगा मुझ पर।

मुकेश, महेन्द्र कपूर, किशोर कुमार, हेमन्त कुमार और मनाडे सबने अपनी तरह से गाया। जी जान से गाया। दिल की गहराई से और साफ़ स्पष्ट, मधुर आवाज़ में गाया।

मुकेश (1923-1976)

रफ़ी, लता के साथ वो भी अपने युग के सबसे लोकप्रिय और महान गायकों में से एक थे। राजकपूर, शैलेन्द्र, शंकर जयकिशन (संगीतकार) और मुकेश यह कोई मण्डली नहीं थे, एक संस्था थे। मुकेश ने राजकपूर के नग्मों/ग़ज़लों और गीतों को अपनी आवाज़ दी, तो महेन्द्र कपूर ने रवि के संगीत और साहिर की ग़ज़लों को गाया।

मुकेश ने रफ़्तार फ़िल्म में जब ये ग़ज़ल गायी "संसार है इक नदिया, दुःख-सुख दो किनारे हैं/न जाने कहाँ जाएँ, हम बहते धारे हैं।"

पूरी ग़ज़ल में जो दुःख, मोह, बन्धन, विखण्डन, प्रेम और करुणा का भाव है वो शिद्दत से महसूस होता है।

मुकेश ने जब भी गाया ऐसा महसूस हुआ, ज़िन्दगी के शिवाले में, आवाज़ के दीपक जल रहे हों।

"जीना यहाँ मरना यहाँ इसके सिवा जाना कहाँ" तथा "आँसू भरी है ये जीवन की राहें" तथा "इक दिन बिक जाएगा" तथा "चाँदी की दीवार न तोड़ी प्यार भरा दिल तोड़ दिया" तथा "ज़ुबाँ पे दर्दभरी दास्ताँ चली आयी" तथा "सुहाना सफ़र और ये मौसम हँसी" जैसे हज़ारों गीत/ग़ज़लें मुकेश ने गाये। मुकेश, वास्तव में उदासी, मन की तड़प और पीछे छूट गये साथ को...अपनी गायकी से अभिव्यक्त करने में निपुण थे। जैसे आवाज़ का हरकारा, दुःख को लेकर निकल पड़ा है।

किशोर, खिलंदड़े, मनचले और शरारत से भरे गीत तो गाये ही थे। उदासी भरे गीत भी उन्होंने ख़ूब गाये। "दुखी मन मेरे" तथा "कोई हमदम न मिला कोई सहारा न मिला" तथा "ज़िन्दगी का सफ़र है ये कैसा सफ़र कोई समझा नहीं कोई जाना

नहीं" तथा किशोर ने जो चलती का नाम गाड़ी का जो गाना गाया–"इक लड़की भीगी-भागी सी" खिलंदड़ा पन और अभिनय और कार गैरज का वातावरण। फ़िल्मों में इस तरह की गीतों में अभिव्यक्तियाँ होती रही हैं। और "मेरे महबूब कयामत होगी आज रुसवा तेरी गलियों में मुहब्बत होगी" किशोर कुमार का ख़ाली सड़क पर अवतरित होना। ताज होटल। फ़व्वारा और सैकड़ों परिन्दों का उड़ना। यह क़ायनात के लम्हे दिल में समा जाते हैं और किशोर ने गाया भी ख़ूब है। आवाज़ में, ख़लिश, निरन्तर महसूस होती है।

किशोर ने योगेश के लिखे ग़ज़लनुमा गीत को कितनी कलात्मता और गम्भीरता से गाया है–"कहाँ तक ये मन को अंधेरे छलेंगे/उदासी भरे दिन कभी तो ढलेंगे।" यह तसल्ली सुकून देती है। पीठ थपथपाती है।

वो एक दौर था। शायरी का दौर। गायकी का दौर। वो एक दौर था जब **हेमन्त कुमार** ने (आबेहयात) "मैं ग़रीबों का दिल हूँ वतन की ज़बाँ/बेकसों के लिए प्यार का आसमाँ" बेतकल्लुफ़ होकर गाया तो, झूम-झूम कर गाते हुए प्रेमनाथ सचमुच, ग़रीबों का दिल और वतन की ज़बाँ महसूस होने लगते हैं। और वो ख़ामोशी का गीत–"तुम्हारा इन्तज़ार है/तुम पुकार लो"...। यहाँ जो इन्तज़ार है और पुकार का विनयभाव उसको कितने दर्दभीगे स्वर में हेमन्त ने गाया है। जैसे सचमुच कोई मुद्दतों से इन्तज़ार कर रहा हो।

और **मन्नाडे**..."क़स्में वादे प्यार वफ़ा" तथा ज़िन्दगी कैसी है पहेली हाय" तथा "लागा चुनरी में दाग़ छुपाऊँ कैसे" तथा "रे मन सुर में गा..." तथा "ऐ मेरे प्यारे वतन ऐ मेरे बिछुड़े चमन/तुझ पे दिल कुरबान" इस गीत में वतन से बिछुड़ने का जो गाड़ा दुःख, कष्ट, तड़प और बेचैनी होती है, शिद्दत से महसूस होती है। गीत में रुबाब की जो रिद्म है, जो वातावरण रचने में सफल होती है।

महेन्द्र कपूर ने रवि के संगीत निर्देशन और साहिर की लिखी ग़ज़लों को गाया और अधिकांश बी आर चोपड़ा की फ़िल्मों में गाया। महाभारत के मेगा सीरियल में भी महेन्द्र कपूर ने टाइटल गीत गाया। हमराज, वक़्त, धुंध जैसी फ़िल्मों में गाये।

फ़ेसबुक पर अचानक एक दृश्य थम-सा गया। महाभारत का वो आमुख गीत (टाइटल सांग) और उसका अभ्यास। संगीतकार रवि, बी आर चोपड़ा और महेन्द्र कपूर एक कमरे में। मेज़ के आसपास! वो गीत को गाते हैं..."अथ श्री महाभारत कथा...।" रवि इशारा करते हैं। महेन्द्र कपूर रूक जाते हैं। फिर वो दूसरी तरह से गाते हैं, फिर तीसरी तरह से... तब, तीसरी तरह से गाये गये गीत में, महाभारत और युद्धकाल जैसे एक किरदार बनकर खड़ा हो।" कथा है पुरुषार्थ की ये सार्थ की परमार्थ की। सारथी जिसके बने श्रीकृष्ण भारत भारती।"

महेन्द्र कूपर ने 'धुंध' फ़िल्म की ग़ज़ल को जिस 'मिस्टिक' अन्दाज़ में गाया है। वो ग़ज़ल अमर रचना बन गई है। और एक शेर–इक पल की पलक पर है ठहरी हुई ये दुनिया/इक पल के झपकने तक हर खेल सुहाना है।" साहिर की यह ग़ज़ल जीवन के सच का साक्षात्कार तो कराती ही है। लेकिन यहाँ जो प्रतीकात्मकता है–'पल की पलक पर' और 'पल के झपकने तक'...यही होने न होने। उपस्थित और अनुपस्थित का खेल है।

महेन्द्र कपूर ने 'हमराज़' और 'गुमराह' फ़िल्मों में साहिर की नज़्मों और ग़ज़लों को दिलकश आवाज़ में गाया कि वो तमाम गीत/ग़ज़ल/नज़्में अमर रचनाएँ हो गईं। "चलो इक बार फिर से अजनबी बन जाएँ हम दोनों" तथा "तुम अगर साथ देने का वादा करो'...।"

महेन्द्र कपूर की गायकी का वो शुरुआती गीत–"आधा है चन्द्रमाँ रात आधी, रह न जाए तेरी मेरी बात आधी" पूरे गीत में संसार की हर शय का आधापन महसूस कराया गया है। यानी, हम सब अधूरे हैं। बाहर से मुक़म्मल, भीतर से अधूरे।

सी. रामचन्द्र इस फ़िल्म के संगीत निदेशक, इसी गीत को गा रहे थे। वो सुर साध रहे थे और गा रहे थे–"रहा राधा का प्यार भी आधा।"

यह जीवन दर्शन था। यह प्रेम दर्शन भी था कि प्रेम अक्सर अधूरा रह जाता है, जैसे राधा का प्रेम!

सी. रामचन्द्र हारमोनियम लेकर खड़े थे। वो संगीत निदेशक थे और इस गीत को अपने अन्दाज़ में गा रहे थे।

मेज़ पर हारमोनियम था। (यह वीडियो कुछ समय पहले फ़ेसबुक पर देखा था)

हारमोनियम एक अनिवार्य वाद्य यन्त्र की तरह संगीत निदेशकों और गायकों के पास रहा है। के. एल. सहगल हारमोनियम के साथ खड़े दिखाई देते थे और नौशाद। मोहम्मद रफ़ी और नौशाद के बीच जो होता, वो हारमोनियम होता। मुकेश और महेन्द्र कपूर भी आमने-सामने हारमोनियम रखे रहते थे। मन्नाडे, हेमन्त कुमार को भी हारमोनियम पर गाते सुना गया।

जगजीत सिंह को तो बिना हारमोनियम के कभी गाते नहीं देखा गया।

हारमोनियम केवल वाद्य यन्त्र ही नहीं था, बल्कि वो गायकी का भरोसा था। वो साथी था। वो संगीत की दुनिया का हमसफ़र था। जितने ग़ज़लसरा थे सबके सामने हारमोनियम ज़रूर होता था। नुसरत फ़तेह अली, कव्वाली गाते हुए हारमोनियम पर रंग जमाते थे तो मेहदी हसन, शाल ओढ कर, हारमोनियम अपने सामने रखकर, पुरलज़्ज़त पुरकशिश आवाज़ में गा रहे होते–'ज़िन्दगी में तो सभी प्यार किया करते हैं/मैं तो मरकर भी मेरी जान तुझे चाहूँगा।"

बेगम अख़्तर तो जैसे ग़ज़ल गाने के लिए इस संसार में अवतरित हुई थीं। उन्होंने शकील बदायूनी और सुदर्शन फ़ाकिर की ग़ज़लों को क्या ख़ूब गाया–" आप कहते थे कि रोने से न बदलेंगे नसीब/उम्र भर आपकी इस बात ने रोने न दिया।"

यही शायर सुदर्शन फ़ाकिर! जगजीत सिंह के अनुरोध पर एक भजन लिखा। बहुत ना-नुकर के बाद लिखा। ग़ज़ल लिखने वाला भजन कैसे लिखे? यह संकट था। यह संकट रचनात्मकता का संकट था, सिन्फ (विधा) का संकट! ग़ज़लें लिखने वाले सुदर्शन फ़ाकिर भजन लिखें तो कैसे लिखें? एक बात यह भी थी कि भजन तो हज़ारों लिखे और गाये जा चुके थे और गाये भी जा रहे थे, तो वो ऐसा भजन कैसे लिखें जो अनूठा हो। मौलिक हो। सहज सरल हो। मन-आत्मा को स्पर्श करने वाला हो।

पुराने मित्र जगजीत सिंह का आग्रह था। भजन तो लिखना ही था। सुदर्शन फ़ाकिर ने भजन लिखा। ऐसा भजन लिखा जो भारतीय जनमानस के रोज़नामचे में समा गया। और जगजीत सिंह ने उस भजन को ऐसे गाया जैसे कोई परम भक्त श्रद्धा से पूर्ण होकर भजन गा रहा हो।

शायर (और भजन लेखक) सुदर्शन फ़ाकिर ने राम के विराट वैभव को भजन में ऐसे व्यक्त किया कि रोम-रोम पुलकित हो उठे। ऐसा भजन जिसे सुनें तो सुनते चले जाएँ–सुबह से शाम तक–

हे राम!...हे राम!
जग में साचो तेरो नाम...
हे राम!...हे राम!
तू ही माता तू ही पिता है
तू ही तो है राधा का शाम... हे राम!...हे राम!
तू ही बिगाड़े तू ही संवारे
इस जग के सारे काम! हे राम!...हे राम!
तू अन्तरयामी सबका स्वामी
तेरे चरनों में चारों धाम! हे राम!...हे राम!
तू ही दाता विश्वविधाता
तू ही सुबह तू ही शाम। हे राम!...हे राम!

ज़रा ग़ौर करें तो यह भजन भी ग़ज़ल के शेरों में अभिव्यक्त हुआ है।

एक सुखकारी और चकित कर देने वाला अनुभव यह भी है कि जिन फ़िल्मों में ग़ज़लें, भजन और प्रार्थनाएँ संगीतबद्ध होती रहीं, उसका प्रभाव सालों साल रहा। और वो परिदृश्य में शामिल है। फ़िल्मों का प्रदर्शन होता रहा। वो सिनेमा के पर्दे पर आती रहीं और उतरती रहीं। लेकिन मौसिकी ने लम्बी यात्रा की। सीडी, कैसेट, एम पी थ्री से होते हुए वो दिल की बस्ती में बस गयीं।

बड़ी बात यह भी थी कि फ़िल्म में तथा फ़िल्म के बाहर, तमाम ग़ज़लें, भजन, प्रार्थनाएँ, शास्त्रीयता पर आधारित रहीं। उनमें भारतीय मिट्टी की सौंधी ख़ुशबू तथा लोक रंजना के हज़ारों-हज़ार रूप शामिल रहे। ग़ज़लों में इन्तज़ार और प्रतीक्षा, तो भजनों में निवेदन। समर्पण। कृतज्ञता ज्ञापन। अभिवादन।

एक बात मुशतरका थी। वो थी उदासी में भी जीवन की लय। व्याकुलता में भी जीवन राग।